东南大学法学学术文库

本书获2019年度国家社科基金青年项目
（项目编号：19CFX023）资助

《行政处罚法》
修改焦点问题研究

熊樟林　著

法律出版社　LAW PRESS·CHINA
北京

图书在版编目（CIP）数据

《行政处罚法》修改焦点问题研究／熊樟林著. -- 北京：法律出版社，2025. -- （东南大学法学学术文库）. -- ISBN 978-7-5244-0105-6

Ⅰ. D922.112.4

中国国家版本馆 CIP 数据核字第 2025876R2S 号

| 东南大学法学学术文库 | 《行政处罚法》修改焦点问题研究
《XINGZHENG CHUFA FA》XIUGAI JIAODIAN WENTI YANJIU | 熊樟林 著 | 责任编辑 王 珊 孔明林
装帧设计 贾丹丹 |

出版发行	法律出版社	开本	710 毫米×1000 毫米 1/16
编辑统筹	学术·对外出版分社	印张	17.5　　　字数 261 千
责任校对	晁明慧	版本	2025 年 5 月第 1 版
责任印制	胡晓雅 宋万春	印次	2025 年 5 月第 1 次印刷
经　　销	新华书店	印刷	唐山玺诚印务有限公司

地址:北京市丰台区莲花池西里 7 号(100073)
网址：www.lawpress.com.cn　　　　　　　销售电话:010-83938349
投稿邮箱：info@lawpress.com.cn　　　　　客服电话:010-83938350
举报盗版邮箱：jbwq@lawpress.com.cn　　　咨询电话:010-63939796
版权所有·侵权必究

书　　号：ISBN 978-7-5244-0105-6　　　　　　定价:78.00 元

凡购买本社图书，如有印装错误，我社负责退换。电话:010-83938349

作者简介

熊樟林

法学博士，东南大学青年首席教授，博士生导师，教育部青年长江学者，东南大学法学院院长，教育部-东南大学教育立法研究基地执行主任。第五届"江苏省优秀青年法学家"、江苏省"社科优青"、江苏省"青蓝工程"中青年学术带头人、仲英青年学者。现为江苏省全面依法治省委员会办公室决策咨询专家库成员，江苏省人民政府、安徽省人民政府、无锡市人民政府、淮安市人民政府、常州市人民政府等法律顾问，中国法学会行政法学研究会理事，江苏省司法厅合法性审查专家。近年来，作为负责人主持国家社科基金项目4项（重大项目1项，重点项目1项，青年项目2项），主持教育部、司法部等省部级以上项目共计10余项；在《法学研究》《中国法学》等中文社会科学引文索引（CSSCI）来源期刊上发表论文共计70余篇，被《社会科学文摘》、人大复印资料、《学习时报》等转载论文多篇；获得包括教育部第七届高等学校科学研究优秀成果奖（人文社会科学）二等奖、江苏省人民政府哲学社会科学优秀成果奖一等奖、江苏省第十一届高校哲学社会科学研究优秀成果奖一等奖等省部级和其他奖励共计10余项。

总　　序

"大学之道,在明德,在亲民,在止于至善。""止于至善"四字,正是百年名校东南大学的校训。在历史上,东南大学曾经赢得"北大以文史哲著称,东大以科学名世"之美誉。而今,她正秉承校训精神,不断追求,锐意进取,力图突破以往在理工科方面所取得的卓越形象,而朝着以工科为特色、多学科协调发展的综合性大学方向奋力前行。1995年,东南大学恢复法学专业,成立法律系;2006年9月,东南大学在原法律系的基础上重建法学院。通过创办法学院并大力发展其他人文学科,东南大学正不断体现集中华人文精神与古希腊科学精神为一体的"止于至善"的校训之理念,不达"至善"境界,永不止步。

东南大学法学院虽然恢复重建时日尚短,然而,东大法学却已历经百年淳厚学术传统之浸润。东大法学肇始于民国时期1928年7月成立的中央大学法学院,首任院长为民国时期著名法学家谢冠生教授。中大法学院人文荟萃,名流云集,为东南法学一时之冠。学界、政界著名人物韩忠谟、钱端升、杨兆龙、梅仲协、史尚宽、刘克镌、曾劼勋、黄正铭、金国鼎、范馨香、韩德培等,或曾任职于中央大学法学院,或曾就学于中央大学法学院,缔造了东南大学法学曾经的辉煌。

感念先贤中大法学精神,激励当下东大法学学人。当今中国,政治昌明,民生安定;经济腾飞,法治发达。东大法学如何在此盛世之下为中国的法治建设添薪加火,对当下中国法治与经济建设中的重大法律课题作出创造性回应,是今日东大法学学人所面临的历史使命。"东南大学法学学术文库"作为肩负这一历史使命而推出的一套法律丛书,以为社会贡献一批有分量的法学作品为己任,以促进法学的繁荣发展为目的,勉力为我国法制现代化建设尽绵薄之力。

通过出版"东南大学法学学术文库",亦使社会各界加深对东大法学的了解。当今中国法学出版物急剧增多,各法学院或专业院校纷纷推出了体现自身学术风格的法学丛书。然而,这只表明今日社会文明之昌明和法律文化发展之鼎盛,而不代表法学理论著作的社会需求已经饱和。事实上,与飞速发展的我国政治经济生活相比,我国法学理论研究成果的质量与数量都有待提升。金陵古城作为位于当今中国经济最为发达、市场最为广阔、活力最为强盛的长江三角洲中心之腹地,也要求生于斯长于斯的东大法学在法治经济强劲发展的当下时代发出自己的声音。"东南大学法学学术文库"可谓应时而生!众多法学著述的存在不但使"东南大学法学学术文库"的出版平添了百舸争流的竞争意味,也象征着中国法学事业的锦绣篇章又添繁花。通过出版法学文库,使东大法学的学术风貌能够以一种整体的、持续的方式呈现给大家,使社会各界加深对东大法学的了解,使以科学名世的东南大学在法科领域再现奇葩!通过出版文库的方式,也答谢所有曾经关心和支持过东大法学发展的前辈和朋友!毕竟,无论是东大法学学人还是东大法学院本身,都需要社会和学界各方面的关爱和帮助!

本套丛书的选题涉及法哲学与法理学、宪法与行政法、民法与商法、经济法、刑法、诉讼法、国际法等法学各个领域。选题范围面向东南大学法学院全体教师征集稿源,重点出版优秀的法学博士学位论文、省部级以上的课题结项成果以及具有创见性的专题论著。本文库坚持以质取文,拒绝平庸之作,确保文库的高品位、高质量。凡纳入文库出版的著作必须由作者本人提出书面申请,经由编委会就专著内容、学术规范等各方面意见综合确定。我们希望,本套丛书能够成为东大法学高层次理论成果得以稳定持续成长的一方园地,成为集中展现东大法学学术传统与今日法学原创力学术作品的窗口!

"百年难得百家评,郁郁文哉动石城。虎踞龙蟠今胜昔,千秋学术在金陵。"期望"东南大学法学学术文库"的出版能够成为东大法学事业恢复重建的标志,并能延续东大法学的人文传统,超越过往,引领新时代的法治精神!

"东南大学法学学术文库"编委会
2007 年 6 月 26 日

目 录

导论 《行政处罚法》修改的基本立场   1
  第一节　法功能之扩张:从单一到多元   2
  第二节　法视角之转变:从行政机关到行政相对人   7
  第三节　法结构之调整:从程序到实体   11
  第四节　法地位之提升:从依据到统领   16

第一章 《行政处罚法》修改的逻辑体系   20
  第一节　应受行政处罚行为模型论之证明   21
  第二节　应受行政处罚行为模型论之内容   30
  第三节　应受行政处罚行为模型论之价值   42

第二章 《行政处罚法》修改的目的选择   52
  第一节　报应论及其法则   55
  第二节　报应论的理论漏洞   60
  第三节　预防论的提出   64
  第四节　行政处罚目的的应然立场   67

第三章 《行政处罚法》处罚概念条款的增设   76
  第一节　《行政处罚法》增设概念条款的缘由   76
  第二节　不利益性:行政处罚的第一要素   81
  第三节　违法性:行政处罚的第二要素   85
  第四节　报应性:行政处罚的第三要素   91

第四章 《行政处罚法》处罚种类条款的修订 100
- 第一节 我国行政处罚种类存在的问题与成因 102
- 第二节 分类条款：行政处罚种类多元化的发生器 107
- 第三节 层级保留条款：行政处罚种类多元化的"安全阀" 114

第五章 《行政处罚法》主观过错条款的增设 119
- 第一节 民法学和刑法学中的责任立场 121
- 第二节 我国行政法所选择的差异模式 126
- 第三节 行政处罚客观归责模式的缺陷 130
- 第四节 法律责任的双元结构与行政处罚法责任条款的补充 142

第六章 《行政处罚法》"法盲"条款的增设 151
- 第一节 禁止错误的概念与类型划分 153
- 第二节 "法盲"的可罚性与不可罚性 159
- 第三节 "法盲"条款在我国《行政处罚法》上的增设 164

第七章 《行政处罚法》行政没收条款的修订 172
- 第一节 所有行政没收都具有制裁性 173
- 第二节 行政没收并不都是行政处罚 179
- 第三节 行政没收的立法设计 188

第八章 《行政处罚法》地域管辖条款的修订 198
- 第一节 旧版《行政处罚法》地域管辖规则 199
- 第二节 新法的回应与不足 202
- 第三节 行政处罚地域管辖多元化与修法建议 204

第九章 《行政处罚法》违法阻却条款的增设 211
- 第一节 行政处罚违法性阻却事由的必要性论证 213
- 第二节 法定违法性阻却事由的基本种类与判断规则 219
- 第三节 超法规违法性阻却事由的基本类型与判断规则 225

第十章 《行政处罚法》处罚决定公开条款的增设　232
第一节　行政处罚决定公开的制度由来　233
第二节　行政处罚决定公开面临的争论　236
第三节　"以不公开为原则,公开为例外"的正当性　239
第四节　公开行政处罚决定的实质目的　245

导论 《行政处罚法》修改的基本立场

我国《行政处罚法》自1996年颁布实施以来,对法治政府建设功不可没。但是,随着社会的进步与发展,旧版《行政处罚法》在一些主题上表现得力不从心。[①]实践中,执法领域开始呼吁新型执法方式的开放与创设;《行政处罚法》实体规则的不足问题逐渐暴露,规则层面的查缺补漏工作变得势在必行;面对《行政处罚法》较为苛刻的处罚程序,程序裁量正在成为一项新的理论议题;行政相对人开始追问《行政处罚法》的惩罚逻辑,要求行政机关"自圆其说"。

在这一形势下,2018年9月7日,全国人大常委会对外公布了《十三届全国人大常委会立法规划》。其中,修改《行政处罚法》被列为第一类项目,即"条件比较成熟、任期内拟提请审议的法律草案"。2021年1月

[①] 自1996年《行政处罚法》立法以来,其经历过两次微小改动。分别是:2009年8月27日第1次修正,分别将《行政处罚法》(1996年)第42条中"治安管理处罚条例"修改为"治安管理处罚法",第61条"比照刑法第一百八十八条的规定追究刑事责任"修改为"依照刑法有关规定"。2017年9月1日第2次修正在第38条中增加一款作为第3款:"在行政机关负责人作出决定之前,应当由从事行政处罚决定审核的人员进行审核。行政机关中初次从事行政处罚决定审核的人员,应当通过国家统一法律职业资格考试取得法律职业资格。"从修改内容看,这两次修正并未根本改变1996年《行政处罚法》规定的主要制度,属于"小修",故统称为"旧版"。

22日,《行政处罚法》终于完成大修,正式公布。这次修订意义重大,我们有必要归纳出修法过程中的焦点问题并进行深入研究。由于新法已经出台,对这些问题的讨论通常应当是解释性的。但仅作新法之条文解释,无法论及此次修法之不足,更面临基尔希曼的"废纸"之论。作为"法律科学",对《行政处罚法》的研究不应当是咬文嚼字,也不应当是一时性的,而必须深入剖析其中蕴含的一般原理,提出解释论或立法论上的应然方案。因此,本书并不拘泥于发现已为规范文本所固化的"真理",而是在解读新修内容的同时,结合行政处罚一般理论的研究成果,指出新法仍应当进一步改进的内容。希望这些论述能够超越实证法本身,为理论界提供更为基本的行政处罚法理论。

本项工作的起点是提出《行政处罚法》修改的基本立场。欠缺理念与方法的修法行为,最终只能解决一些细枝末节的问题,诸如"一行为不二罚""共同违法"等问题,可能仍然无法从根本上得到处理。本书拟结合相关理论研究,提出新时代《行政处罚法》修改基本立场的应然面向,进行一定分析与论证,以供参考。

第一节 法功能之扩张:从单一到多元

在旧版《行政处罚法》的"工具箱"里,立法者"提供"的"规制工具"有限,《行政处罚法》在整体上持传统立场,很多理念已陈旧,无法满足现代社会的治理需求。实践中,这集中表现为以下两处。

第一,处罚功能单一,无法适应风险社会的真实需求。长期以来,和行政许可、行政强制一样,行政处罚习惯性被理解为一种命令控制型手段。这一认识在理论界被广泛认可,[1]在《行政处罚法》立法文本中也是如此。立法者对《行政处罚法》的功能理解,只落在"法律威慑"这一单一目标上,认为其主要目的是"通过法律责任为违法行为设置后

---

[1] 参见章志远:《我国国家政策变迁与行政法学的新课题》,载《当代法学》2008年第3期。

果,从而为行为人创造在事前放弃违法行为的激励"①。也正因如此,我们不难看到,《行政处罚法》中存在一些威慑性条款。譬如,旧版《行政处罚法》第 8 条规定的罚款、行政拘留等。

但是,问题在于,这一强调秩序价值的功能和理念,已经无法适应现代社会的需求。通过惩罚和威吓,究竟能否达到预定的社会治理效果,也是无法确定的。正如学者所言:"惩罚一直无法实现其雄心而令人失望,同时危机与矛盾也不断削弱它的效果。"②从根本上来说,这是由于我们所面临的社会环境已经发生了根本性变化,传统的以结果为导向的行政处罚体系,是建立在奉行自由意志与风险自担的传统社会之中的,其主要任务是要在制度上防止公权力的任意扩张,拒绝政府的积极行为。但随着科技发展,现代社会已经进入了风险社会。风险社会的特质表明基于自由主义原理的风险观已经不能适应现实,客观现实和社会心理均要求国家扩大干预范围,国家的安全保障职责从关心现状、以保护或重建一个不受干扰的状态为己任,发展到以未来为目标全面形塑社会。③ 在风险社会中,国家的角色和任务发生了根本性转变,政府不再是"守夜人"身份,而是被戏称为"男朋友",④甚至"父亲"。人们开始要求政府扮演更为积极的角色,"政府被要求强化规划未来生活"⑤。在这种关系中,国家不仅"可以"干预风险,而且有"义务"干预风险。⑥

因此,在立法技术上,较之传统的以结果为本位的法律规范,预防性法律规范往往更加能够满足公众的安全心理需求。正如刑法学者所言,"随着风险社会的来临,必然意味着现实社会的法是预防性

---

① 戴昕:《威慑补充与"赔偿减刑"》,载《中国社会科学》2010 年第 3 期。
② David Garland, *Punishment and Modern Society*: *A Study in Social Theory*, Oxford Clarendon Press, 1990, p. 1.
③ 参见[德]埃贝哈德·施密特-阿斯曼等著、[德]乌尔海希·巴迪斯编选:《德国行政法读本》,于安等译,高等教育出版社 2007 年版,第 53 页。
④ 参见祝华新:《互联网再造中国社会》,载《民主与科学》2013 年第 6 期。
⑤ 赵鹏:《风险社会的自由与安全》,载沈岿主编:《风险规制与行政法新发展》,法律出版社 2013 年版,第 3 页。
⑥ 参见赵鹏:《风险社会的自由与安全——风险规制的兴起及其对传统行政法原理的挑战》,载《交大法学》2011 年第 1 期。

的法"①,而这当然也包括《行政处罚法》。在风险社会中,《行政处罚法》必须改变目前仅以惩罚为目的的功能目标,添加更多的功能类型,将整个法律评价机制前移,添加"风险预防"的制度功能。现在看来,这一需求在环境法上已经越来越明显,大量研究表明:"在风险社会背景下,环境行政处罚的预防功能需要进一步拓展,并具有独立的意义,即不仅要基于处罚附随产生避免再犯的主观预防效果,还要在危害后果发生之前,通过行为阻却具有重大环境风险的违法行为。"②

第二,处罚种类较为单一,无法应对行政执法的复杂现状。对于行政处罚种类,旧版《行政处罚法》第8条前6项规定了"警告""罚款"等8种方式,理论界一般将其概括为"财产罚""人身罚""行为罚""申诫罚"。这些种类似乎十分丰富,而且第8条第7项还配备了一个兜底条款,授权法律、行政法规可以进一步补充。

但是,从对目前实践的观察来看,这还远远不够,尤其是在我们将"风险预防"也一并纳入《行政处罚法》的规制功能之中以后,这一问题会更为凸显:首先,现有处罚种类功能不足。虽然现有处罚种类确实可以对公民权益施加影响,能够限制行为人从违法行为中获益。但是,却永远无法避免违法成本小于守法成本的情况出现,甚至会形成"违法成本低,守法成本高"的尴尬境地。也正因如此,实践中,很多违法企业为了节省成本,宁愿接受罚款,甚至主动将罚款内化为企业的成本核算,也不愿意建设配套的环保设施。这其中,最为关键的原因是现有处罚手段的功能不足。譬如,建设项目的大气污染防治设施没有建成或者没有达到国家有关建设项目环境保护管理的规定的要求,投入生产或者使用的……可以并处1万元以上10万元以下罚款。而一个铜冶炼厂,要建设符合规定要求的大气污染防治设施至少也要几百万元,甚至上千万元投资。而且一个中型的铜冶炼厂生产一天就可以得到几万元甚至几十万元的利润……。③ 其次,现有处罚类型有限。社会急速发展所带来的复杂性,远远超出了《行政处罚法》的立法预期,现有处罚手段

---

① 何荣功:《预防刑法的扩张及其限度》,载《法学研究》2017年第4期。
② 谭冰霖:《环境行政处罚规制功能之补强》,载《法学研究》2018年第4期。
③ 参见王灿发:《环境违法成本低之原因和改变途径探讨》,载《环境保护》2005年第9期。

无法满足实践需要,很多违法行为无法找到贴切的处罚类型。① 正如学者所言:"我国《行政处罚法》所采用的概念不仅落后于国际上行政处罚的立法发展,而且也落后于我国的法律实践,其结果是疏忽了对许多应该用行政处罚的方法调整的行为的关注,特别是一些轻微的不构成犯罪的刑事违法行为在我国找不到对应的处罚法规。"②

因此,《行政处罚法》的规制功能必须扩充。新的社会环境提出了新的命题和任务,立法者必须更为开放地予以接纳,并为此调整《行政处罚法》的制度功能,从而丰富《行政处罚法》的处罚类型,提高《行政处罚法》的涵摄能力。具体来说,立法者可尝试做如下修订。

第一,增加"风险预防"的规制功能,设立风险预防原则,构建"以法律威慑为主,以风险预防为辅"的规制体系。无论是食品药品安全,还是环境保护,都面临必须接受风险预防的趋势和压力,《行政处罚法》对此不可能置身事外,立法者必须转变规制理念,在传统的"法律威慑"规制功能中增加"风险预防"的内容,从而建立"以法律威慑为主,以风险预防为辅"的功能体系。现阶段,彰显这一功能体系最大的制度抓手,就是在立法文本中创建"风险预防原则"。风险预防原则的对立面是处罚法定原则。处罚法定原则要求所有行政处罚决定都必须建立在"稳定、明确、清晰、绝对"的事实基础之上,③尤其是因果关系的认定,要求违法行为与损害结果必须具有可靠的因果关联。在立法文本上,《行政处罚法》第 40 条往往被视为其依据。该条规定:"违法事实不清、证据不足的,不得给予行政处罚。"

长期以来,处罚法定原则不仅是《行政处罚法》中一项不可违背的基础性原则,也是被行政机关奉为圭臬的行为准则。但是,这在风险社会中却难以恪守,因为基于科技而产生的风险往往是不确定的,

---

① 譬如,对于近期出现的"高铁霸座男"事件,根据《治安管理处罚法》第 23 条的规定,扰乱公共汽车、电车、火车、船舶、航空器或者其他公共交通工具上的秩序的,处警告或者 200 元以下罚款,情节较重的,处 5 日以上 10 日以下拘留,可以并处 500 元以下罚款,乘警只能予以罚款,只有严重情形,才可以处拘留。
② 孙晓璞、汪劲:《我国野生动物犯罪的立法问题及其完善对策——对林某伤害野生动物案的思考》,载《中国环境法治》2006 年第 00 期。
③ 参见程雨燕:《环境行政处罚法定原则的风险预防考量》,载《学术研究》2012 年第 4 期。

风险本身究竟是否存在,是否真的具有危害性,以及危害与损害结果之间究竟是否具有因果关系,都将因为技术上的复杂性而变得扑朔迷离。

尽管如此,行政处罚作为一种规制手段却不得不加以干预,国家需要将风险降到最低,从而"满足公众的安全心理需求"①。因此,处罚法定原则必将需要建立"例外"通道。在比较法上,这一"例外"往往被称为风险预防原则。所谓风险预防原则,是指"在缺乏充分科学确定性证明人类的行为会损害环境的情况下,要求采取预防措施"②。在环境法上,它被理解为"在受到严重或不可逆转的损害的威胁时,缺乏科学确定性不应被用来作为延缓采取有效措施防止环境退化的理由"③。与处罚法定原则不同,风险预防原则允许一定程度地推定,主张适度缓和"有害性不确定则不规制"的绝对立场,从而对那些"在科学上不确定、结果上不可预见"但风险却显而易见的行为加以干预。从对实践的观察来看,这样的制度需求在我国也是客观存在的。长期以来,环境法上大量的"怪味案",就是因为处罚法定原则而无法苛责。因此,立法者应将风险预防原则引入《行政处罚法》之中,可考虑创设如下文本:当存在造成严重或不可逆转的损害的威胁时,行政机关不应当以科学上没有完全的确定性为理由拒绝作出行政处罚决定。

第二,增加新型行政处罚类型。在新的"法律威慑"和"风险预防"的二元功能体系下,立法者应从单一走向多元,创设多元化处罚类型。比如,在"财产罚""人身罚""行为罚""申诫罚"之外,创建"声誉罚"。所谓声誉罚,是指"行政机关向违法者发出警戒,申明其有违法行为,通过对其名誉、荣誉、信誉等施加影响,引起其精神上等警惕,使其不再违法等处罚形式"④。声誉罚是"利用信息社会中的不利信息的传播达到制裁违法者的效果"⑤,因此,其在信息技术更加发达的当下备受重视,

---

① 何荣功:《预防刑法的扩张及其限度》,载《法学研究》2017年第4期。
② 高秦伟:《论欧盟行政法上的风险预防原则》,载《比较法研究》2010年第3期。
③ 王曦编著:《国际环境法》,法律出版社1998年版,第116页。
④ 姜明安主编:《行政法与行政诉讼法》,北京大学出版社、高等教育出版社1999年版,第223页。
⑤ 章志远、鲍燕娇:《作为声誉罚的行政违法事实公布》,载《行政法学研究》2014年第1期。

开始被频繁地作为一种信息规制工具,用以缓解传统处罚类型在"法律威慑"上力不从心的局面。在《行政处罚法》修订之前,声誉罚已经在其他部门行政处罚法上广为应用,诸如"行政违法事实公布""黑名单"等手段,其实都是声誉罚的典型形式。但是,这些已经在旧版《行政处罚法》上难以找到直接依据,而必须逐一通过部门行政法(调整特定行政管理领域社会关系的法律规范)加以明确。很明显,这是极其不合适的。《行政处罚法》作为行政处罚的总论性文本,理应在总则层面做整体性布置。为此,2021年新修订的《行政处罚法》将"通报批评"纳入了行政处罚的种类。这固然具有扩大行政处罚法控权范围的意义,但仍未能从根本上解决上述问题。对此,本书将在第四章中予以分析。

第二节　法视角之转变:从行政机关到行政相对人

控制行政处罚权,除了行政机关的视角,还有相对人的视角。我们不但可以以行政机关为对象,设定一系列限制行政处罚权运行的程序和实体性规则,也可以考虑以行政相对人为对象,从相对人行为达到何种标准才能予以处罚的立场,更为科学地为行政处罚权提供启动标准和运行法则。

与刑法上的犯罪成立要件一样,我们认为,转换成行政相对人的角度,可以跳脱出"规范主义""程序主义"以及"司法审查"的传统控权结构,转而从"相对人行为达到何种标准才能予以处罚"这一全新命题入手,建构更为主动、更为科学的控权模型。在现有理论研究中,我们一般将其称为"应受行政处罚行为的成立要件"[1]。在此次修法过程中,其主要功能是提供中心轴。"中心轴是决定立法框架的关键要素,对整个文本具有提纲挈领的作用,任何立法都需要围绕一个中心轴展开。"[2]历史上,我国数次立法和修法都有明确的中心轴。譬如,在侵权法领

---

[1] 参见熊樟林:《应受行政处罚行为的构成要件》,载《南京大学法律评论》2015年第2期。

[2] 熊樟林:《地方行政程序规定的体例构造》,载《法商研究》2016年第4期。

域,"过失"便是其中心轴,"'过失'始终作为侵权行为法的核心概念,塑造着侵权法的基本框架"①。

因此,《行政处罚法》修改亦应围绕"应受行政处罚行为的成立要件"这一中心轴展开。在修改稿撰写过程中,所有实体法规则的配置与安放,都必须以"应受行政处罚行为的成立要件"为基本框架。只有如此,《行政处罚法》才能形成一部逻辑严密、体系紧凑的法律文本。

但是,问题在于,现阶段,我们对于"应受行政处罚行为的成立要件"并不熟悉,对相对人违法行为达至何种程度或者切合哪些要件,才能予以处罚的简单问题,我们依然是无从回答的。譬如,假设某人在擅闯红灯被罚款时主张其并不知道(know)此处设有红灯禁令,或者说其是来自偏远山区的农民,并不理解(understand)此类交通规则,此时行政机关该如何作答,便往往难以周全。我国《行政处罚法》没有提供此类规范,行政处罚权的实际运行也并无此类逻辑可循。学者们所出具的简单模仿刑法学的四要件体系,②非但有牵强比附之嫌,同时"四要件"本身在刑法学界也已经是一种日渐式微的犯罪成立之术。"自20世纪80年代起,我国学者摆脱四要件犯罪构成体系的努力从来没有停止过"③,四要件本身的伪科学也已被揭示得淋漓尽致。④

因此,意欲从现阶段的松散性结构迈向体系化结构,我们必须对"应受行政处罚行为的成立要件"重新进行解读。参照德国《违反秩序法》第1条之规定,⑤我们主张,应受行政处罚行为的成立要件理应包括

---

① 刘勇:《侵权法上之损害》,载《南京大学法律评论》2005年第1期。
② 譬如,杨解君:《论行政违法的主客体构成》,载《东南大学学报(哲学社会科学版)》2002年第3期;应松年、杨解君:《论行政违法的主客观构成》,载《江苏社会科学》2000年第2期;辛庆玲:《试论行政处罚的构成要件》,载《青海师专学报》2009年第1期;杨小君:《行政处罚研究》,法律出版社2002年版,第150~177页。
③ 陈兴良:《犯罪构成论:从四要件到三阶层一个学术史的考察》,载《中外法学》2010年第1期。
④ 参见张明楷:《违法阻却事由与犯罪构成体系》,载《法学家》2010年第1期。
⑤ "违反秩序行为是违法的和应受谴责的、是法律规定的事实构成得到实现并为该法律准予罚款处罚的行为。"参见郑冲:《德国违反秩序法》,载《行政法学研究》1995年第1期。

构成要件的该当性(Tatbestandsm-äßigkeit)、违法性(Rechtswidrgkeit)以及有责性(Vorwefbarkeit)三个判定标准。① 只有相对人行为同时符合这三个要件时,才能够成立行政处罚。对此具体内容,本书将在第一章第二节中予以详述。现在看来,这一判定标准正为德国、奥地利、希腊、荷兰、葡萄牙等国家所沿用。②

根据这一标准,倘若需要对《行政处罚法》予以体系化,现阶段至少还需要补充如下两项制度。

1. 应受行政处罚行为的概念条款。在立法文本中对法律概念加以交代,尽管算不上是主流做法,但在行政法上并不鲜见。譬如,《行政强制法》第2条便专门对行政强制措施和行政强制执行的概念进行了界定;③又如,《行政许可法》第2条也对行政许可的概念进行了界定。④而且,从比较法上来看,这也十分常见。再如,德国《违反秩序法》第1条。⑤ 因此,立法者可考虑创设如下文本:"应受行政处罚行为,是指符合法律、法规、规章规定的违法行为的事实特征,违法并应受到惩罚的行为。"在这一概念中,"符合法律、法规、规章规定的违法行为的事实特征"是该当性判断;"违法"是违法性判断;"应受到惩罚"是有责性判断。它们共同构成了判断应受行政处罚行为的成立要件,是依次进行的。因此,除了程序性规范之外,《行政处罚法》的大部分实体性规则,理应按照上述三个阶段加以布置。当前,在文本结构上,概念条款被置

---

① 参见韩忠谟:《行政犯之法律性质及其理论基础》,载《台大法学论丛》1980年第10卷第1期。

② 参见王世洲:《罪与非罪之间的理论与实践——关于德国违反秩序法的几点考察》,载《比较法研究》2000年第2期。

③ 《行政强制法》第2条规定:"本法所称行政强制,包括行政强制措施和行政强制执行。行政强制措施,是指行政机关在行政管理过程中,为制止违法行为、防止证据损毁、避免危害发生、控制危险扩大等情形,依法对公民的人身自由实施暂时性限制,或者对公民、法人或者其他组织的财物实施暂时性控制的行为。行政强制执行,是指行政机关或者行政机关申请人民法院,对不履行行政决定的公民、法人或者其他组织,依法强制履行义务的行为。"

④ 《行政许可法》第2条规定:"本法所称行政许可,是指行政机关根据公民、法人或者其他组织的申请,经依法审查,准予其从事特定活动的行为。"

⑤ 德国《违反秩序法》第1条规定:"(1)违反秩序行为是违法和应受谴责的、使法律规定的事实构成得到实现并为该法律准予罚款处理的行为;(2)应受罚款处罚的、使本条第(1)款所指的法律规定的事实构成得到实现的行为,即使其实施不应受谴责、仍属违法行为。"参见郑冲:《德国违反秩序法》,载《行政法学研究》1995年第1期。

于《行政处罚法》第 2 条,起到了提纲挈领的作用。

2. 应受行政处罚行为的责任条款。理想状态下,围绕应受行政处罚行为的概念条款,《行政处罚法》的实体性规则理应是饱满的,每一个阶段至少都应有相应的规则布置。但是,通读旧版《行政处罚法》,我们发现并非如此,其中缺乏"有责性判断"内容。在功能上,有责性判断主要是为了做到主客观相统一,是应受行政处罚行为成立要件中不可或缺的一部分。对此,耶林曾说,"不是损害而是过错使侵害者负有赔偿义务"①,黑格尔也曾说:"行为只有作为意志的过错才能归责于我。"②因此,体系化的《行政处罚法》,必须在现有基础上补充更多的应受行政处罚行为的责任条款。在类型上,责任条款主要分为"责任能力"和"责任条件"。责任能力是指行政相对人辨识和控制自己行为的能力;责任条件是指行为人的主观犯意,即行为人能对其行为有一定的意思决定,因此若其决定从事违反行政法上义务之行为,即得对其非难,要求其承担责任。对于责任能力,旧版《行政处罚法》第 25 条③、第 26 条已经做了很好的制度布置,④理论界也出具了更为详细的适用规则,⑤此次修法并无大改。⑥但是,对于责任条件,《行政处罚法》只字未提,其成为理论界的猜测以及部门行政处罚法的立法裁量权内容,甚至有研究者判断:"在行政

---

① Konrad Zweigert & Hein Kotz, *Introduction to Comparative Law*, Vol. 2, p. 325(1987). 转引自周汉华:《论国家赔偿的过错责任原则》,载《法学研究》1996 年第 3 期。

② [德]黑格尔:《法哲学原理或自然法和国家学纲要》,范扬、张企泰译,商务印书馆 1961 年版,第 119、220 页。

③ 旧版《行政处罚法》第 25 条:"不满十四周岁的人有违法行为的,不予行政处罚,责令监护人加以管教;已满十四周岁不满十八周岁的人有违法行为的,从轻或者减轻行政处罚。"

④ 旧版《行政处罚法》第 26 条:"精神病人在不能辨认或者不能控制自己行为时有违法行为的,不予行政处罚,但应责令其监护人严加看管和治疗。间歇性精神病人在精神正常时有违法行为的,应当给予行政处罚。"

⑤ 参见熊樟林:《判断行政处罚责任能力的基本规则》,载《江苏行政学院学报》2016 年第 6 期。

⑥ 当然,需要指出的是,关于行政处罚的责任年龄,公安部 2017 年 1 月 16 日公布的《治安管理处罚法(修订公开征求意见稿)》中有所调整,将行政拘留的执行年龄从 16 周岁降低至 14 周岁。另外,我们注意到,国外理论研究也有类似的讨论。See Laurence Steinberg & Elizabeth Cauffman et al., *Are Adolescents Less Mature Than Adults? Minors' Access to Abortion, the Juvenile Death Penalty, and the Alleged APA "Flip-Flop"*, American Psychologist, Vol. 64:7, p. 583 – 594(2009).

处罚中,过错的意义没有民法、刑法那样明显,作为一项归责原则,过错责任不应成为行政处罚归责原则。"①新法于第 33 条第 2 款增设"主观过错"条款,规定了"无主观过错不予处罚"规则,是对责任条件作出的规定。尽管该款在适用中仍存在一些争议,但已经是立法的重大进步。

第三节　法结构之调整:从程序到实体

从结构上来看,除了行政处罚的设定权之外,旧版《行政处罚法》更加偏重的是程序层面的权力控制,借鉴的也大多是英美行政法中的程序正义机理,在行政处罚中占比最大的是程序,②整个文本是"以处罚程序为主要内容的"③,而不是实体。具体来说,这表现为以下几个方面。

第一,从篇章上来看,旧版《行政处罚法》共 8 章 64 个条文。其中,除了第 1 条、第 64 条两个中性条款之外,程序性条款约有 30 条,④篇幅如此之大,以至于有研究者认为:"《行政处罚法》中程序规范占了一半以上的篇幅。"⑤

第二,从体系上来看,程序性规范在旧版《行政处罚法》中已经完成了体系性布置,其已经顺延行政处罚行为的形成过程,从程序层面搭建了一个囊括事前、事中、事后三个阶段的立体型权力控制格局,从而使得正当程序原则在《行政处罚法》中的制度化,不仅具有文本数量上的优势,同时也形成了一个极具涵摄力的程序模型,为《行政处罚法》释放程序规制效果提供了质量保证。譬如,在事中阶段,立法者非但以旧版第 31 条、第 32 条设置了独立的程序模块,同时还开辟了"简易程序"

---

① 汪永清主编:《行政处罚运作原理》,中国政法大学出版社 1994 年版,第 164~165 页。
② 参见应松年:《规范行政处罚的基本法律》,载《政法论坛》1996 年第 2 期。
③ 孙笑侠:《法律程序设计的若干法理——怎样给行政行为设计正当的程序》,载《政治与法律》1998 年第 4 期。
④ 分别为旧版《行政处罚法》3 条、第 4 条、第 6 条、第 20 条、第 21 条、第 22 条、第 23 条、第 31 条、第 32 条、第 33 条、第 34 条、第 35 条、第 36 条、第 37 条、第 38 条、第 39 条、第 40 条、第 41 条、第 42 条、第 43 条、第 44 条、第 45 条、第 46 条、第 47 条、第 48 条、第 49 条、第 50 条、第 51 条、第 52 条、第 63 条。
⑤ 应松年:《中国行政法发展的创新之路》,载《行政法学研究》2017 年第 3 期。

"一般程序""听证程序"3个章节,共计11个条文,体系性地对行政处罚决定的作出过程予以全方位覆盖。

因此,如果说1996年的《行政处罚法》对我国法治政府建设事业有所贡献,程序规范理应是最大功臣,我们甚至可以说,我国《行政处罚法》所设定的程序义务,非但彼时已是立法先进之范本,而且现在看来,也仍然没有过时。因此,尽管《行政处罚法》中的程序机制或许并不是十分完美的,但已基本成型,此次修法只做了零星的修复。

现阶段,真正值得注意的是,旧版《行政处罚法》从实体上设定的控权技术,实际上是乏善可陈的。实体性条款在旧版《行政处罚法》中既没有占据文本上的多数,又没有形成体系性的权力控制框架。在既往,旧版《行政处罚法》第二章"行政处罚的种类和设定",往往为人所称道,被认为是一项实体性控权利器,可以用以平衡《行政处罚法》中"程序规范偏多、实体规范偏寡"的不对称问题。但是,我们通过研究发现并非如此,"行政处罚法第二章并没有在应受行政处罚行为构成要件的创设上设置任何障碍,有关空白构成要件的设置及其补充规则,其实是法律调整的真空地带"①。

可见,在结构上,与程序规范形成强烈反差的是,旧版《行政处罚法》并没有完成架构实体性控权体系的任务,其作为一项未竟事业,成为后来者应尽的义务。现在,我们非但需要对既有的实体性条款加以修改,同时还需要借鉴国外立法文本中的可取之处,创设更多的实体性规则。

一、改良现有实体规范

首先,应着手对现有实体性条款加以完善,包括对现有条款的修改和补充两项工作。立法者既要对立法技术上的逻辑问题进行修正,同时又要将今非昔比的新发展和新问题也一并纳入考量。譬如,对于旧版《行政处罚法》第1条仅将行政处罚对象限定为"公民",②而不包括

---

① 熊樟林:《行政处罚上的空白要件及其补充规则》,载《法学研究》2012年第6期。
② 旧版《行政处罚法》第1条:"为了规范行政处罚的设定和实施,保障和监督行政机关有效实施行政管理,维护公共利益和社会秩序,保护公民、法人或者其他组织的合法权益,根据宪法,制定本法。"

外国人的情况,新法效仿《行政诉讼法》第 98 条的做法,[1]在第 84 条配备了一个补充条款,规定"对外国人、无国籍人、外国组织予以行政处罚,适用本法。法律另有规定的除外"[2]。总体上来说,这是对我国近年来日趋凸显的外国人违法问题的回应,[3]外国人也是《行政处罚法》作为总论性规范不可回避的对象。又如,对于旧版《行政处罚法》第 3 条将应受行政处罚行为的违法性本质仅仅理解为"违反行政管理秩序的行为",[4]可考虑将其扩充为"公民、法人或者其他组织违反行政管理秩序或侵犯合法权益的行为,应当给予行政处罚的,依照本法由法律、法规或者规章规定……"。这是因为,《行政处罚法》并不单单保护超个人法益,还包括个人法益,尽管在行政法中,"行政法益的大部分内容是超个人法益,但这并不意味着行政法益中没有个人法益的内容"[5]。在立法文本上,典型如《治安管理处罚法》第 49 条:"盗窃、诈骗、哄抢、抢夺、敲诈勒索或者故意损毁公私财物的,处五日以上十日以下拘留,可以并处五百元以下罚款;情节较重的,处十日以上十五日以下拘留,可以并处一千元以下罚款。"因此,侵害个人利益但并不违反行政管理秩序的行为,同样也是应受行政处罚行为,也需要受到《行政处罚法》的调整。再如,对于旧版《行政处罚法》第 9 条至第 12 条关于设定权问题的不足,可考虑将"授权明确性原则"予以具体化,从而防止行政机关通过"空白要件"架空相关条文的规定。2021 年新版《行政处罚法》虽然增加了行政法规、地方性法规行政处罚的补充设定权,并对此加以行政程序控制,但这只是授权规范,仍未回应空白要件应当如何确定这一问题。因此,可以考虑在立法上增加以下内容:"法律、法规和规章应明确规定违反行政管理秩序行为的基本类型和特征,需要授权其他规范加

---

[1] 《行政诉讼法》第 98 条:"外国人、无国籍人、外国组织在中华人民共和国进行行政诉讼,适用本法。法律另有规定的除外。"
[2] 《行政处罚法》(2021 年修订)第 84 条:"外国人、无国籍人、外国组织在中华人民共和国领域内有违法行为,应当给予行政处罚的,适用本法,法律另有规定的除外。"
[3] 参见韩亦彤:《我国涉外行政处罚立法研究》,复旦大学 2009 年硕士学位论文。
[4] 旧版《行政处罚法》第 3 条第 1 款:"公民、法人或者其他组织违反行政管理秩序的行为,应当给予行政处罚的,依照本法由法律、法规或者规章规定,并由行政机关依照本法规定的程序实施。"
[5] 熊樟林:《行政违法真的不需要危害结果吗?》,载《行政法学研究》2017 年第 3 期。

以描述的,应对授权的内容、目的与范围予以明确。"

二、创设其他实体规范

结合域外文本,此次修法至少需要对如下三个实体问题加以回应。

1. 共同违法行为。和刑法上共同犯罪类似,共同违法行为也是行政处罚中较为常见的问题。尽管旧版《行政处罚法》第 27 条对此有所涉及,①但并不规范,②仍有以下问题需要明确:其一,共同违法行为的认定标准究竟是什么?是否需要将主观层面的"共同故意""责任能力"也纳入成立条件?实践中,其关系到是否可以处罚那些不具有共同故意或未达责任能力的共同违法行为人,因此意义重大。③ 对此,本书认为,共同违法行为并不是为了认定每一个相对人所犯的是何种违法行为,而是要证明那些即使不是实施行为(正犯)的人,同样也要对已经发生的违法结果承担责任。因此,认定共同违法,只需就行政相对人行为是否具有关联性或联系性加以判断,一旦客观行为是关联的,共同违法行为便可以成立,无须考量主观上是否具有共同故意,更加不需要考虑行为人的"责任能力"。换句话说,"共同实施违反行政法上义务行为之意思,不以各行为人均具有直接故意为限"④,只要主要行为是基于故意且构成要件该当违反秩序,该参与行为即可成立,而不论主要行为人是否得受非难,如欠缺责任能力或有其他免除之事由。⑤ 其二,共同违法行为的处断规则究竟是什么?是"一事共罚",在整体上只当作一个法律行为加以非难?还是"一事各罚",对每一个行为人的有责性内容分别判断,从而作出数个不同的处罚决定?⑥ 对此,

---

① 旧版《行政处罚法》第 27 条:"当事人有下列情形之一的,应当依法从轻或者减轻行政处罚:(一)主动消除或者减轻违法行为危害后果的;(二)受他人胁迫有违法行为的……。"
② 参见熊樟林:《共同违法行为的认定标准与处断规则——兼对〈治安管理处罚法〉第 17 条之检讨》,载《法律科学(西北政法大学学报)》2015 年第 3 期。
③ 譬如,甲与未满 14 周岁的乙,共同实施了数额为 200 元的扒窃行为。由于乙未满 14 周岁,不构成应受行政处罚行为,如果将责任能力纳入共同违法行为的认定标准之中,则无法实现对甲的处罚。
④ 廖义男:《行政罚法》,台北,元照出版有限公司 2008 年版,第 126 页。
⑤ 参见洪家殷:《行政罚法》,台北,五南图书出版股份有限公司 2008 年版,第 178 页。
⑥ 譬如,甲、乙、丙构成共同违法的行为,法律规定罚款 500 元,此时是需甲乙丙三人共同承担 500 元(一事共罚),还是甲乙丙三人分别承担 500 元(一事各罚)?

本书认为,"共同违法行为的评价只解决是否可以处罚,至于究竟该怎样处罚,仍然需要就各个相对人的有责性内容分别判断,它不是连带的,而是个别的。因而,对于各个相对人而言,我们仍然可以做出数个不同的否定性法律后果"①。

因此,关于共同违法行为,有必要创设如下文本:"多人参与违反行政管理秩序的,每一个参与人的实施行为,均独自成立应受行政处罚行为。参与人之一不受处罚,并不排除对他人的处罚。行政机关应根据参与人在共同违法行为中所起的作用,分别予以处罚。"②

2. 单位违法行为。尽管单位违法在形态结构、责任类型与责任承担方式上都与自然人违法之间存在很大不同,不能完全适用后者的处罚方式,但旧版《行政处罚法》却并未对单位违法的概念及其罚则单独加以规定,这给执法实践带来了一系列问题。实践中,各部门法做法不一,单罚模式、双罚模式以及混合模式都不乏立法实例,不利于行政执法的严肃性和统一性。譬如,《治安管理处罚法》第18条规定,"单位违反治安管理的,对其直接负责的主管人员和其他直接责任人员依照本法的规定处罚。其他法律、行政法规对同一行为规定给予单位处罚的,依照其规定处罚",采用的是单罚模式。但是,《建设工程质量管理条例》第73条规定,"依照本条例规定,给予单位罚款处罚的,对单位直接负责的主管人员和其他直接责任人员处单位罚款数额5%以上10%以下的罚款",采用的却是双罚模式。遗憾的是,此次修法对此未予以明确,未来,立法上可考虑创设如下文本:"对单位直接负责的主管人员和其他直接责任人员在职务行为过程中,故意或重大过失致使构成应受行政处罚行为的,一并处罚,法律、法规、规章另有规定的除外"。

3. 处罚竞合行为。处罚竞合作为公法学上的哥德巴赫猜想,非但在国内外理论与实践中争议颇大,在理论相对较为成熟的刑法学中也一直悬而未决。而且,由于旧版《行政处罚法》仅以第24条简单加以规定,其更为神秘,其亦是修法过程中不可回避的问题。我们认为,从整体上来

---

① 参见熊樟林:《共同违法行为的认定标准与处断规则——兼对〈治安管理处罚法〉第17条之检讨》,载《法律科学(西北政法大学学报)》2015年第3期。
② 在立法例上,可参照《治安管理处罚法》第17条第1款规定的"共同违反治安管理的,根据违反治安管理行为人在违反治安管理行为中所起的作用,分别处罚"。

看,解决这一问题需要从两个层面入手。

第一,一个违法行为。对于一个违法行为违反数个法定义务的,只能给予一次罚款。在立法表述上,新法第 29 条规定:"对当事人的同一个违法行为,不得给予两次以上罚款的行政处罚。同一个违法行为违反多个法律规范应当给予罚款处罚的,按照罚款数额高的规定处罚。"这意味着:其一,所谓"同一个违法行为",应理解为包括"自然的一行为"和"法律的一行为",这可将连续违法行为、持续违法行为都一并纳入规范;其二,"按照罚款数额高的规定处罚",避免了旧版《行政处罚法》第 24 条仅有禁止并处,却没有说如何处罚的问题;其三,仍有必要增加"法律、法规另有规定的除外"之规定,这是为了给当下日渐增多的"按日连续处罚""按次连续处罚"等问题留下制度通道。

第二,数个违法行为。对于数个违法行为违反同一或不同法定义务的,应分别予以处罚。这一规则是对"一事不二罚"原则之外的正常理解,之所以需要在立法条文中加以明确,是要打消行政机关对于同一个行为人"数次"违反"同一个法定义务"而又不构成连续行为不敢多罚的担忧。在德国《违反秩序法》中都存在类似条文。[①]

第四节 法地位之提升:从依据到统领

在我国行政处罚法律体系中,《行政处罚法》理应居于统领地位,是一种总则性规范,只应对行政处罚活动中的共性问题加以规定,立法者应仅设计框架性规则,而不能过于细化,从而避免《行政处罚法》沦为部门行政处罚法上的技术规则。

因此,《行政处罚法》一方面需要在规则设计上保持一定的张力,给部门行政处罚法预留规则生长空间。另一方面也要保持一定的开放性,授权其他地方性法律规范可以进一步补充,而不是仅将制度创设权

---

① 德国《违反秩序法》第 20 条:"如果应当科处多项罚款,则每项分别科处。"参见郑冲:《德国违反秩序法》,载《行政法学研究》1995 年第 1 期。

限定在中央立法上。

对此,从对现有文本的观察来看,1996年《行政处罚法》已经基本达标,立法者彼时已有一定的总则角色的制度定位,文本之中的大部分规范是用以指导全局的,其他部门行政处罚规范也基本是在《行政处罚法》的基础之上发散开来的。

但是,这仍然不够,尤其是在开放性上,旧版《行政处罚法》仍然奉行了中央立法的理念。立法者认为,行政处罚活动中的大部分问题应放在中央层面解决。本着这一理念,无论是在实体性规则上,还是在程序性规则上,《行政处罚法》做了大量的封闭性设计。

在这一理念之下,《行政处罚法》被预设成部门行政法的"依据",而不是抽象化的总则。如果《行政处罚法》必须逐一对每一类行政处罚活动表达立场,并形成细致化的规则,毋庸置疑,这必然会大大限制《行政处罚法》的涵摄功能,稀释《行政处罚法》的总则性,使《行政处罚法》无法真正成为行政处罚领域的"母法",失去"统领"地位。

以行政处罚类型为例,旧版《行政处罚法》本来完全可以只设计类型化的抽象规则,而不必以第8条的方式一一加以列举。但是,立法者基于防止行政处罚权滥用的逻辑,仍然在第8条中采取了详细列举的立法技术,并且还在该条配备的兜底条款中,将新型处罚类型的创设权限限缩在"法律""行政法规"之上。令人遗憾的是,新法第9条沿袭了这种设定。我们认为,这是典型的封闭式立法,其最终结果会造成大量的行政处罚行为由于无法被《行政处罚法》所囊括,而不得不沦为法外行为(如"黑名单"制度),而这折损的恰恰是《行政处罚法》的统摄力。

因此,在未来修法过程中,必须重申《行政处罚法》的总则角色,从依据转向统领,提高《行政处罚法》的法律地位,尤其是要明确《行政处罚法》在央地关系的处理上,应当给予地方政府一定的制度空间,只做原则性规范。

具体而言,针对上述处罚类型的问题,我们认为,《行政处罚法》可尝试适度放权,承认地方性法规和规章可以创设行政处罚类型。在行政处罚类型丰富上,除了在《行政处罚法》之中创设新的处罚类型以外,其实还可以考虑通过兜底条款,将创设权从中央下放到地方。应当认识到,《行政处罚法》第9条第6项的兜底条款,不仅具有限制处罚权滥用的"控权功能",其实还具有丰富行政处罚类型的"赋权功能"。从某种程度上来说,兜底条款正是释放《行政处罚法》总则功效的典型文本。

但是,需要注意的是,现有的兜底条款由于受制于"法律、行政法规"的位阶,功能仍然十分有限,权力被集中在中央层面,地方政府无法运用多样化的处罚类型去应对大量的新型违法问题。现在看来,这一问题必须要加以重视。

因此,对于这一问题,我们建议立法者将《行政处罚法》第9条第6项修改为"法律、法规和规章规定的其他行政处罚"。对此,除了上述原因之外,还有如下因素可供参考。

第一,限制处罚类型没有意义。实践中,基于执法实践的强烈需求,尽管立法者确实将创设权限定在了法律和行政法规层面,但是地方政府仍然会去创新的处罚类型,实践中的"黑名单"、违法事实公布都是如此。因此,限制创设权会导致地方政府所创设的新的处罚类型无法被纳入《行政处罚法》中加以调整,破坏《行政处罚法》的总则性,从而形成一系列的法外行为。这明显是得不偿失的。

第二,只要在立法上配备完善的配套制度,将权力下放到地方性法规和规章层面以后,就可以做到在提升《行政处罚法》总则地位的同时,仍然能够限制权力滥用。具体而言,可以进行如下两个方面的改革:其一,修改《行政处罚法》第9条的现有结构,对现有行政处罚类型的列举方式进行改革,改为"概念+列举"的模式。按照"财产罚""人身罚""行为罚""申诫罚""声誉罚"的大类分为5项,然后在每一个类别里进行列举。譬如,"财产罚:罚款、没收违法所得……""人身罚:行政拘留"等;其二,修改《行政处罚法》第10~13条规定,将现有的按照"行政拘留""吊销企业营业执照"等行政处罚类型进行分类规制的做法,改为按照"财产罚""人身罚""行为罚""申诫罚""声誉罚"进行分类。如此,方能提高《行政处罚法》第10~13条的规范容量,从而将现阶段无法预见但未来可能出现的新的处罚类型也一并纳入规范。

综上所述,修改《行政处罚法》必须从规制功能、控权视角、篇章结构、法律地位四方面确定立法者的基本立场。在规制功能上,我们需要从单一走向多元,增加风险预防的基本功能;在控权视角上,我们需要从行政机关转向行政相对人,从应受行政处罚行为成立要件的不同视角构建新型控权模型;在篇章结构上,我们需要从程序走向实体,创设和完善实体性规范;在法律地位上,我们需要从依据走向统领,明确《行政处罚法》的总则性地位,提高《行政处罚法》的涵摄能力。

第一章 《行政处罚法》修改的逻辑体系

"在公共领域的违法结构中,行政违法与犯罪占据着基础地位。"[①]由于行政法学的真正身份只有一百多年的时间,[②]相较于早已被刑法学抽丝剥茧的犯罪主题而言,行政违法只不过是晚近之事。[③] 在我国,旧版《行政处罚法》颁布于1996年,时隔已久方经大修,很多基础性问题尚未获得讨论,便已渐入冷门。例如,对相对人违法行为切合哪些要件才能予以处罚,尚无定论。《行政处罚法》与《治安管理处罚法》没有提供此类规范,行政处罚权的实际运行也并无此类逻辑可循。学者们出具的简单模仿刑法学的四要件体系,[④]非

---

① [俄]А. П. 舍尔金、К. Ф. 舍尔金娜:《俄罗斯联邦立法中行政责任与刑事责任的相关关系》,米铁男译,载戴玉忠、刘明祥主编:《犯罪与行政违法行为的界限及惩罚机制的协调》,北京大学出版社2008年版,第165页。

② 参见[德]米歇尔·施托莱斯:《德国公法史:国家法学说和行政学(1800—1914)》,雷勇译,法律出版社2007年版,第545、549、551页。

③ 大陆法系对行政处罚的检讨,源于奥地利1925年通过的《行政罚法》。英美国家较早提及行政处罚的是戴维斯。See K. C. Davis, *Administrative Law Text*, West Publishing Company, 1959, p. 425.

④ 参见杨解君:《论行政违法的主客体构成》,载《东南大学学报(哲学社会科学版)》2002年第3期;应松年、杨解君:《论行政违法的主客观构成》,载《江苏社会科学》2000年第2期;杨小君:《行政处罚研究》,法律出版社2002年版,第150~177页。

但存在牵强比附之嫌,同时"四要件"在刑法学界也已日渐式微。诚如前文所述,我们需要明确,控制行政处罚权,除了行政机关的视角,还有相对人的视角。我们非但可以以行政机关为对象,设定一系列限制行政处罚权运行的程序和实体性规则,同时,我们也可以考虑以行政相对人为对象,以相对人行为达到何种标准才能予以处罚的立场,更为科学地为行政处罚权提供启动标准和运行法则。

　　本章主要目的就是要为行政处罚提供一种类似刑法学的思维模型或逻辑体系,这应贯穿《行政处罚法》修改始终,作为一个逻辑框架被严格遵守。无论是虑及应受行政处罚行为侵害的行政法益,还是参考域外行政处罚研究路数,对于相对人不法行为的判断,实际上都存在一个体系严谨、逻辑自洽的理论模型可供参考。这一模型或是已经获致成文化,①或是只存在于执法人员的思维之中。本章拟将检讨如下三个问题。(1)我们何以能够建构一套类似犯罪成立要件理论一样的判断模型?也就是"应受行政处罚行为模型论之证明"。(2)该模型到底包含哪些要素?这些要素之间是何种关系?也就是"应受行政处罚行为模型论之内容"。(3)该模型能够解决哪些问题?有何种比较优势?也就是"应受行政处罚行为模型论之意义"。

第一节　应受行政处罚行为模型论之证明

　　当下的学科分化使行政法学与刑法学存在难以沟通的现象。因此,试图效仿犯罪成立要件理论为应受行政处罚行为提供判断模型,需要作全面证明。

---

　　① 如德国《违反秩序法》第1条第1项:"违反秩序行为是违法的和应受谴责的、是法律规定的事实构成得到实现并为该法律准予罚款处罚的行为。"参见郑冲:《德国违反秩序法》,载《行政法学研究》1995年第1期。

一、行政处罚与刑罚之间的历史同一性

在欧洲大陆,1810年法国《刑法典》依据行为危害程度将犯罪行为分成了三类:①刑事犯罪、侵权之罪以及违反治安秩序罪。其中,对于违反治安秩序罪处以保安刑。这是违警罪的雏形,也是行政处罚责任的原始开端,对世界各国公法责任体系的确立影响深远。1810年法国《刑法典》是最早提及类似行政处罚责任类型的立法文本。

时间推至20世纪前半叶,随着行政立法日渐增多,行政违法也相应凸显。因此,在德国,出现了行政犯与刑事犯的区分,②一种在比较行政处罚和刑罚基础上所得出的"质的区别说",得到了多数学者的支持。③ 该学说认为,刑事犯和行政犯具有本质区别,应将违警罪踢出具有高危害性、高可责性的刑罚体例,④单独制定一部违反秩序法,从而体现刑罚救济的终极性。

"二战"期间,由于大量经济管制行为是交由行政机关处理的,违警罚遭到了滥用。⑤ 德国公法学界的上述主张在战后迅速得到回应,立法者分别制定了1949年的《经济刑法》和1952年的《违反秩序法》。《违反秩序法》仅系违反行政规范之行为,且仅可处以罚金(Geldbusse)。⑥其后,在1975年的新刑法中,德国更是废除了犯罪种类三分法,仅规定了重罪和轻罪,将违警罪中有必要升格为犯罪者保留,其余的违警行为改由《违反秩序法》调整。至此,违警罚从刑罚中彻底"脱胎",在公法责任体系中获得了独立身份,"违反秩序法已经不是真正刑法意义上的'刑法'了,而是历史或者传统意义的一个用语"⑦。德、意、法、葡等国

---

① 参见刘国良:《行政刑法的犯罪属性》,载戴玉忠、刘明祥主编:《犯罪与行政违法行为的界限及惩罚机制的协调》,北京大学出版社2008年版,第131页。

② 参见张明楷:《行政刑法辨析》,载《中国社会科学》1995年第3期。

③ 以詹姆斯·古德施密特、艾里克·沃尔夫等为代表。参见曹菲:《刑事犯、行政犯统一化之提倡——兼论涉及行政法规范的犯罪的故意认定》,载《时代法学》2009年第1期。

④ 参见林山田:《订立行政罚法以代违警罚法》,载《中国论坛》1979年第8期。

⑤ 参见林山田:《经济犯罪与经济刑法》,台北,三民书局1981年版,第126~127页。

⑥ 参见洪家殷:《行政罚法论》,台北,五南图书出版股份有限公司2006年版,第100页。

⑦ 王世洲:《罪与非罪之间的理论与实践——关于德国违反秩序法的几点考察》,载《比较法研究》2000年第2期。

学者认为,第二次世界大战结束前德国所称的"行政刑法",迄今已称为"秩序违反法"(Ordnungswidrigkeitenrecht)。①

在亚洲,日本也上演了行政处罚的"独立运动",但由于"二战"后受到美国法的影响,日本并未完全效仿德国的模式,而是于1948年制定了《轻犯罪法》,②借鉴的是英美国家的司法传统。③ 在日本,行政机关并没有处罚权,处罚权是交由法院或简易裁判所行使的,警察只享有取缔和告发权。④ 直至今日,日本行政处罚和刑罚所呈现出来的关系,依然是连体的。日本学界为二者设定的区别标准,也只是刑法学界内部纷争。并且,日本《刑法典》第8条之规定,⑤也一直被认为可以适用于对应受行政处罚行为成立要件的判断。⑥

在我国,行政处罚起源于清末。1908年清廷出台的《违警律》,是中国历史上的第一部治安法规。该法分为10章,共45个条文。⑦ 同时,为了更好地实施这一律令,清廷亦于同年颁布了《违警律施行办法》《违警律条文解释》两项解释。⑧ 此时,大清新刑律尚未出台,《违警律》主要用于规范刑罚活动,行政处罚尚未获得独立,是和刑罚混淆在一起的。

近代,基于国家情势的卷迁,当时的国民党政府内务部会同法制局对《违警律》予以修订,于1928年将《违警律》易名为《违警罚法》。⑨《违警罚法》已有秩序罚的基底,⑩在章节表述上,《违警律》采用的多是

---

① 参见林山田:《行政刑法与行政犯辩证》,载《法令月刊》1989年第9期。
② 参见李健和:《违警罚比较研究》,载《公安大学学报》1989年第4期。
③ "在日本,除有特别规定外,罚款只能由法院依据《非讼事件程序法》作出,而并不是行政机关。"参见张剑寒:《行政制裁制度》,1979年自版,第201页。
④ 参见吴庚:《谈违警罚法的修改》,载《中国论坛》1979年第8期。
⑤ 日本《刑法典》第8条:"本编之规定,于其他法令有规定之罪,亦适用之。但其他法令有特别规定者,不在此限。"参见陈子平编译:《日本刑法典》,台北,元照出版有限公司2016年版,第13页。
⑥ 参见[日]河井信太郎:《租税法上之行政罚与刑事罚》,郑玉波译,载《税务旬刊》1965年10月10日。
⑦ 参见戴鸿映编:《旧中国治安法规选编》,群众出版社1985年版,第15~23页。
⑧ 参见戴鸿映编:《旧中国治安法规选编》,群众出版社1985年版,第23~27页。
⑨ 参见戴鸿映编:《旧中国治安法规选编》,群众出版社1985年版,第343页。
⑩ 沈岚:《中国近代治安处罚法规的演变——以违警罚法的去刑法化为视角》,载《政法论坛》2011年第4期。

"关于政务之违警罪"等表述,而《违警罚法》却是"妨害秩序之违警罚",已从"罪"过渡至"罚"。随后,《违警罚法》经历了1935年、1943年、1946年、1947年、1949年、1954年修订。① 通过修订,同时伴随1928年《中华民国刑法》的公布,行政处罚的独立性越发凸显。比如1947年《违警罚法》第9条规定:"违警行为,不问出于故意或过失,均应处罚;但出于过失者,得减轻之。"这是行政处罚得以独立的明显例证,也是"质的区别说"的样本。

新中国成立后,于1957年颁布实施了《治安管理处罚条例》(已失效)。该条例内容相对简陋。不过,对于行政处罚与刑罚的关系,立法者的处理态度却非常明确,《治安管理处罚条例》第2条开明宗义地点出:"尚不够刑事处分,依照本条例应当受到处罚的行为,是违反治安管理行为。"可见,在立法思路上,中国从一开始就确立了分割行政处罚与刑罚的基本格局,认为行政处罚"应当同刑事处分的界限严格加以区别"②。

自此以后,理论界在看待行政处罚时,运用的是与刑罚完全不同的理论工具,概念法学应有的逻辑推演被搁置一旁,缺乏体系性。因此,其间穿插进来的1996年《行政处罚法》,虽然被定位为行政处罚的基本法,相当于刑法总则,但往往"被预设成一种所有其他行政处罚立法的'依据'角色,而不是抽象化的总则"③。对于行为达到何种程度或者构成哪些要件才能予以处罚,立法上无法找到依据。

可见,从古到今,从国外到国内,无论是如德国、奥地利一样,将行政处罚单列为一种责任类型,还是如日本将行政处罚与刑罚交织在一起,都无法否认行政处罚和刑罚之间的亲密关系。无论我们如何向行政处罚中添加行政活动的效率性追求,都无法改变其与"违警罪"之间的血缘关系。在历史发展的漫长脉络里,行政处罚和刑罚分开的时间也才50多年,我们对历史上本是相同的两个事物,采取同一种观察方法予以对待,并不涉及实质性的学科跨越。

---

① 参见戴鸿映编:《旧中国治安法规选编》,群众出版社1985年版,第358页。
② 罗瑞卿:《关于中华人民共和国治安管理处罚条例草案的说明》,载《湖南政报》1957年第12期。
③ 熊樟林:《论〈行政处罚法〉修改的基本立场》,载《当代法学》2019年第1期。

二、行政处罚与刑罚之间的法益同质性

更为深层的佐证是,行政处罚与刑罚所要保护的法益也是相同的。这大致经历了如下三个阶段。

1. 质的区别说。早期理论认为,行政处罚与刑罚"不容混淆,也无交流的可能性,两者的差别非在'较少对较多'的关系上,而是在'他物对他物'的关系上"①。犯罪行为通常会对法益造成危害,而应受行政处罚行为所侵害的仅是行政机关的目的,是行政利益,而非法益。依照郭特希密特(Goldschmidt)等人的见解,违反司法刑法的行为是一种刑事不法,具有法律违反性,但违反行政法规的行为却只是行政不法,只具有行政违反性。历史上,以郭特希密特为代表的质的区别说,曾一度在德国和瑞士法院中获得承认。德国联邦最高法院曾认为,刑事不法乃违反基于伦理的刑法规范,行政不法只是单纯对于行政命令的不服从。②

2. 量的区别说。质的区别说20世纪中叶走向了没落,质的区别说催生于自由主义法治国时代,国家活动必须让步公民自由,法益是一种相对稳定的"个人的、法律人格者的生活利益"③。但是,伴随现代福利国家的出现,国家义务从消极地不予侵犯转变为积极提供各项公共服务,法益逐渐趋于复杂化,这表现为:(1)法益观念的抽象化。过去的法益能够与具体的生活利益相关联,但现在有所不同。公民需要的并不仅是安全与自由,而是更为复杂与主动的发展权与平等权,法益并不单一地只与生命和财产等具体生活利益发生关联,也会向教育权、政治权等抽象权利发生倾斜,是一个需要借助其他标准才能予以确定的抽象体,具有不确定性,根本无法用以区分行政处罚与刑罚。因此,"从侵害法益之程度,以求行政犯与刑事犯之区别,殆为过去之通说"④。(2)行

---

① H. C. Michels, *Strafbare Handlung und Zuwiderhandlung, versuch einer materiellen Unterscheidung Zwischen Kriminal und Verwaltungsstrafrecht*, 1963. 转引自郑善印:《刑事犯与行政犯之区别》,中兴大学法律研究所1990年硕士学位论文,第107页。

② 参见何子伦:《台湾地区刑事犯与行政犯分界之研究》,中国政法大学2005年博士学位论文,第39页。

③ 韩忠谟:《行政犯之法律性质及其理论基础》,载《台大法学论丛》1980年第1期。

④ 韩忠谟:《行政犯之法律性质及其理论基础》,载《台大法学论丛》1980年第1期。

政过程的民主化。更为重要的是，认为应受行政处罚行为侵犯的只是行政利益而非法益，在行政程序日渐完善的今天也不切实际。诚然，在警察国或戴维斯（K. Davis）所言的"严格法治国"时代，①法律与行政势不两立，所有问题都必须围绕"如何驯服行政权"而展开，行政乃是法所管制的对象，本身并不属于"法"的范畴。因而，相对人违反行政规范只是侵犯了行政机关的意志，而不是法的意志。但是，这种情况现在却发生了改变。批评者认为，行政立法其实也具备一般性、公开性与预见性。基于正当程序的要求，行政机关也开始注重公众参与形式的运用，"包括从完全没有任何程序的口头谈话，到几乎接近审判型的听证程序在内"②。在这一过程中，行政相对人的利益表达是畅通的，几乎与公民向国会输送正当性的选举方式一样。行政立法借此获得了更多的民主要素，行政秩序与法秩序已经浑然一体，行政利益（Verwaltungsgüter）堪称为第二顺位的法益（Rechtsgüter zweier Ordnung）。③

"法益观念的抽象化"和"行政过程的民主化"，使先前围绕法益所建构的"质的区别说"丧失了理论基础，"量的区别说"开始流行起来。以贝林（Ernst Beling）、封·希斐（R. von Hippel）、迈耶（H. Mayer）等人为代表，④"量的区别说"认为，刑事不法与秩序不法并无本质上的不同，仅有量的差异。应受行政处罚行为和犯罪行为都对法益构成了事实上的损害，只是应受行政处罚行为对法益的破坏程度较为轻微，犯罪较为严重而已。"违反国家之行政利益，实质上，与对国家机关为可罚行为同，均属法之侵害，因而秩序罚之秩序违反行为，与其他刑事犯，性质上不能谓非一致。"⑤因此，应受行政处罚行为应当和刑罚一样，只有同时符合构成要件的该当性、违法性及有责性，才能受到公法责任的科处，二者法益具有同质性，试图以法益侵害作为标准划分刑事不法与行

---

① See K. C. Davis, *Discretionary Justice: A Preliminary Inqury*, University of Illinois Press, 1971, p. 27 – 29.

② 王名扬：《美国行政法》，中国法制出版社2005年版，第532页。

③ 参见韩忠谟：《行政犯之法律性质及其理论基础》，载《台大法学论丛》1980年第1期。

④ 参见林山田：《论刑事不法与行政不法》，载《刑事法杂志》1976年第2期。

⑤ Hellmuth Mayer, *Strafrecht*, 1953, S. 71 – 72. 转引自黄守高：《现代行政罚之比较研究》，中国学术著作奖助委员会1970年版，第68页。

政不法,与现代社会和现代国家的语境完全不符。①

3. 质量混合说与区别无意义说。这两种理论分别产生于德国和日本。(1)在德国,无论是质的区别说,还是量的区别说,最后都没有成为司法审查的主流理论。为了避免顾此失彼,德国法院最终发展出了一种折中学说——质量混合说。② 该学说一方面承认,将法益作为区别标准在现代社会已无理性可言,从而否认了"质的区别说"的绝对性;另一方面又认为某些典型的犯罪行为(如故意杀人),与应受行政处罚行为存在本质差异,从而又否认了"量的区别说"。质量混合说认为,在刑事犯与行政犯之间,各有核心领域与外围领域,核心领域是质的区别,外围领域则是量的区别。(2)在日本,"区别无意义说"以井户田侃、板仓宏、平野龙一等为代表。他们认为犯罪与应受行政处罚行为都是违反国家法律秩序而应受到处罚的行为,二者在这一点上并无不同,更不能否认他们之间存在共同性。即使二者之间确实存在区别,也只是相对的,刑罚与行政处罚之间是双向流动的,犯罪化与非犯罪化一直同步发生。随着经济社会的发展,区分刑事犯和行政犯的固定标准会变得毫无意义。③

可见,"何种违法行为构成行政犯并受行政处罚?何种违法行为构成刑事犯应受刑罚制裁?往往为立法政策上之考量,而与本质上的必然性无关"④。行政处罚与刑罚之间没有质的区别,只是在量上存在差异。在理论界,非但早期的质的区别说已经与时下行政民主日渐提升的社会环境格格不入,同时新兴的质量混合说也并未否认行政处罚与刑罚之间的密切关联,而且日本亦有"区别无意义说"的出现。因此,行政处罚与刑罚之间是具有法益同质性的,"违法行为既可以是一个违反秩序的行为,也可以是一个犯罪行为"。⑤

---

① 参见王莹:《论行政不法与刑事不法的分野及对我国行政处罚法与刑事立法界限混淆的反思》,载《河北法学》2008年第10期。
② 参见洪家殷:《行政罚法论》,台北,五南图书出版股份有限公司2006年版,第104页。
③ 参见黄明儒:《行政犯比较研究——以行政犯的立法与性质为视点》,武汉大学2002年博士学位论文,第93、110~111页。
④ 吴庚:《行政法之理论与实用》(增订八版),中国人民大学出版社2005年版,第296页。
⑤ 王世洲:《罪与非罪之间的理论与实践——关于德国违反秩序法的几点考察》,载《比较法研究》2000年第2期。

三、行政处罚与刑罚之间的规范同义性

刑法与行政处罚法对成立要件的文义表述也十分相似,二者之间具有规范同义性。首先,在立法文本的总则编为应受行政处罚行为设定类似犯罪成立要件的判断模型,已在部分国家获致实现,分为"直接规定"和"间接规定"两种。

1. 直接规定。德国是采用该模式的典型代表。德国1952年《违反秩序法》第1条第1项规定:"违反秩序行为是违法的和应受谴责的、使法律规定的事实构成得到实现并为该法律准予罚款处罚的行为。"[①]该条包含如下3项要素:构成要件该当性、违法性以及有责性。而非常恰巧的是,这与德国刑法学界有关犯罪成立要件的概括如出一辙。[②] 此外,德国《违反秩序法》关于不作为犯、故意、过失、错误、责任能力、未遂、共犯、正当防卫、紧急避险等规定,也大致与普通刑法相同,无异为刑法法典之翻版。[③] 因此,我们才不难理解,为什么德国学者曾如此说道,"在德国,构成违反秩序行为之基本要件与刑罚行为并无不同"[④],在确定行政秩序罚之基本构成要件时,对其要求不得低于或弱于刑罚之要求。[⑤] 在德国,应受行政处罚行为成立要件的理论框架和判定技术同刑法学理论并无二致,方法论上的借鉴并不仅是理论假设,而是已经被立法加以固定。同时,由于我们已经获知希腊、荷兰、葡萄牙等国几乎原封不动地接受了德国《违反秩序法》的立法理念,[⑥]我们推测,这些国家会和德国相仿,也会规定类似于刑法学的应受行政处罚行为成立

---

① 郑冲:《德国违反秩序法》,载《行政法学研究》1995年第1期。
② 参见[德]恩施特·贝林:《构成要件论》,王安异译,中国人民公安大学出版社2006年版,第58页。
③ 参见韩忠谟:《行政犯之法律性质及其理论基础》,载《台大法学论丛》1980年第1期。
④ Vgl. Göhler, OwiG, Vor § 1 Rn. 10. 转引自洪家殷:《论行政秩序罚之概念及其与刑罚之界限》,载《东吴大学法律学报》1996年第2期。
⑤ Vgl. Maurach & Zipf, Allgemeiner Teil, Teilband 1, 7. Aufl., 1987, § 1b Rn. 36f. 转引自洪家殷:《论行政秩序罚之概念及其与刑罚之界限》,载《东吴大学法律学报》1996年第2期。
⑥ 参见王世洲:《罪与非罪之间的理论与实践——关于德国违反秩序法的几点考察》,载《比较法研究》2000年第2期。

要件体系。①

2.间接规定。在"间接规定"中,行政处罚法并未规定一个统一的、集合在一起的成立要件,而是散见于各个条文之中,其只能依靠学理上的梳理和总结,并需在判例之中予以明确和丰富。现阶段,较具代表性的是奥地利《行政罚法》。作为全球首部以"行政罚法"命名的秩序违反法律,1926年奥地利《行政罚法》对后世影响极大。该法分为"总则""程序法""附则"3章内容。② 虽然《行政罚法》是该国行政程序法典的一部分,但其并非只有有关程序之规定,且尚涉及实质刑罚法制一般规定。③ 在该法制定过程中,对于行政罚法是否适合规定类似刑法的总则内容,存在众多争议。但是,由于彼时奥地利行政处罚成立要件散见于各类法律之中,缺乏统一性法典,该国宪法委员会最终还是决定附加此项内容,并排列于第一编第1条至第22条之中。④ 其中,第1条、第2条规定了行政罚的一般要件;第3条、第4条是责任能力;第5条、第6条是责任;第7条是教唆及帮助行为;第8条是未遂;第9条是特别责任。这9个条文往往被学者称为"可罚性要件"⑤,具有借鉴刑法学的浓厚笔墨,理论界在评价奥地利《行政罚法》时,一般认为该法体例及法条体系只是刑法总则及刑事诉讼法制的多变体,借用刑事法原则之处极多。

从对分则的观察来看,基于行政处罚与刑罚的法益同质性影响,分则部分尤其是在构成要件的该当性上,刑法与行政处罚法也高度相似。譬如,有学者对我国2005年制定的《治安管理处罚法》进行了研究,发现其中第三章"违反治安管理的行为和处罚"共计54个条文中,竟有39条与刑法相关,涉及刑法规定的近60个罪名。⑥

---

① 参见熊樟林:《行政处罚上的空白要件及其补充规则》,载《法学研究》2012年第6期。
② 参见李轶男:《奥地利〈行政罚法〉的几点启示》,载《山西高等学校社会科学学报》2004年第11期。
③ 参见城仲模:《奥国行政罚制度析论》,载《台大法学论丛》1977年第2期。
④ 1926年,奥地利行政部门起草《行政罚法》时未考虑实体部分,政府提案中只有程序内容,但奥地利宪法委员会最后决定增设实体内容。参见城仲模:《奥国行政罚制度析论》,载《台大法学论丛》1977年第2期。
⑤ 俞书平:《奥地利行政罚法之介绍》,载《刑事法杂志》1976年第6期。
⑥ 参见杨帆、赵志强:《〈治安管理处罚法〉与〈刑法〉的衔接与冲突——以宽严相济的原则为指引》,载《行政法学研究》2010年第4期。

第二节 应受行政处罚行为模型论之内容

一、我国应受行政处罚行为的模型初貌

尽管我国《行政处罚法》并未规定成立要件,但由于行政处罚与刑罚之间的上述关系,加之人们一直以来对类型化思维的追求,类似于域外的模型化逻辑,其实在我国并不鲜见,只不过内容较为零散或缺失,尚未形成一个逻辑严密的体系。

1.执法文书中的判断模型。与已经获得法官和检察官广泛认同的犯罪成立要件不同,行政执法中并不存在统一的应受行政处罚行为判定模型:(1)在该当性上,如中国证监会在"欧某鹏、聂某华等案"中认为,民安证券行为严重违反 2004 年《证券法》第 73 条第 3 项"挪用客户所委托买卖的证券或者客户账户上的资金"的规定,构成原《证券法》第193 条所述挪用客户账户上的资金的行为。[1] 这是典型的构成要件该当性判断表述,是一种事实评价,主要是比对相对人所犯行为是否符合立法规定的行为特征。由于我国《行政处罚法》规定了处罚法定主义,[2]任何处罚决定都必须列明依据,实践中大部分处罚文书只是在构成要件该当性上就事论事,比对该当性也是我国应受行政处罚行为判断模型的总体面貌。(2)在违法性上,如中国证监会在"苏州市信托投资公司案"中认为,相对人操纵股价……影响了证券市场价格,制造证券市场假象,诱导或者致使投资者在不了解事实真相的情况下作出证券投资决定,扰乱证券市场秩序。[3] 与上述不同,该文书在判断模型上更为丰富,除了该当性比对之外,还较为罕见地涉及了违法性评价,认为违法行为侵害了行政管理秩序。相较而言,这是一种价值判断活动,

---

[1] 参见中国证监会证监罚字〔2006〕27 号行政处罚决定书(2006 年 10 月公布),载中国证券监督管理委员会官网,http://www.csrc.gov.cn/csrc/c101928/c1043477/content.shtml。

[2] 《行政处罚法》(2017 年修正)第 3 条第 2 款:"没有法定依据或者不遵守法定程序的,行政处罚无效。"该条于新法中被规定在了第 38 条,即"行政处罚没有依据或者实施主体不具有行政主体资格的,行政处罚无效。违反法定程序构成重大且明显违法的,行政处罚无效"。

[3] 参见中国证监会证监查字〔1998〕48 号,1998 年 5 月 28 日。

已经超越了事实层面。(3)在有责性上,如广州市天河区原食品药品监督管理局在"梁某正案"中认为:"综合考虑当事人……无主观故意且其违法行为未造成严重后果等从轻情形,我局拟责令当事人改正上述违法行为……。"①在该案中,行政机关对相对人主观过错进行了评价,超出了《行政处罚法》的要求。在我国,旧版《行政处罚法》没有规定主观过错,无须考虑相对人是否具有故意或过失。因此,除非部门行政法另有设定,②否则行政机关不会给自己添加有责性判定任务,含有有责性判断要素的执法文书也十分罕见。

2. 裁判文书中的判断模型。相较而言,应受行政处罚行为成立要件在司法判决中更为细致,效仿刑法学的痕迹也更为明显,譬如,(1)对于违法性评价,如山东省淄博市中级人民法院在"曾某与淄博市公安局临淄分局等公安行政处罚纠纷上诉案"中,便非常罕见地论述了违法性阻却事由,认为"曾某在其与边某双方夺自己手中手机的过程中对边某造成伤害属于正当防卫行为,不属于违反治安管理的行为,不应受到治安管理的行政处罚"。③(2)在有责性上,如北京市高级人民法院在"北京中油国门油料销售有限公司诉北京市顺义区国家税务总局案"中,④也对相对人主观过错进行了评价,认为"当事人的主观方面系认定偷税行为的必要构成要件。行政机关以构成偷税行为为由对当事人作出行政处罚,应当对当事人不缴或者少缴应纳税款的主观方面进行调查认定,并在当事人提起行政诉讼后就此承担举证责任"。

3. 理论研究中的判断模型。理论界早在 1996 年《行政处罚法》颁布以前,就对应受行政处罚行为成立要件有所关注。比如苏尚智认为,构成行政处罚的要件有:(1)违反行政法规所规定的义务;(2)必须在

---

① 广州市天河区原食品药品监督管理局(穗天)食药监餐罚〔2018〕G308 号,2018 年 12 月 10 日。
② 如《治安管理处罚法》第 28 条:"违反国家规定,故意干扰无线电业务正常进行的,或者对正常运行的无线电台(站)产生有害干扰,经有关主管部门指出后,拒不采取有效措施消除的,处五日以上十日以下拘留;情节严重的,处十日以上十五日以下拘留。"
③ 荣明潇:《正当防卫在治安管理行政处罚中的正确认定》,载《行政执法与行政审判》2023 年第 4 期。
④ 北京市高级人民法院行政裁定书,(2017)京行申 1402 号。

主观上有过错(故意或过失);(3)必须达到法定年龄和有责任能力。①从整体上来看,早期认识已经触及了构成要件该当性和有责性两项要素。在技术处理上,他们和彼时的犯罪成立"四要件"理论高度相似,认为行政处罚是犯罪构成理论"在行政法中最类似的翻版"②,构成行政违法予以处罚,必须具备四个条件:一是行为人实施了违反行政法律规范的行为;二是行为人侵犯了行政法所保护的社会关系;三是行为人在主观上有过错,包括故意或过失;四是行为人必须是具有法定责任能力的人。③

也有学者主张废弃模型化,认为行政违法行为与犯罪相比较,在程度上要轻微一些,相应地,行政处罚种类的严厉程度也要轻微一些。法律在规定应受处罚的违法行为时,没有必要像刑法那样,在各方面都规定得非常具体和严格,如果是这样,对行政违法行为的处罚就比较困难。因此,应受行政处罚的违法行为并没有统一的标准,而是需要按照规范这一违法行为的单行法律、法规或行政规章的具体规定,判断是否构成违法行为。④

二、我国应受行政处罚行为模型化的不足

整体而言,我国应受行政处罚行为的模型化工作主要存在如下问题。

1. 欠缺明确性。在刑法理论中有犯罪构成要件,在民事责任中有民事责任构成要件,这表明法律责任的成立有其客观的基础与根据,无论是立法者还是执法机关或者老百姓,都应遵循这些客观的规律,从而保证行政与执法建设在客观标准与公平规则的基础之上。⑤ 但如前所述,无论是在立法上,还是在行政执法、司法裁判中,也无论是采用三要件,还是传统刑法学主张的四要件,我们都很难在同一份文书中看到齐备的所有要件。成立要件作为模型化的思维对象,只是以一种尚未获

---

① 参见苏尚智:《我国的行政处罚》,载《政治与法律》1986 年第 3 期。
② 马怀德:《论行政处罚》,载《青海社会科学》1991 年第 1 期。
③ 参见王界凯:《行政处罚规范化问题浅议》,载《求实》1991 年第 9 期。
④ 参见胡锦光:《行政处罚研究》,法律出版社 1998 年版,第 132~133 页。
⑤ 参见杨小君:《行政处罚研究》,法律出版社 2002 年版,第 150 页。

得标准化的模糊形式而存在的。它非但没有获得理性的逻辑安排，同时究竟应该表现为何种方式，也具有高度的不确定性。在立法上，旧版《行政处罚法》第 3 条只是概括性地规定了违反行政管理秩序的行为应当给予行政处罚。① 相对人视角触及应受行政处罚行为的构成。2021 年新版《行政处罚法》也未从根本上改变传统视角。新法的概念条款聚焦于何种行为属于行政处罚，其中固然可以解读出应受行政处罚行为的违法性要件，但对于有责性是否属于应受行政处罚行为的构成要件仍不清晰。虽然新法于第 33 条规定了不具有主观过错不予行政处罚，但结合该条于整部法律中的位置以及该条上下文的内容来看，主观过错是否应在"定罚"层面判断仍存在争议。② 在行政执法中，成立要件并不被行政机关所固定，他们一般会对构成要件的该当性严格遵守，违法性和有责性只是可选要件，而不是必备要件。类似地，司法判决中的成立要件同样是片段性的、潜在的、非标准化的。没有任何措辞表明，法官在采用类似犯罪成立要件一样的模型化思维开展审判活动。

2. 欠缺完整性。在我国，只要行政相对人实施了违反现行法律规范的行为，多数情况下就要科以行政处罚。应受行政处罚行为的违法性和有责性，会自觉或不自觉地被包含在该当性之中加以评价，执法人员"往往不需要考虑实施违法行为的主观过错和客观后果"③。作为行政违法行为的构成要件，只要具备主体条件和客观条件即可，"一旦某个行为人实施了违反行政法律规范的行为，我们即可认为是行政违法行为，我们不能因其不具有其他条件就认为行为人没有违法。社会危害性、应受处罚性是行政违法行为的特征，而不是其构成要件。主观过错条件也不是行政违法行为的构成条件，而是行政机关实施行政处罚时所应考虑的受处罚人的主观状态"④。因此，我国应受行政处罚行为成立要件并不完整，违法性和有责性往往会被忽略不计。并且，这并不

---

① 参见杨小君：《行政处罚研究》，法律出版社 2002 年版，第 154 页。
② 参见熊樟林：《〈行政处罚法〉主观过错条款适用展开》，载《中国法学》2023 年第 2 期。
③ 孙秋楠：《受行政处罚行为的构成要件》，载《中国法学》1992 年第 6 期。
④ 杨解君：《受罚性行政违法行为的认定》，载《法学杂志》1996 年第 1 期。

只是"执法不够规范"和"理论认识局限"所致,更为重要的是,立法上也并未提出过完整的模型化要求:一方面,就部门行政法而言,"在我国现行行政法律规范中,规定只要管理相对人实施了违法行为,就要给予行政处罚的法律、法规占有处罚内容的行政法律规范的80%以上"[①]。应受行政处罚行为就是违反行政法律规范明文规定的行为,已是一项共识。另一方面,与刑法分则要件之缺失往往可以通过总则获得补充的逻辑不同,在行政处罚中,上述不足无法在具有总则性质的《行政处罚法》中获得补充。旧版《行政处罚法》并未对应受行政处罚行为的成立要件加以规范,远远配不上"总则"的角色和地位。

3. 欠缺逻辑性。在一个严格的模型化体系中,各要件之间是相互衔接、层层推进的,它们之间具有孰先孰后的逻辑关系,所呈现出来的也应该是一种层层递进的逻辑进程。然而,我国应受行政处罚行为的判定逻辑并不符合这一要求。多数情况下,行政机关只需就一个要件加以判定即可,没有谈论如何排列各项要件的可能性。同时,即使是在要件已经较为齐备的"四要件"中,模型化的逻辑性不足依然明显。(1)各要件不具有独立价值。四要件之间是一存俱存、一损俱损的共存关系,各要件必须依附于其他要件才具有实质意义,本身并不具有独立性,这容易造成对某一个要件的评价不具有实际意义。譬如,对于精神病人所实施的违法行为,根据四要件,我们非但不能对其进行行政处罚,同时也不能采取类似于"看管"的惩戒措施。因为在四要件下,由于不成立有责性,也不具有违法性,"惩戒"就不具有正当性基础。(2)浪费执法与司法成本。在四要件中,所有要件必须判断完毕才能定论,与执法及司法的逻辑进程有所差别,容易造成执法与司法成本的浪费,因为有些行为可能在客观上不符合构成要件,因此就没有进行主观过错的判断。(3)难以评判出罚事由。在四要件中,正当防卫和紧急避险并没有被置于应受行政处罚行为成立要件中加以评价,而是在成立要件判断之后才单独予以评价,这导致一些已经完全符合"四要件"而应当被认定为应受行政处罚行为的行为,可以由于存在"正当防卫"或"紧急避险"而被否定。很明显,这是自相矛盾的。譬如,对于急救而闯红灯

---

① 孙秋楠:《受行政处罚行为的构成要件》,载《中国法学》1992年第6期。

的行为,如果按照四要件理论,应被认定为应受行政处罚行为而具有可罚性,因为其满足四要件中的所有内容。但是,由于存在紧急避险情况,行政机关不能对这种完全符合四要件的行为予以处罚。在这一情形中,四要件评价是没有任何意义的。

三、应受行政处罚行为成立要件的基本内容

在应受行政处罚行为成立要件主题上,我国行政法学界早期的四要件理论应当予以摒弃。本书认为,参照德国《违反秩序法》第 1 条第 1 项之规定,应受行政处罚行为的成立要件应当包括如下三项内容:构成要件的该当性、违法性以及有责性。这理应是应受行政处罚行为成立要件的基本框架,也是异于我国传统四要件理论的全新模型。

1. 构成要件的该当性。构成要件的该当性是一种事实评价,其主要是为应受行政处罚行为提供事实基础,基本任务就是把行政违法行为、违法结果、行为与结果之间的因果关系,与行政处罚性法律规范进行比对。构成要件是立法上提供的判定相对人行为是否构成行政处罚的基本规则,该当性是对行为是否符合构成要件的判断。"行为之可罚性应以该当行政法规清楚载明者为限,至少其须于行政法规原文(Wortlaut)上已预先载明该行为应受官署之非难。"[1]如果行政相对人某项行为的特征与这一框架是基本吻合的,那么,该当性的判断结论便是肯定的,原则上就有应受行政处罚行为的存在。譬如,《治安管理处罚法》第 30 条规定:"违反国家规定,制造、买卖、储存、运输、邮寄、携带、使用、提供、处置爆炸性、毒害性、放射性、腐蚀性物质或者传染病病原体等危险物质的,处十日以上十五日以下拘留。"该条中,"违反国家规定,制造、买卖……危险物质的",便是典型意义上的构成要件。对于相对人的类似行为,行政机关只需判断其与上述描述是否匹配。

一般而言,构成要件的该当性是一个中性的、无价值取向的判断,是规制社会大众的一种方式,也是约束行政裁量权的基本条件,可通过

---

[1] 城仲模:《奥国行政罚制度析论》,载《台大法学论丛》1977 年第 2 期。

《行政处罚法》第 4 条设定的处罚法定原则得到遵循。① 在功能上,首先,构成要件的该当性具有人权保障的机能,由于构成要件严格限定了应受行政处罚行为的客观范围,只有在有明文规定的情况下,行政机关才能予以行政处罚,构成要件的该当性是依法行政原则得以实现的有效保障,进而也对公民权利和自由具有重要意义。同时,立法者通过行政法规定各种应受行政处罚行为类型,也表达了对此类行为的否定和谴责,给公众提供了行为指引,警示不得实施此类行为,从而能将公众行为规范在社会所能容忍的最大限度或最低标准之内,起到抑制违法的作用。

其次,构成要件的该当性还具有违法推定的机能。一般来说,凡是符合部门行政法所设定的构成要件的行为,都是具有违法性的。只有在具有违法阻却事由时,违法性才能被阻却。因此,我们不难看到,执法实践中对应受行政处罚行为的判定,大部分仅需停留在构成要件的该当性判断上,②实质性违法判断基本是缺位的。这并不单单是行政机关为了追求行政效率,③也与我国《行政处罚法》欠缺违法性阻却事由有关,实践中,诸如紧急避险、正当防卫等要素,往往无法被纳入违法性中加以评价。因此,构成要件确实具有违法推定的机能,但需要区分的是,"推定"不是"确定","符合构成要件的相对人行为只是具有推定违法性的指示作用,行为是否违法而无价值有待于在后续的违法性阶段予以确定。构成要件该当和具有违法性是两个不同的评价阶段,行政相对人的行为符合法律规范所设定的客观内容只是构成要件的该当,并不必然具有违法性"④。

2. 违法性。该当性的次序判断是违法性判断。有所不同的是,违法性是价值判断,相对人行为一旦符合构成要件,原则上就可以推定违法。违法性判断的主要任务是在构成要件符合性的基础上进行价值评价,从而将法律精神所能容忍和许可的行为排除出去。在理论研究中,

---

① 参见熊樟林:《应受行政处罚行为的构成要件》,载《南京大学法律评论》2015 年第 2 期。
② 参见孙秋楠:《受行政处罚行为的构成要件》,载《中国法学》1992 年第 6 期。
③ 参见胡锦光:《行政处罚研究》,法律出版社 1998 年版,第 132~133 页。
④ 熊樟林:《应受行政处罚行为的构成要件》,载《南京大学法律评论》2015 年第 2 期。

一般将其称为违法性阻却事由,包括正当防卫、紧急避险、执行职务、义务冲突、被害人承诺等情形。譬如,德国《违反秩序法》第 15 条规定:"因正当防卫实施的行为不违法。"

在违法性上,较难确定的问题是应受行政处罚行为的违法本质究竟是什么？是立法机关制定的法律、行政机关制定的行政性规范,还是此类法规范背后所意欲保护的利益？[①] 在刑法学中,围绕这一问题曾产生过实质违法性与形式违法性之争。形式违法性将违法性定格在违反国家规范层面上,违法性就是违反法规范。但是,实质违法性则认为要从法律秩序内部所蕴含的基本理念上把握违法性,用法定规范以外的实质标准与根据来诠释违法性,主要是指对法益的侵害与威胁。

现在,这一问题在行政处罚上也日渐凸显,处罚法定原则已从形式法治逐渐转入实质法治。经由《立法法》修改,地方立法已经得以扩张,地方政府也已开始大量实验诸如裁量基准之类的制度。在"空白要件"广泛存在的现实下,[②]这些都为违法性判断提供了更为多元的标准和根据,违法性判断可能越来越棘手,诸如"闯黄灯案"之类的疑难案件,也可能越来越多。

3. 有责性。原则上,行政相对人的行为一旦符合构成要件,便具有违法性,可以认定应受行政处罚行为成立。但在行为人不能归责时,行政违法仍然不能成立。应受行政处罚行为必须是该当构成要件、违法且有责的行为,有责性是应受行政处罚行为成立的第三个要件。在行政处罚过程中,作为谴责对象的必须是可能为行为人意志控制的行为,我们不能只根据相对人的客观行为便认定其是应受行政处罚的行为,这是警察国时代的客观归责逻辑。[③] 一般而言,诸如精神病人、梦游等一些非基于意志自由的行为不能成为行政处罚的谴责对象。根据主客观相统一的原则,只有行政相对人有意作出的行为,才具有非难可能性。

在角色上,有责性往往具有出罚的功能,其内容包括责任条件和责

---

① 参见熊樟林:《应受行政处罚行为的违法性本质》,载《第七届全国公法学博士论文优秀论文集》,第 429~445 页。
② 参见熊樟林:《行政处罚上的空白要件及其补充规则》,载《法学研究》2012 年第 6 期。
③ 参见熊樟林:《行政处罚责任主义立场证立》,载《比较法研究》2020 年第 3 期。

任能力两个方面,一旦行为主体并不满足,其行为便因不具有有责性而不成立应受行政处罚行为。责任条件主要是指行政相对人是否具有故意与过失,如德国《违反秩序法》第 10 条规定:"只有故意行为方可作为违反秩序行为处罚,但是法律明确规定对过失行为应当处以罚款的情形除外。"责任能力主要是指行为人受行政处罚之制裁,必须以具有能对自己行为负责的能力为前提。行政处罚上所称的责任能力,与刑法并无不同,[1]主要是从年龄与精神状态两方面加以判定,[2]如现行《行政处罚法》第 30 条和第 31 条的规定。[3]

四、应受行政处罚行为成立要件之间的逻辑关系

1. 各要件之间的相互关系。应受行政处罚行为各要件之间是阶层化关系。相较于四要件体系而言,阶层化更加注重依次递进的立体逻辑,各要件自身具有独立意义。与四要件中需要就每一个要件予以通盘考虑有所不同,在具有递进式的三要件体系中,需要遵守循序渐进的评价过程:首先,我们需要比对构成要件是否该当。构成要件该当性具有行政违法的推定功能,只要相对人行为符合相关法规设定的构成要件,原则上便可推定成立应受行政处罚行为。其次,我们需要判定相对人行为是否具有违法性。如果已经满足该当性的行为存在违法性阻却事由,那么该行为便不具有违法性。譬如,某人为了急救而闯红灯。最后,具有该当性和违法性的行为可推定有责性,但倘若具有责任阻却事由,有责性亦可遭到否定,同样不构成应受行政处罚行为。譬如,精神病人的闯红灯行为。

总体而言,构成要件该当性评判的是行政违法的一般情况,但违法

---

[1] 参见洪家殷:《行政罚法论》,台北,五南图书出版股份有限公司 2006 年版,第 211 页。
[2] 参见熊樟林:《判断行政处罚责任能力的基本规则》,载《江苏行政学院学报》2016 年第 6 期。
[3] 《行政处罚法》第 30 条:"不满十四周岁的未成年人有违法行为的,不予行政处罚,责令监护人加以管教;已满十四周岁不满十八周岁的未成年人有违法行为的,应当从轻或者减轻行政处罚。"第 31 条:"精神病人、智力残疾人在不能辨认或者不能控制自己行为时有违法行为的,不予行政处罚,但应当责令其监护人严加看管和治疗。间歇性精神病人在精神正常时有违法行为的,应当给予行政处罚。尚未完全丧失辨认或者控制自己行为能力的精神病人、智力残疾人有违法行为的,可以从轻或者减轻行政处罚。"

性和有责性所要考虑的却是特殊的、例外的情形,只有存在例外情形时,递进式的逻辑推理才能被迫中断。构成要件该当性是一种事实判断,它不以法律判断和责任判断为前提,是先于后两种判断的。如果事实判断不成立,自然也就无所谓法律判断与责任判断。总体而言,三者的各自功能是:构成要件该当性作为一种事实判断,为应受行政处罚行为的认定确定一个基本的事实范围;违法性作为一种法律判断,将违法阻却事由排除在应受行政处罚行为之外;有责性作为一种责任判断,将责任阻却事由排除在应受行政处罚行为之外。

2. 基本适用规则。应受行政处罚行为成立要件是行政机关定罚的方法论。但是,由于在适用上亦会出现某一事项具体归属于何种要件的争论,譬如,违法主体究竟是有责性还是构成要件的该当性等,我们还需设定一个更具指导意义的适用原则,从而作更为统筹的安排,这大体包括以下两个方面。

(1)从客观判断到主观判断。按照前述三要件的递进式逻辑,在定罚活动中,首先应该进行的是诸如构成要件该当性的客观判断,只有对构成要件该当性作出肯定性判断,同时该行为亦具有违法性之后,我们才能进行主观判断。从客观判断到主观判断,是适用三要件的首要原则。在功能上,确立这一判断秩序的意义在于:

第一,可以避免在尚未判断行政相对人客观行为的情况下,从主观层面先入为主地断定客观行为的性质。譬如,对于某人毫不掩饰地将异性同事的照片置于床头作为侮辱对象的案件,如果按照从主观到客观的逻辑,便会影响行政机关对其"猥亵"行为的判定,甚至会得出肯定性答案。应当明确的是,应受行政处罚行为是一种客观活动,其是否符合行政处罚法所设定的构成要件以及是否具有违法性,只能从该行为本身加以判断,行为性质不是相对人主观认识所决定的,不能由于某个人态度恶劣,看起来穷凶极恶,便直接断定其行为具有违法性,这是一种过去被刑法学所谴责的主观归罪的逻辑。

第二,更为实际的是,从客观判断到主观判断的评价思路,可以节省昂贵的行政成本,兼顾行政机关对行政效率的追求。如前所述,构成要件的该当性具有违法的推定功能,而违法性和有责性则更多地集中在否定违法性的功能意义上。因而,在大部分行政处罚案件中,满足该当性之后,行政机关对一项行为的判定便宣告结束,违法性和有责性只是例外的、特殊的情形。因而,遵循从客观到主观的顺序可以减少一些不必要的价值判断。① 并且,对故意和过失的有责性判断,往往要求更为严格的证明义务以及更为精确的技术化手段,因而三阶层判断方法对执法成本总量的节省意义也是不言自明的。

(2)从形式判断到实质判断。对构成要件该当性的判断,是形式判断,是追求形式法治的思维活动,主要围绕设定构成要件的法律规范而展开。但是,违法性判断却恰恰相反,其追求的是实质法治,需要超越规范判定是否存在对行政法益的侵害,依据的不是既已存在的法,而是法背后的精神与价值,是"作为法的法"②。现阶段,尽管实质法治已经进驻依法行政原则,但对应受行政处罚行为的判定,依然需要遵从从形式到实质的基本次序。这是因为:

第一,尊重国会立法。众所周知,古典意义上的形式法治仅限于国会立法,域外曾盛极一时的"禁止授权原则"(Nondelegation Doctrine)③和"法律保留原则",④正是其典型要义。实质法治虽然在行政立法日渐高涨的当下越发重要,但形式法治依然是优先于实质法治的。在通行制度中,国会立法的效力也要远远高于行政机关所颁行的规则,行政立法仍然需要在既有的授权范围内,按照明确性原则活动。相较于实质法治可能会从法精神、法原则、政策等立场诠释应受行政处罚行为的该当性问题而言,形式判断还非常可贵地具有一定的封闭性,这应该被奉为依法行政的底线。

第二,控制行政裁量。由于实质判断跳脱了既有的本本主义逻辑,

---

① 一般来说,违法性和有责性判断是价值层面的,这和事实层面的该当性判断有所不同。

② [德]黑格尔:《法哲学原理:或自然法和国家学纲要》,范扬、张企泰译,商务印书馆2009年版,第98页。

③ See Andrew J. Ziaja, *Hot Oil and Hot Air: The Development of the Nondelegation Doctrine Through the New Deal*, A History, 1813 – 1944, Hastings Constitutional Law Quarterly, 2008, 35, p. 922 – 923.

④ "德国目前学说仍然坚持,在基本法(宪法)的规范结构下,具有对外效力之抽象法制定权仍专属于国会。"参见蔡宗珍:《法律保留思想及其发展的制度关联要素探微》,载《台湾大学法学论丛》2010年第3期。

并不拘泥于规则主义立场,它在本质上是欠缺确定性的,需要借助更为宽泛的约束机制,如法律原则、法律精神等。这其中存在大量的裁量空间。因此,在应受行政处罚行为成立要件中,实质判断只能屈居第二位阶,其主要角色是否定违法性,检讨符合构成要件的行为是否存在违法性阻却情形。只有如此,方能保证实质判断不会异化为权力滥用。

五、应受行政处罚行为成立要件的独特性

在德国,为了彰显应受行政处罚行为成立要件相较犯罪成立要件的独立意义,德国《违反秩序法》第1条第1项从文义上作出区分。譬如,行政处罚中"行为"的德语为"Handlung",而刑罚上的"行为"却是"Tat";"有责性"的德语为"Vorwerfbarkeit",而刑罚上的"有责性"却为"Schuld"等。[①] 除此之外,行政处罚的独立性还表现在如下方面。

1. 在构成要件的该当性上,与刑罚不同的是,行政机关面临更为严峻的实质法治的挑战。相较而言,刑法学中的罪刑法定主义往往可以得到严格贯彻,但行政处罚中的处罚法定原则却难以获得尊重。一方面,《行政处罚法》第4条第1款规定:"公民、法人或者其他组织违反行政管理秩序的行为,应当给予行政处罚的,依照本法由法律、法规或者规章规定……"处罚法定原则中"法"的范围并不仅限于法律,而是一种包括法律、法规或者规章的开放范畴,是一个开放式的规则群。同时,我们也需看到,诸如软法、裁量基准等能够间接影响应受行政处罚行为构成要件的新型立法形式,近年来也获得了较为快速的增长。[②]

2. 在违法性上,与刑罚不同的是,应受行政处罚行为所违反的行政处罚性法律规范,与我们通常所理解的法益是存在区别的。刑法中的法益概念已经获得了较为普遍的认同,一般认为,犯罪行为侵害的是法律意欲保护的法益。但行政法没有与法益相对应的概念,同时,刑法学界还坚持认为,行政法规往往是为了确保行政权的实施,是为了维护公权力机关的利益,法益逻辑在行政处罚中难以成立。行政处罚中"没有

---

① 参见洪家殷:《行政罚法论》,台北,五南图书出版股份有限公司2006年版,第15~16页。
② 参见周佑勇:《裁量基准的正当性问题研究》,载《中国法学》2007年第6期;熊樟林:《非行政处罚类裁量基准制度的反思与重建》,载《法学评论》2019年第6期。

法益损害的情况发生,行政违反也只是具有形式上的不法要素,它只是违反了行政意思"①,这也是行政刑法论者在行政处罚与刑罚的区别上,最为乐道的说辞。② 因此,在违法性判断上,行政处罚同样面临着特殊的问题:一方面,我们需要建构(或证明)行政法益的概念与内涵;另一方面,由于具有出罚功能的违法性判断在司法审查之前是由行政机关自己作出的,我们亦需在已经建构好的行政法益上,添加一个具有明确性的、可以规避自我裁判的约束机制。

3. 在有责性上,与刑罚不同的是,行政机关面临兼顾行政效率的挑战。行政处罚中的有责性内容,一般会更为宽松与适中,不会在自由与秩序的天平上完全倒向自由一侧。并且,在有责性判断标准上,两者也迥然不同。应受行政处罚行为的责任要件往往会对"过失"或"推定过失"有所偏重。在具体的证明程度上,较刑罚更为宽松。③ 这作为一个历史传统,可以追溯到早期英美国家对类似于行政处罚的公共福利犯(public welfare offenses)的苛责立场中,早期甚至并不以行为人具备"犯意"(mens rea)为必备要件,④"绝对责任"曾是早期英美法学界普遍接受的对行政犯的处罚原则。⑤ 这种认识,至今犹有影响。譬如,美国联邦最高法院在1997年"美国诉辛斯基"案中,仍旧表示政府无须证明被告知道(know)自己的行为为法律所禁止。⑥ 因此,行政处罚同样需要找到一个能够中和自由与效率的有责性判断方法。

第三节 应受行政处罚行为模型论之价值

应受行政处罚行为的模型化,就是一种将各个要件予以组织化、有序化、合理化的知识系统。一般来说,在尚未获得模型化的国家,

---

① 林山田:《论刑事不法与行政不法》,载《刑事法杂志》1976年第2期。
② 韩忠谟:《行政犯之法律性质及其理论基础》,载《台大法学论丛》1980年第1期。
③ 参见熊樟林:《"钓鱼执法"司法审查对象的转换——从"程序"到"主观方面"》,载《法学论坛》2010年第4期。
④ See Jerome Hall, *General Principles of Criminal Law*, Indianapolis, 1947, p. 279-322.
⑤ See Francis Bowes Sayre, *Public Welfare Offenses*, 33 Columbia Law Review 56 (1933).
⑥ See United States v. Sinskey, 119 F. 3d 712, 716 (8th Cir. 1997).

有关行政处罚的理论研究往往较为粗放;而反过来,在模型化十分成熟和精细的国家,往往显得更有章法。当然,模型化的最大功效并不只是发展理论,而是要在行政处罚中确立一套更具体系性的控权逻辑,从行政行为转向应受行政处罚行为,改变过去仅以行政机关为中心的控权理念,转而以相对人行为为观察对象,为行政处罚权确立启动准则。

一、《行政处罚法》总论角色的获取

从总的结构上来看,德国《违反秩序法》主要是指德国联邦和州法律中的全部违反秩序法的总和,[1]"其中的总则性规定对其他法中的违反秩序行为也适用"[2],其在行政处罚权力运行中的主要角色,就是"总论"。类似地,奥地利《行政罚法》也主要是使"行政官署对于违反行政法令,规定作为或不作为义务之行为,有统一而又规律之制裁"[3]。奥地利《行政罚法》牵涉若干行政部门,实为"一总则性之法规"[4]。与德国、奥地利立场一致,我国制定《行政处罚法》,也主要是为了给现代社会日渐兴起的违反秩序罚,提供一套有别于刑法总则的适用准则。国内学者对我国《行政处罚法》的基本定性,也与总则性角色相差无几。理论界普遍认为,"《行政处罚法》是一部规范国家机关,主要是行政机关行使行政处罚权的基本法律"[5],"以基本法形式规范了行政处罚的设定和实施"[6],"居于统领地位,是一种总则性规范"[7]。

但是,这只是理论研究的愿景。一般而言,总则的应有功能有二:其一,为法律行为的构成或者权力运行的进路,提供一套基本的逻辑框架,如《刑法》所提供的总则性内容,就是"指导刑法分则,刑法分则是刑

---

[1] 参见郑冲:《德国违反秩序法》,载《行政法学研究》1995年第1期。
[2] 王世洲:《罪与非罪之间的理论与实践——关于德国违反秩序法的几点考察》,载《比较法研究》2000年第2期。
[3] 俞叔平:《奥地利行政罚法之介绍》,载《刑事法杂志》1976年第2期。
[4] 俞叔平:《奥地利行政罚法之介绍》,载《刑事法杂志》1976年第2期。
[5] 应松年:《规范行政处罚的基本法律》,载《政法论坛》1996年第2期。
[6] 贺善征:《〈行政处罚法〉初评》,载《现代法学》1996年第2期。
[7] 熊樟林:《论〈行政处罚法〉修改的基本立场》,载《当代法学》2019年第1期。

法总则的具体化"①;其二,为分则或部门(行政)法简略的规范内容提供能够反复适用的原则性条款。譬如,《民法典》侵权责任编第1165条规定:"行为人因过错侵害他人民事权益造成损害的,应当承担侵权责任。依照法律规定推定行为人有过错,行为人不能证明自己没有过错的,应当承担侵权责任。"正常来说,总则性内容"可以广泛涵盖同种事例……有可能用必要的、最少限度的规定解决问题,防止没有经过深思熟虑的规定出笼"②。总则的设立,不仅在立法技术上因避免重复而较为经济,更重要的是让使用者可以如算算术般从一般演绎到特别,乃至借此标示出足以统摄整部法典的精神。③

从总体上来看,旧版《行政处罚法》尚不符合上述特征,其规定较多将总则角色分配给了程序正义,④实体层面的规定相对较少,几乎没有类似于《刑法》的体系性描述,我们也很难读到具有逻辑性的结构安排。旧版《行政处罚法》中对于行政相对人的何种行为我们才能予以处罚,除了第3条概括性地规定"'应当给予行政处罚'这个总的标准"之外,⑤几乎找不到其他意欲统筹这一问题的条款。同时,在分则与总则的关系处理上,旧版《行政处罚法》没有提供应有的原则性条款,而且还被其他部门行政处罚法抢占了"风头"。譬如,《治安管理处罚法》第28条规定:"违反国家规定,故意干扰无线电业务正常进行的……。"该条设定的"故意"要件,在《行政处罚法》中只字未提。可见,在实体层面,将旧版《行政处罚法》定论为一部基础性法律,可能过于牵强。尽管2021年新版《行政处罚法》增加了概念条款,但其仍未脱离传统立法逻辑,未能充分体现总则地位。一方面,新法概念条款重在为行政机关的行政处罚行为定性,依旧忽视了应受行政处罚行为的构成问题,因此难以在实体层面构建规范体系。另一方面,即便新法规定了部分实体要件,比如无主观过错不予处罚,但这些规定往往散落在新法的各个角

---

① 刘明祥:《论我国刑法总则与分则相关规定的协调》,载《河南省政法管理干部学院学报》2007年第5期。

② [日]山本敬三:《民法讲义Ⅰ:总则》,解亘译,北京大学出版社2004年版,第17页。

③ 参见苏永钦:《民法典的时代意义》,载王利明、郭明瑞、潘维大主编:《中国民法典基本理论问题研究》,人民法院出版社2004年版,第44页。

④ 参见旧版《行政处罚法》第33~43条。

⑤ 参见杨小君:《行政处罚研究》,法律出版社2002年版,第154页。

落,缺乏系统性的编排。这也导致如主观过错这一应受行政处罚行为的构成要件可能被误读为裁量的参考。

"决定法典整体结构风貌的关键在于是否设置法典总则,而是否设置法典总则的关键,又在于立法者运用抽象技术的方法或者所达到的程度是否足以产生设置总则的动机和条件。"①如前所述,构建应受行政处罚行为的模型化体系,目的便是为行政处罚活动提供一套理性的推理标准。模型化的框架和内容,可以为"分则"和"部门性行政处罚法"提供某些可以反复适用的原则性条款。一方面,从该当性到违法性再到有责性的判定体系的建立,在总体上为应受行政处罚行为的成立要件提供了有别于程序正义的、集中于实体层面的逻辑判断步骤,使《行政处罚法》具备了一般法的功能;同时另一方面,该当性、违法性以及有责性的具体内容,又可以为应受行政处罚行为的成立,提供分则不具有也无须具有的原则性要求。譬如,有关故意与过失责任条件,有关正当防卫、紧急避险的违法性阻却事由等。因此,模型化是可以为行政处罚权提供一套总则性的判定思维和规范文本的,而这最终通过法律修订过程的纠正,亦可为《行政处罚法》总论角色的获取带来质的飞跃。

二、行政处罚类型化思维的应用

"不使用逻辑,人类就没有办法从他的直觉中得出结论;他只能限于此刻范围的观察……离开了逻辑,人类想象的随意性活动就系统地削弱了'经验'。"②逻辑思考是对事物本质的思考,而"对事物的本质思考是类型化思考"③。理论界早已有人断定:由马克思·韦伯发展的类型学可以用作宪法学以及社会学的科学辅助手段,④这在刑法学中也早已获致实现。类型思维能够很好地解决刑法条文的相对稳定性与犯罪事实多样性之间的矛盾,因而受到大陆法系国家刑法学者及司法

---

① 尹田:《民法典总则与民法典立法体系模式》,载《法学研究》2006年第6期。
② [美]安·兰德:《客观主义认识论导论》,江怡、李广良、侯艳译,华夏出版社2007年版,第85页。
③ [德]亚图·考夫曼:《类推与事物本质:兼论类型理论》,吴从周译,台北,学林文化事业有限公司1999年版,第103页。
④ 参见[荷]亨利·范·马尔赛文、[荷]格尔·范·德·唐:《成文宪法的比较研究》,陈云生译,华夏出版社1987年版,第307页。

工作者的青睐。从贝林格到小野清一郎,伴随构成要件理论成熟,构成要件类型化思维亦逐步成熟。无论是行为类型、违法类型还是责任类型,也无论是犯罪的外部轮廓还是其内在价值,实际上都是类型化思维的过程和结果。在这个意义上,我们甚至可以将刑法学称为类型刑法学。①

与刑法学类似,应受行政处罚行为的模型化研究也是一种类型化的思维模式。而且,长期以来,类型化思维在行政法学研究中也是一以贯之的研究方法。② 譬如,奥托·迈耶(Otto Mayer)建构德国行政法的伟大之处,无非是在于运用类型化思维对复杂的行政事务予以提纲挈领的功力,在于从繁杂的行政管理、司法判例中,总结、分析出一般范畴。类型化思维的好处是,"它不是'假设',但它要为假设的形成指明方向;它不是对现实的描述,但它要为描述提供清晰的表达手段"③。

应受行政处罚行为的模型化,加以阐明的不是个别行政违法行为的独特性,也不仅是这些违法现象的相似特征,而是要揭示一些原则和原理。这些原则和原理是所有应受行政处罚行为共同具有的因素和发展倾向。模型化的主要任务是要对不同类型的违法行为进行比对,从而呈现出共性内容。在大多数情况下,模型是一种理想性的主观构造,它更多的是一种理论的或者是逻辑的存在,并不是对历史、社会真实存在的刻板反映。同时,它还是一种抽象的存在,主要是用来检验经验世界的事实以及度量行政违法行为的复杂性。相较于现实世界中行政事务的复杂性而言,应受行政处罚行为的成立要件模型,是一种概念上的纯净体。④

当然,"制作模型是为了发现和解决通过考察原物所不能发现和解

---

① 参见张文、杜宇:《刑法视域中"类型化"方法的初步考察》,载《中外法学》2002 年第 4 期。
② 参见王正斌:《行政行为类型化研究》,中国政法大学 2006 年博士学位论文,第 12 ~ 51 页。
③ [德]马克斯·韦伯:《社会科学方法论》,李秋零、田薇译,中国人民大学出版社 1999 年版,第 27 页。
④ 人们在言说马克斯·韦伯的理性类型时,往往会将其比为纯净体。参见丁学良:《韦伯的世界文明比较研究导论》,载《中国社会科学》1987 年第 1 期。

决的问题"①,应受行政处罚行为模型化也并不例外。概括来说,它具有如下两个功效。

1. 为繁杂的、类型不一的行政处罚活动提供一个享有共同内容的逻辑框架。"它是通过单方面地提高一个或者一些观点、通过把散乱和不明显的、此处多一些彼处少一些、有些地方不存在的那种符合单方面地强调的观点的个别现象都综合成为一个自身统一的理想画卷而获得的。"②寓于应受行政处罚行为模型论之中的类型化方法的作用在于,可以大胆而合乎逻辑地进行模式构建,并同实践中的研究对象比较,以便确定它的差异性和同一性,并且合乎逻辑地、因果性地对它们进行理解与说明,从而使最初确立的成立要件模型更加接近研究对象(应受行政处罚行为)的原形,"从而把许多混乱的、无关的、瞬间消失的具体现象加以综合起来,安排到一个统一的分析构造中间去"③。构建应受行政处罚行为成立要件的任务便在于,我们要将诸如违法行为、危害结果、一事不二罚、共同违法等一些不知所从的、四处游荡的个别因素,划归于一个逻辑闭合的体系中,以一种类型化的思维,将他们安排到一个统一的分析构造中去。尽管这在理论研究初期看来是困难重重的,但一旦其有所成效,必将会在剔除行政处罚事务的繁杂性上功过千秋。

2. 为行政处罚理论研究打开类型化的思维之门。"我们解决的问题越多,有待解决的问题就越多"④,"行政法最引人注目的,不仅是它的重要性,而且还包括其不断变化的性格"⑤,行政法唯一不变的是变化。在我国,相较于类型化思维较为完备的民法学和刑法学而言,行政法的知识点是散乱的。尽管在渊源上,我们传承的是奥托·迈耶

---

① [荷]亨利·范·马尔赛文、[荷]格尔·范·德·唐:《成文宪法的比较研究》,陈云生译,华夏出版社1987年版,第307页。
② [德]马克斯·韦伯:《社会科学方法论》,李秋零、田薇译,中国人民大学出版社1999年版,第27页。
③ 王威海编著:《韦伯:摆脱现代社会两难困境》,辽海出版社1999年版,第274页。
④ Henry J. Friendly, *The Gap in Lawmaking-Judges Who Can't and Legislator Who Won't*, 63 Columbia Law Review 787, 788 (1963).
⑤ See Bernard Schwartz, *Some Crucial Issues in Administrative Law*, 28 Tulsa Law Journal 793, 793(1993).

留下的概念行政法学的遗产,追求的是概念的精确度和逻辑的严谨性,但在对待概念本身固有的逻辑排列上显得捉襟见肘。一方面,新型行政事务的出现,总是会打乱我们业已架构好的知识谱系,动摇已经被广泛承认的学术传统;另一方面,对待此类新型事务,行政法原理作为有关世界的思想,也总是"要等到现实结束其形成过程并完成其自身之后,才会出现"[1],它们要么总是迟到的,[2]要么只能"通过结果的弯路而不是从事物的概念而被理解"[3]。因此,围绕行政现象的大部分思维只是碎片化的,我们很难说它们之间存在关联,甚至就连为行政法学研究者所津津乐道的行政行为的类型划分,现在看来也因为行政合同、公私协力等新型行为的出现,而被贴上了"落后于行政法实践"的标签。[4] 因此,在行政法中引进诸如应受行政处罚行为成立要件的探讨至关重要,至少在行政处罚领域,其打开了类型化的思维之门。一方面,相较于现阶段散乱的思维方式而言,模型化有助于形成观察行政处罚行为的整体性立场,从而避免出现顾此失彼、前后矛盾的情形;另一方面,由于需要兼顾成立要件体系的逻辑性和完整性,我们对体系之中任何一个要素的理解,较之以往而言也会更为细致和深层,而这无疑将会成为行政处罚理论研究新的知识增长点。

三、行政处罚权实体规范化的实现

将应受行政处罚行为成立要件模型化,还具有限制行政处罚权、保障人权的积极作用。行政处罚经过模型化以后,具有了一种稳定性的要素。经由类型化的制度和规律之后,人们对所有行政处罚手段有一种概观的可能性,而这必然会增加行政处罚的可理解性及明晰性。同时,成立要件理论作为一套严谨的知识系统,还可以限制行政机关的思维,防止行政机关不受约束地考虑案外因素或者那些对于定罪没有影

---

[1] [德]黑格尔:《法哲学原理:或自然法和国家学纲要》,范扬、张企泰译,商务印书馆2009年版,第13~14页。

[2] "对于现实来说,思想总是迟到的"。参见包万超:《行政法与社会科学》,商务印书馆2011年版,第2页。

[3] [德]黑格尔:《法哲学原理:或自然法和国家学纲要》,范扬、张企泰译,商务印书馆2009年版,第99页。

[4] 参见陈春生:《行政法之学理与体系(一)》,台北,三民书局1996年版,第10~13页。

响的情节,避免思维的混乱和角色错位,"防止……注入个人情感和任意性"①。因此,应受行政处罚行为成立要件的模型化,具有限定行政处罚主体判断思维的功能。它通过对行政主体推理过程的程式化设计,可以将行政处罚的判断权置于一种已经提前设计好的、具有理性精神的逻辑框架之内加以操作。此时,只有符合成立要件的行政违法行为才具有行政处罚法上的意义,而反之,成立要件不充足的事实行为,则不能被行政处罚性法律法规予以评价。具体来说,表现为如下四个方面。

1. 提供了罚与不罚的区分标准。应受行政处罚行为成立要件既然是法律规定的决定某一行为是否具有法益侵害性必须具备的有机统一体,那么,行政相对人行为只有在符合成立要件时,才能成立应受行政处罚行为。成立要件作为法定的、反映行为违法性和有责性的认定标准,是应受行政处罚行为的根本属性。如果行政相对人的一项行为与法律、法规规定的构成要件相契合,但存在违法性阻却事由,那么,该行为便是不具有违法性的,也不能启动行政处罚权。类似地,如果相对人行为既该当构成要件,也具有违法性阻却事由,但在主观上不存在故意或过失,那么,该行为同样也会因为欠缺有责性要件而避免行政处罚权的非难。因此,模型化的成立要件的首要作用,便在于向行政机关提供了一个区分罚与不罚的法律标准。

2. 提供了此罚与彼罚的区分标准。不同的应受行政处罚行为含有不同的成立要件内容,成立要件同样可以提供区分此罚与彼罚的标准。在该当性上,由于晚近行政法理论并不否认授权立法的正当性,②行政处罚性法律法规的表现形式往往是多阶的,能为该当性判定提供非常丰富的参照标准,而这无疑为区分此罚与彼罚提供了便利。同时,在有责性上,也可以根据行政相对人主观认识的不同(故意与过失),从而区分此罚与彼罚。譬如,《安全生产违法行为行政处罚办法》第 44 条规定:"生产经营单位及其主要负责人或者其他人员有下列行为之一的,

---

① [日]大谷实:《刑法总论》(新版第 2 版),黎宏译,中国人民大学出版社 2008 年版,第 85 页。

② See Keith Werhan, *Principles of Administrative Law*, Thomson West, 2008, p. 312.

给予警告,并可以对生产经营单位处1万元以上3万元以下罚款,对其主要负责人、其他有关人员处1000元以上1万元以下的罚款;……(二)违章指挥从业人员或者强令从业人员违章、冒险作业的;(三)发现从业人员违章作业不加制止的……。"①据此,对第2、3项行为,除了可以从构成要件中的积极作为与消极不作为加以区分之外,负责人的主观认识也可作为区分标准。第2项中的"违章指挥"是出于"故意",而第3项中的"不加制止"则可能是出于一种"过于自信的过失"。

3. 提供了一罚与数罚的区分标准。在模型化较为理想的国家,对于一罚与数罚的区分,都具有非常明确的立法文本,如德国《违反秩序法》第19条规定:"(1)如果同一行为违反数个法律,根据这些法律该行为均或作为违反秩序行为处罚,或者数次违反一项可将该行为作为违反秩序行为处罚的法律,则只科处一项罚款……。"②在我国,尽管《行政处罚法》第29条也注意到了这一问题,但仍然过于单一。对此,理论界虽然也出具了一系列解决方案,但并未触及问题本质,相关认识也略显碎片化。实际上,区分一罚和数罚关键在于如何看待相对人的行为本质,亦即相对人行为是一个事实,还是数个事实,③而确定事实个数的标准实际上只有一个,即该行为符合多少个应受行政处罚行为的成立要件。成立要件是确定相对人的行为个数的实质性依据,如果行为只符合一个成立要件,那么,我们便只能处以一个行政处罚,相应地,如果符合数个成立要件,便处以数罚。④ 因此,应受行政处罚行为的成立要件其实也有区分一罚与数罚的功能。

4. 提供了轻罚与重罚的区分标准。严格而言,行政机关对裁罚空间和加重条款的衡量,只能在满足成立要件之后才能开展,但这并不意味着成立要件在量罚上一无是处。实际上,成立要件非但是定罚活动的标尺,同时也应是量罚活动的基准。实践中,能够对量罚活动产生影响的成立要件要素包括违法性和有责性两个方面:在违法性中,作为判

---

① 中华人民共和国国家安全监管总局令第77号,2015年4月2日颁布。
② 郑冲:《德国违反秩序法》,载《行政法学研究》1995年第1期。
③ 参见朱新力:《行政法基本原理》,浙江大学出版社1995年版,第190页。
④ 参见熊樟林:《应受行政处罚行为构成要件的个数——判断一事不二罚的根本途径》,载《政治与法律》2012年第8期。

断违法与否的行政法益,在以"是否遭到损害"的形式完成违法性判断的定性问题之后,同样可以根据其"遭到多大程度的损害"的形式,为量罚活动提供参照;同理,在有责性中,我们不但能够以故意与过失定罚,也可以根据相对人主观过错的大小,为量罚活动提供参考准则。

第二章 《行政处罚法》修改的目的选择

在《行政处罚法》中,有一项问题尚未得到充分回应:行政机关作出罚款后,相对人死亡,罚款是否需要继续执行?对此,存在不同认识。整体而言,不同认识的根本冲突在于,行政处罚究竟应该奉行何种目的?如果认为行政处罚是为了打击和报复违法行为人,则无须继续执行,因为违法行为人已经死亡,欠缺打击对象和必要性。但是,如果认为行政处罚是为了警示其他潜在的违法行为人,则需继续执行,[1]因为尽管违法行为人死了,其他潜在的违法行为人仍然存在。

有法院认为,"申请执行人在作出行政处罚事先告知书时就已经知道被执行人已经去世,依然作出行政处罚决定书。行政处罚应该有适格的被处罚对象,行政处罚的对象已经死亡,行政机关针对该对象作出行政处罚决定,被处罚对象主体不适格"[2]。同样的问题,也发生在一些组织上,如公司注销是否影响行政处罚的执行等?[3] 从根本上来说,解答这些问题需要从目的解释层

---

[1] 相关论述,可参见陈清秀:《行政罚法》,法律出版社 2016 年版,第 8~9 页。

[2] 内蒙古自治区杭锦旗人民法院行政非诉裁定书,(2016)内 0625 行审字 1 号。

[3] 参见任璇:《公司注销不影响行政处罚的执行》,载《江苏法治报》2017 年 12 月 8 日,第 A07 版。

面切入。正如耶林所言,"目的是整个法的创造者"①,《行政处罚法》也并不例外。行政处罚的目的究竟是什么？这看起来似乎是一个纯粹的理论问题,其实不然。在行政处罚中,除上述问题外,实际上它还关系到如下多个具体制度的判断走向:

第一,决定行政处罚的概念标准。目的不同,将直接决定一个制裁行为究竟是不是行政处罚,典型如理论界广泛争议的"责令限期改正"。如果将行政处罚的目的理解为"打击和报复","责令限期改正"显然就不是行政处罚,因为行政机关作出这一行为是为了给相对人一个改过自新的机会,而不是打击和报复。② 因此,"责令限期改正"就无须接受《行政处罚法》的规范和调整,而需另行立法。但是,如果在行政处罚中添加"恢复"的目的元素,③"责令限期改正"就与行政处罚的概念标准十分契合了。如此,"责令限期改正"应按照行政处罚加以规范,其在教义学上的命运完全不同。

第二,决定行政处罚的制裁对象。目的不同也会决定制裁对象有不同的范围。如果行政处罚的目的是打击和报复,那么制裁对象就只能限于违法行为人本人,而不能扩及未实施和未参与违法的第三人。但是,如果行政处罚的目的是预防或警示,制裁对象就可以是第三人。实践中,最为典型的实例就是行政没收。现阶段,争议较大的是是否可以没收第三人所有物和第三人所得物？所谓第三人所有物,是指未参与违法活动的第三人所有的财物,如实施违法活动的租借车辆等;④所

---

① R. v. Jhering, Der Zweck im Rechtm, 2 Bänd, Nachdruck Hidesheim 1970. 转引自[德]魏德士:《法理学》,丁晓春、吴越译,法律出版社 2005 年版,第 234 页。
② 参见熊樟林:《行政处罚的种类多元化及其防控——兼论我国〈行政处罚法〉第 8 条的修改方案》,载《政治与法律》2020 年第 3 期。
③ 谭冰霖认为,应将"恢复"也作为行政处罚的功能之一。参见谭冰霖:《环境行政处罚规制功能之补强》,载《法学研究》2018 年第 4 期。
④ 如公安部 1986 年 12 月 20 日颁布实施的原《关于没收、处理违反治安管理所得财物和使用工具的暂行规定》规定:"二、违反治安管理所得的一切财物,除下列应退还原主的以外,一律没收:(一)偷窃、骗取、抢夺、哄抢以及敲诈勒索的公私财物;(二)隐匿的他人邮件、电报;(三)公安机关认为其他应当退还原主的财物。"类似规定,亦可参见我国台湾地区所谓"道路交通管理处罚条例"第 85 条第 3 项:"本'条例'规定没入之物,不问属于受处罚人与否,没入之。""电信法"第 65 条第 2 项和第 3 项:"前项第 3 款至第 10 款情形,并得没入其器材之一部或全部及废止特许、许可、核准或执照。依前项规定没入之器材,不问属于何人所有,均得为之。"参见陈清秀:《行政罚法》,法律出版社 2016 年版,第 246 页。

谓第三人所得,是指未参与违法行为但却基于他人违法行为而获益的财物,如证券从业人员违反从业规定,私下接受委托使第三人股票增值;①对于这两类财物,由于与违法行为并无直接关联,不是"违法所得"或"非法财物",更加接近于"合法利益",是否可以没收,争议较大。从根本上来看,要准确回答这一问题,仍然与行政处罚的目的有关。在打击和报复的目的下,当然不可以没收第三人财物,因为打击和报复的标的只能是非正义的违法行为;但如果行政处罚是为了预防或警告,就需另当别论。如果某物具有一定的社会危害性,即使是第三人所有物,也应当加以没收。此时,没收是为了预防未来违法行为发生,而不是打击过去的违法行为。

第三,决定行政处罚的证明标准。目的不同,还会决定行政处罚证明标准的强度。如果行政处罚只是面向过去的违法行为实施制裁,是为了"通过法律责任为违法行为设置后果,从而为行为人创造在事前放弃违法行为的激励"②,那么,从逻辑上来说,证明标准就必须从严要求,采用排除合理怀疑标准。这是因为,要想打击过去的违法行为,就必须证明过去确实客观存在一个违法行为,所有判断都必须建立在"稳定、明确、清晰、绝对"的事实基础之上,必须具有绝对可靠的因果关联。但是,如果在行政处罚中添加预防风险的目的,需要奉行风险预防原则,证明标准则可能需要适度放松,采用"明显优势证明标准"甚至是"优势证明标准"。近年来,在环境法上,这一问题凸显。多数情况下,环保机关需要在缺乏科学证明的情况下,采取预防措施,③允许一定程度的推定,要求行政机关"不应以科学上没有完全确定性为由拒绝作出行政处罚决定"④。

第四,决定行政处罚的制裁力度。目的不同,也会影响行政处罚的制裁力度。如果以打击和报复为目的,行政处罚应以相对人违法行为为中心,禁止与违法行为不匹配的制裁措施。相对而言,这更加有利于

---

① 在理论界,有人认为此类情形可以没收,参见王青斌:《行政法中的没收违法所得》,载《法学评论》2019 年第 6 期。对此,本书持否定立场,具体参见后文分析。
② 戴昕:《威慑补充与"赔偿减刑"》,载《中国社会科学》2010 年第 3 期。
③ 参见高秦伟:《论欧盟行政法上的风险预防原则》,载《比较法研究》2010 年第 3 期。
④ 熊樟林:《论〈行政处罚法〉修改的基本立场》,载《当代法学》2019 年第 1 期。

恪守《行政处罚法》第 5 条第 2 款规定的过罚相当原则。① 但是,如果以预防或警示为目的,行政处罚就不必局限于过罚相当原则,而是可以适当提高制裁力度,从而能够达到"以儆效尤"的法律效果。此时,如何处罚的参照物并不单单是违法行为本身,而是要结合社会发展中的违法总量以及违法行为未来的发展态势综合加以考量,需要兼顾一定的社会效果。此时,违法行为人只是达到某种社会治理效果的工具和手段。

可见,如何理解行政处罚的目的,意义重大,有必要专门加以检讨,我们需要重新匡正行政处罚的目的,从而为《行政处罚法》修改提供一个价值立场和逻辑终点。

第一节 报应论及其法则

所谓行政处罚的目的,简单来说,就是国家运用行政处罚所希望达到的目的。对此,传统理论并未直接涉及,多是一些间接性论述。这其中,有一类认识主张,行政处罚的"直接目的就是行政制裁、惩戒"②,"旨在惩罚违法相对人"③,"目的在于制裁,通过制裁使当事人以后不再违法,着眼点在于过去的违法行为"④。

这是较为常见的一种认识,即实施行政处罚有两个基本目的:其一,惩罚和制裁;其二,打击和报复。整体而言,这既符合行政处罚使人产生痛苦和难过的外在表征,同时又符合行政处罚使人丧失财产和利益的内在本质。

在法哲学上,诸如此类的认识,往往被称为"报应论"(retributivism),其是针对刑罚目的而总结的一套理论。所谓报应,就是对违法行为

---

① 《行政处罚法》第 5 条第 2 款:"设定和实施行政处罚必须以事实为依据,与违法行为的事实、性质、情节以及社会危害程度相当。"
② 李孝猛:《责令改正的法律属性及其适用》,载《法学》2005 年第 2 期。
③ 陈太清、徐泽萍:《行政处罚功能定位之检讨》,载《中南大学学报(社会科学版)》2015 年第 4 期。
④ 参见应松年:《论行政强制执行》,载《中国法学》1998 年第 3 期。

的一种回报或报复,"是对侵害的侵害"①。作为一种社会理念,其根源于古代社会的复仇思想,奉行的是"以眼还眼、以牙还牙"的同态复仇做法。但是,作为一种法律概念,其已经不再是原来的"私刑"面貌。在现代社会,人们已将复仇的权利,由私人手中转移到一种中立的、根据正式规则处理的并以实现社会和平为己任的国家机构之中。在刑罚上,这一机构是法院;在行政处罚上,这一机构就是行政机关。②

在刑法学上,报应论的思想渊源可以追溯到康德和黑格尔的著作中。康德在《法的形而上学原理》一书中曾说:任何一个人对人民当中的某个个别人所作的恶行,可以看作他对自己作恶。因此,可以这样说,"如果你诽谤别人,你就是诽谤了你自己;如果你偷了别人的东西,你就是偷了你自己的东西;如果你杀了别人,你就杀了你自己",这就是报复的权利。③ 康德认为,惩罚绝对不能作为促进另一种善的手段而实施,刑罚的目的就是惩罚犯罪人,这种惩罚本身即符合道义。④ 在这段文字中,康德将制裁的目的交代得十分清楚,就是要以国家这个普遍意志去对违法行为人的特殊意志,实施一对一的打击和惩罚。

康德之后,仍然坚持报应论的哲学家是黑格尔。黑格尔尽管在自由观上曾经对康德的理论体系表示过不满,⑤但在刑罚目的上,他却表达了与康德类似的立场。黑格尔在《法哲学原理:或自然法和国家学纲要》一书中以人的自由意志为根据,认为违法行为是对法的否定,将刑罚看成是对这种否定之否定,即作为"对犯罪的扬弃",如果没有后一种否定,"犯罪就会是有价值的"。黑格尔曾十分优雅地说道:"刑罚既然包含着犯人自己的法,所以处罚他是尊敬他的理性的存在。如果不从

---

① [德]黑格尔:《法哲学原理:或自然法和国家学纲要》,范扬、张企泰译,商务印书馆2009年版,第104页。
② 当然,也有一些国家会将行政处罚交由法院决定。例如日本、美国、英国等。
③ 参见[德]康德:《法的形而上学原理——权利的科学》,沈叔平译,商务印书馆1991年版,第165页。
④ 参见[德]康德:《法的形而上学原理——权利的科学》,沈叔平译,商务印书馆1991年版,第164页。
⑤ 参见[德]黑格尔:《法哲学原理:或自然法和国家学纲要》,范扬、张企泰译,商务印书馆2009年版,第25、27页。

犯人行为中去寻求刑罚的概念和尺度,他就得不到这种尊重",[1]对违法行为的报复,"只是指犯罪所采取的形态回头来反对它自己"[2]。

"报应论"有两个基本主张。第一,只要存在违法行为,就必须施加制裁。实践中,非但违法行为本身可以被制裁,是一种应偿之债,而且国家和社会还负有制裁责任和义务,这为国家制裁提供了正当性。第二,只有过去的违法行为,才能被施加制裁。这意味着,国家制裁的对象只是违法行为,而不包括违法行为之外的其他对象,尤其是第三人;同时,制裁是为了打击和报复过去的违法行为,而不包括对未来违法行为的预防。

从比对上来看,我国行政处罚具有报应论的目的色彩,这主要表现为两点,其一,对于应受行政处罚行为,必须予以处罚。在我国《行政处罚法》中,处罚是原则,不处罚是例外。我国《行政处罚法》没有规定免于处罚,只规定了有限的从轻和减轻处罚情形。这其中暗含的正是报应主义的基底和逻辑。其二,对于应受行政处罚行为的制裁力度,总体上必须遵守过罚相当原则。我国《行政处罚法》第 5 条第 2 款明确规定:"设定和实施行政处罚必须以事实为依据,与违法行为的事实、性质、情节以及社会危害程度相当。"这意味着,测量行政处罚具体尺度的,只是违法行为本身。

一般来说,将"报应论"作为国家制裁的目的,至少具有四个方面的积极意义:(1)不惩罚无辜者;(2)不把人当作达到目的的手段;(3)给予适当的应得惩罚;(4)惩罚的对象是道德上应受谴责的人。[3] 据此,将"报应论"作为行政处罚的根本目的,在制度建构上至少需要遵守以下四个法则:

第一,行政处罚的处罚对象只限于违法行为人,而不能及于"无辜者"。只有已经实施违法行为的人才可以受到惩罚,[4]"报应论"决定了

---

[1] 参见[德]黑格尔:《法哲学原理:或自然法和国家学纲要》,范扬、张企泰译,商务印书馆 2009 年版,第 103 页。

[2] [德]黑格尔:《法哲学原理:或自然法和国家学纲要》,范扬、张企泰译,商务印书馆 2009 年版,第 106 页。

[3] 参见王立峰:《惩罚的哲理》,清华大学出版社 2006 年版,第 75 页。

[4] 参见[美]迈克尔·D. 贝勒斯:《法律的原则——一个规范的分析》,张文显等译,中国大百科全书出版社 1996 年版,第 340 页。

行政处罚的打击对象必须限定在违法行为人本人,"把他对别人犯的罪过也在他的身上施行"①,而不能随意将无辜的第三人列为处罚对象。只有这样,才是"以牙还牙",才是"一种为痛苦而信奉痛苦的理论",才是真正的"回索"(Pays back)。② 因此,在行政处罚实践中,原则上不能没收第三人所得物和第三人所有物。

第二,行政处罚的处罚目标应当以违法行为本身的"恶"为准则,而不能将违法行为人作为达到某种社会效果的工具和手段。报应论认为,惩罚违法行为的正当性是其"应得"的,惩罚的目的是惩罚行为人本人,而不是社会总体的善,谁也不应当被单纯地用作实现他人幸福的手段。只有这样,才是报应所蕴含的"针锋相对"。这不但是维持国家制裁行为正当性的底线,也是刑罚或行政处罚具有正义性的直接证明。③ 因此,在行政处罚过程中,罚与不罚以及罚多还是罚少,从违法行为结束的那一刻,便已"盖棺定论",不容其他要素掺杂。

第三,行政处罚的处罚力度只有与违法行为相称才是允许的,④只能给予适当的应得处罚。"报应主义对惩罚正当性的证明(违法性判断)不在于它能够取得什么好的结果,而仅在于惩罚是被惩罚者的应得"⑤,它具有主观主义的特性,注重的是行为人主观上的恶。因此,在行政处罚中,报应论要求行政处罚的比对标准只能是当事人的违法行为。公正的量罚,就是与"侵害行为的性质而应当的、值得的量"⑥。因此,行政处罚必须讲求过罚相当,在立法文本上,《行政处罚法》第 5 条

---

① [德]康德:《法的形而上学原理——权利的科学》,沈叔平译,商务印书馆 1991 年版,第 202 页。

② 参见[美]M. P. 戈尔丁:《法律哲学》,廖天美译,台北,结构群文化事业有限公司 1991 年版,第 133 页。

③ 在康德看来,报应思想和正义的思想是紧密地联系在一起的。参见王世洲:《现代刑罚目的理论与中国的选择》,载《法学研究》2003 年第 3 期。

④ 参见[美]迈克尔·D. 贝勒斯:《法律的原则——一个规范的分析》,张文显等译,中国大百科全书出版社 1996 年版,第 340 页。

⑤ 王立峰:《惩罚的哲理》,清华大学出版社 2006 年版,第 75 页。

⑥ [美]M. P. 戈尔丁:《法律哲学》,廖天美译,台北,结构群文化事业有限公司 1991 年版,第 153 ~ 154 页。

第 2 款奉行的就是这一逻辑。《行政处罚法》之所以规定一行为不二罚,也与此存在关联。当一个适当的处罚已经作出,违法行为人的"应偿付之债"就已经结清,报应已达成。如此,第二个同类行政处罚就没有正当性可言,此时违法行为已经由一个同等的报复而被偿还,欠缺报应论所要求的打击对象。因此,报应论也主张一事不二罚,这也正是《行政处罚法》第 29 条的立法逻辑。①

第四,行政处罚的制裁面向的是道德上应受谴责的行为,因此只可能是过去的违法行为,"是对过去行为的制裁"②。报应论认为,国家制裁是对"过去的违法事件进行事后处理"③,是"回顾性的"。④ 因此,在行政处罚的概念族群中,只有那些面向过去违法行为的制裁手段,才能被定性为行政处罚。相反,那些以预防未来行为为对象的制裁手段,需另当别论。因此,诸如"责令限期改正"之类的行为,一般认为不是行政处罚。此类行为是面向未来的,⑤"主要是用以防止违法行为以后发生,而非惩罚过去的违法行为"⑥,《行政处罚法》第 28 条之所以将其与行政处罚并列使用,也正是此意。⑦

可见,将报应论立为行政处罚的目的,非但符合当下理论界的朴素认识,而且也与《行政处罚法》中的部分规定十分恰切,具有一定的积极意义,可以用以解释《行政处罚法》多个条文的内在逻辑。

---

① 《行政处罚法》第 29 条:"对当事人的同一个违法行为,不得给予两次以上罚款的行政处罚。同一个违法行为违反多个法律规范应当给予罚款处罚的,按照罚款数额高的规定处罚。"
② 张淑芳:《行政强制与行政处罚关系的若干问题探讨》,载《中国法学》1999 年第 3 期。
③ [日]藤木英雄、郭布、罗润麒:《刑法上的学派对立:旧派和新派、客观主义和主观主义》,载《环球法律评论》1980 年第 1 期。
④ 参见冯军:《刑法中的责任原则 兼与张明楷教授商榷》,载《中外法学》2012 年第 1 期。
⑤ 参见黄锫:《行政执法中责令改正的法理特质与行为结构》,载《浙江学刊》2019 年第 2 期。
⑥ 熊樟林:《行政处罚的种类多元化及其防控——兼论我国〈行政处罚法〉第 8 条的修改方案》,载《政治与法律》2020 年第 3 期。
⑦ 《行政处罚法》第 28 条第 1 款:"行政机关实施行政处罚时,应当责令当事人改正或者限期改正违法行为。"

第二节 报应论的理论漏洞

在法哲学上,尽管报应论在解释国家制裁的正义性上功不可没。但是,仍有人一针见血地指出,报应主义被痛斥为"通过伤害他人而感到得意或光荣……这违反理性和违反自然法,一般都称之为残忍"①。批评者认为,把"应得"看作惩罚的根据,认为行为违法性体现在主观的恶上,而不是对社会有客观上的损害,是"一种掩饰的复仇形式"②,是个体对个体的,是特殊意志与特殊意志之间的较量,与体现普遍意志的"法"本身殊少关联。③

从总体上来看,这些批评戳中的乃是报应论的复仇底色,直接指向的是康德和黑格尔的理论。顺着这些批评,我们可以总结出报应论可能存在的如下两个理论漏洞。

第一,报应论过于注重对违法行为本身的打击,不顾及社会效果,只是换了另一个更为隐蔽的报复形式,追求的仍然是"以暴制暴"。很显然,这不是法律想要追求的目的,尤其是在行政处罚法上。一般来说,行政行为并不单单是要保护个人法益,而更多的是超个人法益(公共利益)。因此,行政处罚不可避免地需要兼顾社会效果,或者说,为了公共利益而固守报应论,显然无法满足这一需求。

第二,报应论讲求等价报应,要求制裁力度与违法行为造成的利益损害必须是等量的,因此"杀人"必须被判处"死刑"。④ 这一逻辑只能在有限的范围内使用,有些行为与此不符。譬如,从数量对比上来看,单纯没收违法行为人的违法所得,应当是达到等量报应目的的更好方式。但是,如果只没收违法所得,违法行为人实际上并没有得到任何实质性制

---

① [英]霍布斯:《利维坦》,黎思复、黎廷弼译,商务印书馆1985年版,第116页。
② 王立峰:《惩罚的哲理》,清华大学出版社2006年版,第96页。
③ 普遍意志就是自由,就是法本身。参见[德]黑格尔:《法哲学原理:或自然法和国家学纲要》,范扬、张企泰译,商务印书馆2009年版,第10~11页。
④ 参见[德]黑格尔:《法哲学原理:或自然法和国家学纲要》,范扬、张企泰译,商务印书馆2009年版,第106页。

裁,其只是归还了原本就不属于其自身的非法利益,本身并没有损失。另外,在实践中,违法行为并非都会被发现。因此,如果严格按照报应论,将等同于说违法"是一种有利可图的事业"①,是在鼓励违法。

除纯粹的理论批评外,在行政处罚制度实践中,也确有如下一些行为在报应论的理论框架内无法得到解释。

第一,处罚"第三人"。按照报应论,行政处罚不可以扩及第三人,但实践中情况并非如此。以行政没收为例,一般认为,没收第三人所有物并不违法,其往往被称为"扩张没收"。②譬如,没收实施违法活动的租借车辆。目前看来,这非但是执法实务中的常见做法,而且也是比较法上的常见立法。又如,德国《违反秩序法》第 23 条(扩大之没入要件)规定:"法律转引适用(verweisen)本规定者,于裁决时,对物所有或有权拥有之人,有下列情形之一时,亦得有别于第二十二条第二项第一款之规定而没入该物:1. 至少对帮助物或权利作为行为之手段或客体或行为之预备具有重大过失(leichtfertig)。2. 知悉允许被没入之情况而以可非难之方式获取该物。"③很明显,这些立法已经完全超越了报应论的目的范围,因为这些被没收的财物的所有权人,并未实施或参与违法行为,不存在"应得"的报应前提。

第二,处罚"无辜者"。按照报应论,应受行政处罚行为的客观存在,是启动报复和打击的前提,因此不能处罚"无辜者"。但是,这仍然与实践情况不符,行政没收仍是其中的典型反例。例如,面向"违法但不能苛责的人"实施的行政没收。《行政处罚法》第 30 条规定:"不满十四周岁的未成年人有违法行为的,不予行政处罚。"因此,行政机关对不满 14 周岁实施的违法行为,不能科以行政处罚。但是,这并不意味着也不没收其违法所得,否则与维持公共秩序的基本价值有悖。在这一情形中,由于这些财物无法经由行为被宣告违法,不是"违法利益",而是"合法利益",不存在报应的可能。又如,没收乘坐火车期间携带的

---

① 陈兴良、周光权:《超越报应主义与功利主义:忠诚理论——对刑法正当根据的追问》,载《北大法律评论》1998 年第 1 期。
② 参见陈清秀:《行政罚法》,法律出版社 2016 年版,第 244 页。
③ 吴绮云译:《德国违反秩序法》,2005 年 8 月 12 日发布,https://www.judicial.gov.tw/tw/cp-1910-22-dfce6-1.html。

管制刀具。此类物品只是在特定时段和特定空间才为法所禁止,多数情况下仍是"合法利益"。并且即使是违禁品,单纯携带管制刀具很难谓之违法,亦不能将其视为"违法利益",没收此类财物显然也不是为了达到报应的目的。

第三,科处状态责任。按照报应论,行政处罚主要是行为责任,报应论所要报复的客体是应受行政处罚行为。但是,实践中并非全部如此。在建筑法和环境法上,①一种以"物"为客体的处罚责任打破了传统行为责任体系,其往往被称为状态责任。所谓状态责任,是指依法对某种合法状态负有管理和维持义务的人,因违背了此项义务而被施加的一种行政处罚。"状态责任"的对立面是"行为责任"。行为责任是行政处罚上的常见形态,取决于相对人的违法行为,是报应论下的常见责任形态。但是,状态责任却并非如此,其取决于"物"本身的危险,是对"物"享有支配权的人没有尽到管理和维持义务而受到的制裁,包括物的所有权人或使用权人。在状态责任中,被处罚者并没有任何违法行为,但这并不影响其责任的承担,典型如《土壤污染防治法》第96条第2款规定:"土壤污染责任人无法认定,土地使用权人未依照本法规定履行土壤污染风险管控和修复义务,造成他人人身或者财产损害的,应当依法承担侵权责任。"对于这一责任形态,在报应论中同样无法得到解释,与前述处罚"第三人"和"无辜者"十分类似。

第四,持续行为连续处罚。按照报应论,报应和违法之间应当是等量的,因此要遵循过罚相当原则,不允许随意加重处罚。但是,这仍与实践不符。实践中,过量处罚并不鲜见,最为典型的实例就是近年来被广泛应用的持续行为连续处罚。譬如,在交通法领域,深圳市在《深圳经济特区道路交通安全违法行为处罚条例》修改过程中,曾有诸如"繁忙路段违法停车一天最多可罚四次"的连续处罚规则。② 在这几类行为中,无论是违法排污,还是违法停车,违法行为实际上只有一次,等量的报应行为也应该是一次处罚,行政机关至多可以从重处罚,但绝不是多

---

① 参见秦天宝、赵小波:《论德国土壤污染立法中的"状态责任"及其对我国相关立法的借鉴意义》,载《中德法学论坛》2010年第00期。

② 参见谢银波:《繁忙路段"违停",一天或罚四次》,载《晶报》2012年10月25日。

次连续处罚。这非但超越了传统理论的认知,①也超越了报应论的解释框架。但是,这却是近年来立法者对连续违法行为较为常见的处理态度。②

第五,罚款与没收并处。类似地,由于报应论要求报应与违法行为应当等量,在存在违法所得和非法财物的情况下,仅仅没收违法所得和非法财物,实际上就可以达到足量报应,这是最为简单的等量公式。但是,我国行政处罚实践并非如此。一般来说,没收是和罚款并处的,报应总量往往是大于违法行为的,这也是立法上的常见文本,典型如《产品质量法》第52条规定:"销售失效、变质的产品的,责令停止销售,没收违法销售的产品,并处违法销售产品货值金额二倍以下的罚款;有违法所得的,并处没收违法所得;情节严重的,吊销营业执照;构成犯罪的,依法追究刑事责任。"对此,报应论显然也无法加以解释。

第六,损害结果可有可无。由于报应论的逻辑起点是必须存在一个应受行政处罚行为,在报应论框架下,应受行政处罚行为是否成立,必须从严把握,这也是通过等价报应证立行政处罚具有正当性不可或缺的逻辑。因此,在报应论下,"损害事实客观存在"是十分关键的。如果缺少这一要素,将无法计算报应的具体尺度。但是,这在行政处罚实践中并不会得到严格遵循。一方面,实际的损害结果在行政处罚中并不是不可或缺的,行政处罚允许一定程度的行为犯,即使是可能的危害结果,同样也可以成立应受行政处罚行为;③另一方面,随着风险社会的来临,行政法已"从关注当下、以维护或重建无干扰为目标的风险防范过渡为关涉未来、对社会的技术改变进程加以调控的风险预防"④。在

---

① 传统理论认为,连续违法行为按一行为处罚。参见陈无风:《穿行于一罚和多罚之间——论"一事不再罚"原则之内涵》,载《行政法学研究》2006年第2期;朱新力:《论一事不再罚原则》,载《法学》2001年第11期;林沈节:《论单个应受行政处罚行为及其处罚规则》,载《行政法学研究》2010年第3期。

② 参见熊樟林:《连续处罚行为的性质认定——以新〈环保法〉第59条为中心》,载《华东政法大学学报》2015年第5期。

③ 参见熊樟林:《行政违法真的不需要危害结果吗?》,载《行政法学研究》2017年第3期。

④ [德]克里斯蒂安·卡莉丝:《行政罚中的预防措施原则以及举证责任分配》,李忠夏译,载刘刚编译:《风险规制:德国的理论与实践》,法律出版社2012年版,第229页。

风险预防背景下,"危险"已经取代实际的"损害结果",成为行政处罚的客体。无论是证据标准的采用,还是因果关系的认定,都未能满足报应论的严格要求,而是要适度从宽。

第三节 预防论的提出

目前来看,对于上述问题,我国行政法学界提出了两条补救路线。

第一,抛弃报应论,认为行政处罚另有其他目的。比如谭冰霖认为,"行政处罚的目的,理论上素有特别预防和一般预防的功能指向。前者从个案正义出发,旨在通过制裁促使当事人避免再犯的可能性;后者从宏观的法律正义出发,通过对可发现的违法行为处以足够的制裁,对潜在的违法者以儆效尤"[1];苏苗罕认为,在美国,行政处罚"主要是预防性的,指向违反法律或者规章,但是尚未造成实际损害、或其损害可以补救的相对人"[2];廖义男认为,"行政罚裁处之目的,乃欲使受处罚者心生警惕,避免再为违法行为"[3];张淑芳认为:"行政处罚有一个非常重要的目的,就是社会教育,即通过行政处罚的实施使相关社会主体受到教育,并以此为戒不再违法。"[4]

第二,保留报应论,但应再添加其他目的要素。譬如,本人曾提出,在规制目标上,"《行政处罚法》需要回应风险社会的环境变迁,从单一走向多元,构建'以法律威慑为主,以风险预防为辅'的规范体系,增设风险预防原则,增加行政处罚类型,拓展行政处罚的目标预设"[5]。

从整体上来看,这两种方案都提出了一个新的目的要素——预防,我们可以将其称为"预防论"。所谓预防论,是指行政处罚的目的并不在于打击和报复过去的违法行为,而是预防违法行为的再发生。如果

---

[1] 谭冰霖:《环境行政处罚规制功能之补强》,载《法学研究》2018年第4期。
[2] 苏苗罕:《美国联邦政府监管中的行政罚款制度研究》,载《环球法律评论》2012年第3期。
[3] 廖义男:《行政罚法》,台北,元照出版有限公司2008年版,第11页。
[4] 张淑芳:《行政处罚应当设置"从重情节"》,载《法学》2018年第4期。
[5] 熊樟林:《论〈行政处罚法〉修改的基本立场》,载《当代法学》2019年第1期。

说报应论聚焦的客体在于过去的违法行为,是"回顾性的",预防论则完全不一样,其是面向未来的违法行为,是"展望性的"①。

与报应论一样,预防论也可以追溯到刑法学中。譬如,柏拉图早在《法律篇》中就曾直言不讳:刑罚并不是对过去的报复,因为已经做过的事情是不能再勾销的,它的执行是为了将来,它保证受惩罚的个人和那些看到他受惩罚的人既可以学会彻底憎恶犯罪,又至少可以大大减少他们的旧习。②贝卡里亚也早就说过:"什么是刑罚的政治目的呢?是对其他人的威慑。当恶果已成为无可挽回的事实之后,只是为了不使他人产生犯罪不受惩罚的幻想。"③

概括来说,将"预防论"作为行政处罚的目的,至少具有如下理由。

第一,因应时代需求。"预防论"的最大优势是契合了传统社会向风险社会转变的现实。在风险社会中,损害是否可能发生是未知的,国家不能等到损害确定以后才予以介入,而是要采取一系列预防手段,而这其中,行政机关必须身负重任,"行政活动的特点决定了其对监视潜在威胁,预防损害发生有显著优势"④。因此,行政法的制度重心其实在于预防,行政机关需要尽可能采用不同的规制工具防止风险发生,行政处罚也并不例外。在行政处罚实践中,风险社会理念的渗透其实已经十分明显。无论是"风险预防原则"在比较法上的提出与应用,⑤还是"状态责任"在我国法律实践中的确立,⑥都可以很好地说明这一点。

---

① 参见冯军:《刑法中的责任原则 兼与张明楷教授商榷》,载《中外法学》2012年第1期。
② 参见[古希腊]柏拉图:《法律篇》,张智仁、何勤华译,孙增霖校,商务印书馆2016年版,第6章第934节。
③ [意]贝卡里亚:《论犯罪与刑罚》,黄风译,中国大百科全书出版社1993年版,第131页。
④ 赵鹏:《风险社会的行政法回应》,中国政法大学出版社2018年版,第62页。
⑤ See Owen McIntyre, *Thomas Mosedale*, *The Precautionary Principle as a Norm of Customary International Law*, Journal of Environmental Law, 9, p. 221(1997).
⑥ 在立法上,如《土壤污染防治法》第92条:"违反本法规定,土壤污染责任人或者土地使用权人未按照规定实施后期管理的,由地方人民政府生态环境主管部门或者其他负有土壤污染防治监督管理职责的部门责令改正,处一万元以上五万元以下的罚款。"在司法上,如福建省厦门市海沧区人民法院于2014年8月1日作出(2014)海执审字第47号行政裁定,认为"房屋买受人虽然不是违法建行为人,但买受人作为现任房产所有权人,有责任消除房产的违法状态,使其管理的房产合乎行政管理秩序"。在执法上,如威海市城市管理行政执法局作出威城执拆决字[2015]第40001号拆除违法建设决定书,认为"买受人所购二手房,虽然是原房主未办理工程规划许可证,但应由买受人限期自行拆除"。

第二，符合立法文本。典型如俄罗斯联邦《行政违法行为法典》第三章第1条规定："行政处罚是国家对实施行政违法行为规定的责任措施,适用行政处罚的目的在于预防违法者本人以及其他人实施新的违法行为。"①在这一条文中,"预防论"跃然纸上。除此之外,还有一种更为隐晦的立法表述,典型如我国《行政处罚法》第1条规定："为了规范行政处罚的设定和实施,保障和监督行政机关有效实施行政管理,维护公共利益和社会秩序,保护公民、法人或者其他组织的合法权益,根据宪法,制定本法。"在该条中,行政处罚似有"维护公共利益和社会秩序"的目的。在这一目的之下,行政处罚显然不能仅限于打击和报复违法行为人,而是要追求"维护公共利益和社会秩序"的社会效果,行政机关要通过行政处罚这一规制工具,获得边沁所说的"社会幸福",②而这就是"预防论"的本质。

第三,契合行政本质。在多数情况下,刑罚是为了保护诸如生命权和健康权之类的个人法益,而不是超个人法益。因此,将刑罚理解成以国家名义实施的一对一报复,是报应论,往往是可以的。但是,行政处罚则完全不同。与所有的行政行为一样,行政处罚是由行政机关作出的,行政机关本身并没有自己的利益需求,几乎所有的行政处罚都是为了保护超个人法益。在立法上,类似我国《治安管理处罚法》规定大量个人法益的立法文本,在行政处罚中其实并不多见,我国行政处罚性法律规范主要是为了维护公共秩序。因此,实施行政处罚必须要追求社会效果,以保护公共利益为准则。这在报应论下无法得到解释,报应论拒绝将违法行为人视为满足公共利益的工具。但是,在预防论下,这恰恰可以得到很好的解释。

第四,化解制度难题。更为重要的是,预防论可以解释报应论无法解释的制度难题,似乎具有更高的实践价值。在预防论下,诸如"没收第三人所有物和违禁品""处罚无辜者""施加状态责任""连续处罚"等等行为,都是可以被允许的,因为此时的处罚目的并不是打击过去的违

---

① 朱维究、李红枫:《中俄行政制裁制度比较》,载《比较法研究》2003年第6期。
② 参见[英]边沁:《道德与立法原理导论》,时殷弘译,商务印书馆2000年版,第216页。

法行为,而是预防未来违法行为的发生。实践中,"预防"不仅可以被解释为对违法行为人的特别预防或特殊预防,通过处罚防止其再违法;同时,"预防"也可以被解释为对其他潜在违法行为人的普遍预防或一般预防,通过处罚威吓潜在违法者放弃违法意图。因此,在"预防论"下,行政处罚的制裁力度和制裁范围可以向外扩张。既可以超越违法行为造成的法益损害量,又可以波及违法行为人之外的其他主体,而这正是风险社会下行政处罚的发展需求。

第四节 行政处罚目的的应然立场

综上所述,现在呈现在我们面前的处罚目的有两种:报应论和预防论。报应论虽然可以解释《行政处罚法》中的部分文本,但却存在一定的理论真空,而预防论作为一种新近理论,恰好可以弥补报应论的理论短板。

因此,报应论和预防论尽管理论立场迥异,但并非水火不容。我们需要处理的问题并不是从中择一,而是如何更好地处理二者之间的主次关系。

一、报应论的主要地位及其相关理由

本书认为,行政处罚仍然应当以报应论为主要目的,预防论可以在适当范围内作为次要目的加以补充,但仍然应当加以限缩。理由如下。

1. "报应论"的权力限缩功能。报应论的理论核心是等价制裁,具有正义性基底,这决定了报应论具有权力限缩的功能。实践中,其主要通过如下两项原则实现。

第一,平等原则。报应论要求制裁应当具有平等性,[①]报应论中的等价制裁决定了处罚形式的对等,而这就是法律所追求的平等原则。对此,康德曾说:公共的正义可以作为它的原则和标准的惩罚方式与尺

---

① 参见邱兴隆:《报应刑的价值悖论——以社会秩序、正义与个人自由为视角》,载《政法论坛》2001年第2期。

度是什么？只能是平等的原则。根据这一原则,在公正的天平上,指针就不会偏向一边。换句话说,任何一个人对人民当中的某个个别人所做的恶行,可以看作他对自己作恶,"如果你诽谤了别人,你就是诽谤了自己;如果你偷了别人的东西,你就偷了你自己的东西;如果你打了别人,你就是打了你自己;如果你杀了别人,你就是杀了你自己"①。因此,报应论逻辑性地蕴含着"同罪同罚,重罪重罚,轻罪轻罚"的平等理念。在报应论下,行政处罚的大小仅以违法行为造成的法益损害为标准,而不是以相对人的社会地位和个人身份为标准,这样可以最大限度保证处罚结果的公平公正。

第二,人权保障原则。报应论仅围绕违法行为实施制裁,拒绝制裁力度和制裁范围的扩张。康德曾说:"惩罚在任何情况下,必须只是由于一个人已经犯了一种罪行才加刑于他。因为一个人绝对不应该仅仅作为一种手段去达到他人的目的,也不能与物权的对象混淆。"②据此,报应论实际上也具有保障人权的功能,其出发点和终结点都在于保障人权,确定了"能够维护个人自由的功能性界限"③。在报应论下,行政处罚必须恪守过罚相当原则,行政机关非但只能从违法行为中寻找行政处罚的"概念和尺度",④并且只能苛责违法行为人本人,不能随意扩及第三人。

从根本上来说,我们之所以坚持将报应论作为行政处罚的主要目的,是因为报应论中含有平等原则和保障人权原则,其决定了报应论可以较好地控制行政处罚权的扩张,而这正是行政法学亘古不变的理论任务和理论目标。实际上,新近理论之所以反复质疑报应论的缺陷,也正是因为报应论限制了行政处罚权的扩张和蔓延。固守古典自由主义的报应论严格限制了现代行政对效率的追求。在自由和效率之间,报应论偏向于前者。

---

① [德]康德:《法的形而上学原理——权利的科学》,沈叔平译,商务印书馆1991年版,第165页。
② [德]康德:《法的形而上学原理——权利的科学》,沈叔平译,商务印书馆1991年版,第164页。
③ 王世洲:《现代刑罚目的理论与中国的选择》,载《法学研究》2003年第3期。
④ 参见[德]黑格尔:《法哲学原理:或自然法和国家学纲要》,范扬、张企泰译,商务印书馆2009年版,第103页。

2. "预防论"的权力扩张危险。预防论之所以只能屈居次要位置,是因为其尽管可以较好地因应风险社会的规制需求,但却具有权力扩张的危险。预防论并不全是积极的意义,"预防论的缺陷一点也不比报应论少"①,其至少存在如下两个致命缺陷。

第一,未能为行政处罚权提供限制规则。与报应论不同,根据预防论的结果,违法行为人只是实现社会幸福的工具,行政处罚只是达到某种社会效果的手段。在预防论中,我们非但找不到约束行政处罚权的限制规则,恰恰相反,我们还可以推导出更多扩张行政处罚权的理由。典型如"连续处罚行为""联合失信惩戒""从重处罚"等。实践中,进入预防论考量范围的往往是"社会治安形势""违法行为发生率""民愤"等一些与违法行为无关的要素。这些要素无法固定。对于行政机关来说,这是一项巨大的并且是合法的行政裁量权,可能造成"无节制"的行政制裁。

第二,允许惩罚无辜。预防论的另一个致命缺陷,就是为"惩罚无辜者提供了辩解"②,"允许惩罚无辜"③。实践中,诸如"科处状态责任""没收第三人所有物""没收违禁品"等处罚手段,实际上都只能通过预防论的概念通道加以解释并获得正当性。但是,预防论也只是提供了结果解释的工具,却始终无法从原因上给出解释——国家凭什么可以处罚一个不具有违法性的行为?在康德和黑格尔的理论中,这被视为违反人的尊严的行为,是对自由意志的侵犯,是将这些无辜者当成"无害的有害动物"④。很显然,这非但会形成更为强大的行政国家,造成权力扩张,而且也与现代社会的人权理论有悖。

3. 行政处罚的特殊属性。熟知刑法学的人,可能会反驳说,在刑法学上,预防论作为刑罚目的,已经获得了与报应论并驾齐驱的地位,为

---

① 陈兴良、周光权:《超越报应主义与功利主义:忠诚理论——对刑法正当根据的追问》,载《北大法律评论》1998 年第 1 期。
② [美]M. P. 戈尔丁:《法律哲学》,廖天美译,台北,结构文化事业有限公司 1991 年版,第 127 页。
③ 陈兴良、周光权:《超越报应主义与功利主义:忠诚理论——对刑法正当根据的追问》,载《北大法律评论》1998 年第 1 期。
④ [德]黑格尔:《法哲学原理:或自然法和国家学纲要》,范扬、张企泰译,商务印书馆 2009 年版,第 103 页。

什么行政处罚还要故步自封、抱残守缺呢？对此，本书拟作出如下解释。

第一，行政制裁的多元化通道。与刑法上仅有刑罚一种制裁手段不同，在行政法中，行政制裁的制度通道是多元化的，行政处罚只是行政制裁家族中的一个品类。在国家可以启动的制裁工具中，既包括与刑罚十分类似的行政处罚，又包括与刑罚相差甚远的行政强制措施、行政收费等。长期以来，这些制裁手段在行政法学中被分而视之，甚至会被认为不具有制裁性。[①] 但实际上，他们都限制或剥夺了行政相对人的财产权和人身权，都具有制裁性。[②] 在多元化的行政制裁体系中，每一种制裁手段需要扮演的角色不一。有的制裁行为是为了打击和报复（报应论），有的则是为了警示和威吓（预防论）。目前来说，行政处罚主要应当承担的规制任务是打击和报复，基于警示和威吓目的而采取的规制手段，则主要是行政强制措施、行政收费以及行政保安处分等行为。

因此，在风险社会中，预防论可能需要被塞入刑罚之中，但却不一定完全需要被纳入行政处罚之中，因为诸如行政强制措施、行政收费等其他的行政制裁手段，最为主要的功能就是预防。我们没有必要打破行政制裁现有的功能结构，构建叠床架屋的制裁体系。并且，从法律效果来看，行政处罚在现有的行政制裁体系中侵益性最强，就权力控制的角度而言，也没有必要过多地以行政处罚权去达成警示和威吓的目的。

第二，行政权的扩张属性。与刑罚最终交由司法权决定不同，行政处罚的最终决策者是行政机关，其背后是行政权。司法权和行政权的最大区别是，行政权更为主动，而且也因此更加具有扩张性。但是，司法权则相对较为安全，"在国家权力体系中，真正能够中立裁判的也只有司法权"[③]。诚如汉密尔顿等人所言："司法部门的任务性质决定该

[①] 譬如，理论界一直有人认为，行政强制措施不具有制裁性。参见朱新力：《行政法基本原理》，浙江大学出版社1995年版，第209页；胡建淼：《行政法学》，法律出版社1998年版，第377页；胡建淼：《"其他行政处罚"若干问题研究》，载《法学研究》2005年第1期。

[②] 参见熊樟林：《行政处罚的种类多元化及其防控——兼论我国〈行政处罚法〉第8条的修改方案》，载《政治与法律》2020年第3期。

[③] 熊樟林：《土地征收决定不是终裁行为——以〈行政复议法〉第30条第2款为中心》，载《法学研究》2017年第3期。

部门对宪法授予的政治权力危害最寡,尤其具备的干扰与危害能量最小。行政部门不仅具有荣誉、地位的分配权,而且执掌社会的武力。立法部门不仅掌握财权,且制定公民权利义务的准则。与此相反,司法部门既无军权,又无财产,不能支配社会的力量与财富,不能采取任何主动的行动。故可正确断言:司法部门既无强制,又无意志,而只有判断;而且为实施其判断亦需借助于行政部门的力量。"① 因此,将预防论作为刑罚目的所带来的权力膨胀的可能性,可能要远远小于行政处罚。

第三,界定行政处罚概念的需要。与刑罚不同的是,目的在行政处罚中具有更为重要的功能和作用,是行政处罚概念标准中不可或缺的要素。在我国,行政法的控权体系是按照行政行为的不同类型进行搭建的,《行政处罚法》《行政强制法》《行政许可法》中分别设计了不同的控权规则。因此,不同行政行为的教义学依据,必须一一对应到其法律文本之中,而要完美地做到对号入座,就必须借助概念标准。因此,长期以来,关于行政处罚的概念标准,一直是行政法学界的争议焦点和重要任务,② 而刑法学却并非如此,刑法学基本不会在刑罚的概念与外延上着墨太多。

在行政处罚的概念标准中,存在一些模棱两可的行为无法辨识,典型如"查封违法企业的经营场所""责令限期改正违法行为"等。这些行为由于同样具有"制裁性",且也是面向"违法行为"的,很难与行政处罚区分。目前来看,要想将他们从行政处罚概念族群中予以剔除,往往只能借助"行政处罚的目的",尤其是报应论。③ 按照报应论,所谓行政处罚,在目的上主要是对违法行为加以打击和报复,通过惩罚使行为人产生切肤之痛,其"制度面向是朝前的"④,以"制裁过去之义务违反为

---

① [美]汉密尔顿、[美]杰伊、[美]麦迪逊:《联邦党人文集——关于美国宪法的论述》,程逢如、在汉、舒逊译,商务印书馆1980年版,第391页。
② 参见陈鹏:《界定行政处罚行为的功能性考量路径》,载《法学研究》2015年第2期;胡建淼:《"其他行政处罚"若干问题研究》,载《法学研究》2005年第1期。
③ 参见熊樟林:《行政处罚的种类多元化及其防控——兼论我国〈行政处罚法〉第8条的修改方案》,载《政治与法律》2020年第3期。
④ 黄锫:《行政执法中责令改正的法理特质与行为结构》,载《浙江学刊》2019年第2期。

主要目的"①,而不是着眼于未来的预防。因此,诸如"责令限期改正"的行为应从行政处罚中予以剔除,因为其是基于恢复和预防的目的,主要是用以防止以后发生违法行为,"制度面向是朝后的"②,而非惩罚过去的违法行为。报应论非但具有控制权力的实践功能,而且还具有概念辨识的理论价值。如果抛弃报应论,将预防论一并加入,会打乱现有的概念体系,模糊《行政处罚法》的调控范围。

二、预防论的次要地位及其立法安排

将预防论置于次要地位,并不是毫无意义的,适当添加预防论具有一定的必要性,其至少能够因应风险社会的规制需求。遗憾的是,2021年新版《行政处罚法》未能妥善处理好这一问题。对此,未来修法应当将预防论保持在一定的限度以内,至少需要遵守如下两项立法安排。

第一,非处罚行为定性。首先需要明确的是,借助预防论在《行政处罚法》中新增的制裁类型,多数不宜认定为行政处罚,我们必须最大限度保持行政处罚概念体系的纯洁性和稳定性。在立法安排上,如前述对"第三者""无辜者"展开的制裁行为。毋庸置疑,此类行为只能在预防论的目的观中获得解释,但是,它们最终却不能被界定为行政处罚。

从立法例上来看,这也是目前较为通行的立法技术,典型如德国《违反秩序法》。长期以来,我们一直无法理解,对于行政处罚的种类,为什么德国《违反秩序法》第1条虽然只列了"罚款"一种,但是,立法者却在第五章中又专门规定了"没收"(Einziehung),并且设置了8个条文。③ 同样的情况,在我国台湾地区所谓"行政罚法"中也存在。该法尽管在第1条适用范围中规定了"没收",④但却在第2条处罚类型

---

① 李建良:《行政罚法中"裁罚性之不利处分"的概念意涵及法适用上之若干基本问题》,载《月旦法学杂志》2010年第6期。
② 黄锫:《行政执法中责令改正的法理特质与行为结构》,载《浙江学刊》2019年第2期。
③ 德国《违反秩序法》第1条(名词定义):"(1)称违反秩序(Ordnungswidrigkeit)者,谓实现准许以罚金(Geldbuße)处罚之法律的构成要件之违法且可非难(vorwerfbar)之行为。"参见吴绮云译:《德国违反秩序法》,2005年8月12日发布,https://www.judicial.gov.tw/tw/cp-1910-22-dfce6-1.html。
④ 我国台湾地区"行政罚法"所谓第1条:"违反行政法上义务而受罚金、没入或其他种类行政罚之处罚时,适用本法。但其他法律有特别规定者,从其规定。"

中,未将"没收"纳入。① 这些立法上很明显的前后"不协调"做法,究竟是基于什么理由呢？目前来看,只有一种理论能够解释这一问题。行政没收分为违法没收和非违法没收,"在性质上,没入亦非仅具有制裁或保安处分之性质,并可同时兼具"②。违法没收是面向违法行为的,是行政处罚,是报应论下的典型制裁手段;但是,非违法没收却并非如此,面向"第三者""无辜者"开展的非违法没收,不是行政处罚。无论是面向"违法但不能苛责的人",还是"无辜的第三人",都不存在实施或参与违法行为的行为事实。此类没收也不是为了打击和报复,而是为了预防未来发生违法行为,它是预防论下的典型制裁手段,一般称其为行政保安处分。德国《违反秩序法》和我国台湾地区所谓"行政罚法"之所以未将"没收"列入处罚种类,是因为其不单单属于行政处罚,还有可能属于保安处分。

因此,从某种程度上来说,如果非要将预防论塞入行政处罚之中,将其作为《行政处罚法》的立法目的更为适宜,而不是行政处罚的行为目的。从总体上来看,被列入《行政处罚法》中的保安处分,使得该法具有预防违法行为发生的功用,符合预防论。基于这一定位,旧版《行政处罚法》的修订,至少需要考虑如下两个问题:其一,行政没收究竟要不要写入行政处罚种类条款中？更为具体地说,旧版《行政处罚法》第 8 条中的"没收违法所得"和"没收非法财物",是保持现状,还是删除？其二,非违法性没收由于不是行政处罚,只是保安处分,其显然不能置于第 8 条中予以规定,那么它应当被写在何处？对此,2021 年新版《行政处罚法》第 9 条保留了旧版《行政处罚法》第 8 条将行政没收作为行政处罚种类的规定。这是本次修法的遗憾。本书建议,不将行政没收写入处罚种类条款,较好的立法策略是另设专

---

① 我国台湾地区所谓"行政罚法"第 2 条规定:"其他种类行政罚,指下列裁罚性之不利处分:一、限制或禁止行为之处分:限制或停止营业、吊扣证照、命令停工或停止使用、禁止行驶、禁止出入港口、机场或特定场所、禁止制造、贩卖、输出入、禁止申请或其他限制或禁止为一定行为之处分。二、剥夺或消灭资格、权利之处分:命令歇业、命令解散、撤销或废止许可或登记、吊销证照、强制拆除或其他剥夺或消灭一定资格或权利之处分。三、影响名誉之处分:公布姓名或名称、公布照片或其他相类似之处分。四、警告性处分:警告、告诫、记点、记次、讲习、辅导教育或其他相类似之处分。"

② 洪家殷:《论行政罚法上没入之性质》,载《东吴法律学报》第 29 卷第 3 期。

章或专门条款,建议置于第六章"行政处罚的执行"之后,取名为第七章"行政没收",专门处理混合报应论和预防论的没收问题。①

第二,限制性规则。由于预防论具有权力扩张的危险,尽管我们可以通过将部分行为列入保安处分的方法加以限制,但是诸如连续处罚行为、状态责任等新型制裁行为仍然是处罚性的,并且保安处分本身也具有制裁性,仍然需要加以限制。因此,在《行政处罚法》中引入预防论,还必须设置额外的限制规则,从而降低其权力扩张的危险。具体来说,这包括如下两项规则。

其一,依"法"设定。原则上,所有借助预防论增添的新型制裁措施,都应当由法律加以设定,而不能随意创设。例如,连续违法行为原则上只能科以一次处罚,打断一次处罚的唯一形式是法律,立法者只能按照诸如《环境保护法》第59条的立法形式创设连续处罚行为,而不是规章和规范性文件;又如,对于状态责任的创设,原则上也只能通过法律形式,司法和行政没有权力打破报应论下的"行为责任"体系,实践中存在的由第三人承担违章建筑处罚责任的做法,②并不妥当,亟须从《行政处罚法》中觅出正当性依据;再如,即使是非违法没收,其也必须经由《行政处罚法》予以创设,否则没收"第三者"和"无辜者"就不具有正当性。从立法例上来看,德国、③奥地利④都采用的是依"法"设定的方式。

其二,依"规"行使。除了依法设定之外,预防论下的处罚行为还必须设定额外的行使规则,从而做到依"规"行使。例如,在科处状态责任时,一般认为物的管理人无须承担与其管理范围无关的风险,状态责任只能在一定的范围之内苛责。又如,在对"第三者"和"无辜者"科处非违法没收责任时,必须满足两个要件:(1)事实要件,某人已经实施了社会危害行为,或者某物具有社会危害性;(2)假定要件,将来可能会危害

---

① 参见熊樟林:《立法上如何安排行政没收?》,载《政法论坛》2022年第4期。
② 典型案例参见上海市徐汇区人民法院行政判决书,(2012)徐行初字第22号。在该案的判决中,法院认为房屋买受人(非违法性行为人),需要为违章建筑承担行政处罚责任。
③ 德国《违反秩序法》第22条第3项:"于具备第二项第二款之要件下,虽行为人之行为不可非难,亦允许没入该物。"参见吴绮云译:《德国违反秩序法》,2005年8月12日发布,https://www.judicial.gov.tw/tw/cp-1910-22-dfce6-1.html。
④ See Administrative Penal Act 1991 – VStG §17.(2), https://www.ris.bka.gv.at/Dokumente/Erv/ERV_1991_52/ERV_1991_52.pdf.

或继续危害他人利益。并且,从对已有立法例的观察来看,还要求"第三者"和"无辜者"主观上具备故意或重大过失。① 再如,具有预防论色彩的"从重"处罚,在立法设计上,往往也要施加额外的限制条件。比如德国《违反秩序法》第 18 条设置的限制条件是"所得之利益超过法定罚金最高额者,得于所得利益之范围内酌量加重";我国台湾地区所谓"行政罚法"第 17 条第 4 款设置的限制条件是罚金超过行为人经由违反秩序行为所得之经济利益。为此,法定最高金额尚不足者,罚金金额应超过法定最高金额。从内容上来看,这些限制规则像极了报应论中的等价制裁,与其说其是预防论,倒不如说是更为实质的报应论。

---

① 例如,德国《违反秩序法》第 23 条(扩大之没入要件):"法律转引适用(verweisen)本规定者,于裁决时,对物所有或有权拥有之人,有下列情形之一时,亦得有别于第二十二条第二项第一款之规定而没入该物:1. 至少对帮助物或权利作为行为之手段或客体或行为之预备具有重大过失(leichtfertig);2. 知悉允许被没入之情况而以可非难之方式获取该物。"参见吴绮云译:《德国违反秩序法》,2005 年 8 月 12 日发布,https://www.judicial.gov.tw/tw/cp-1910-22-dfce6-1.html。

第三章 《行政处罚法》处罚概念条款的增设

第一节 《行政处罚法》增设概念条款的缘由

"我们既然沿袭了德日行政法的传统,就应该像德日行政法一样,对概念进行严格的界定"[1],行政处罚法也并不例外。在立法技术上,以文本形式对概念加以固定,尽管算不上是主流做法,在行政法上却并不鲜见。[2] 典型如《行政强制法》第 2 条[3]、《行政许可法》第 2 条。[4] 这在比较法上也十分常见,如德国 2005 年《违反

---

[1] 熊樟林:《重大行政决策概念证伪及其补正》,载《中国法学》2015 年第 3 期。

[2] 这被称为概念条款。参见熊樟林:《论〈行政处罚法〉修改的基本立场》,载《当代法学》2019 年第 1 期。

[3] 《行政强制法》第 2 条:"本法所称行政强制,包括行政强制措施和行政强制执行。行政强制措施,是指行政机关在行政管理过程中,为制止违法行为、防止证据损毁、避免危害发生、控制危险扩大等情形,依法对公民的人身自由实施暂时性限制,或者对公民、法人或者其他组织的财物实施暂时性控制的行为。行政强制执行,是指行政机关或者行政机关申请人民法院,对不履行行政决定的公民、法人或者其他组织,依法强制履行义务的行为。"

[4] 《行政许可法》第 2 条:"本法所称行政许可,是指行政机关根据公民、法人或者其他组织的申请,经依法审查,准予其从事特定活动的行为。"

秩序法》第1条。① 在功能上,概念条款可以明确行政处罚的判断标准,减少有关行政处罚种类的理论争执,这既是当下棘手之事,又是旧版《行政处罚法》修改的重要内容,应作为修改《行政处罚法》的一个逻辑起点加以对待。

但是,与《行政强制法》《行政许可法》不同,我国1996年《行政处罚法》"并未概括地规定具备何种特性的行政措施可被归入行政处罚的行列"②,该法第8条尽管罗列了8种行为,但缺少可以共享的本质,立法者也未外加一个判断标准予以统领。③ 这造成了如下两个问题。

第一,旧的制裁方式无法被安置。根据参与立法人士的解释,④第8条列举的8种处罚类型具有指称意义。在该法颁布实施以后,为保持统一性,一方面需要对原有立法中表述不同的制裁方式予以修正,改名换姓,从而与8个处罚种类一一对应;另一方面,在后期新型立法过程中,也要"从处罚的名称和内容上符合行政处罚法关于处罚种类的规定,而不能再想当然、各行其是了"⑤。这一"除旧换新"的设想无疑是完美的,但由于8个处罚种类表述得过于具体,不具有可解释性,后期立法者非但无法完成对旧法的修正工作,⑥也无法在新的立法过程中恪守上述要求。⑦

过去的真实状况是,先前大量法律效果相同并且是限制同类权

---

① 德国《违反秩序法》第1条:"(1)称违反秩序(Ordnungswidrigkeit)者,谓实现准许以罚金(Geldbuße)处罚之法律的构成要件之违法且可非难(vorwerfbar)之行为。"参见吴绮云译:《德国违反秩序法》,https://www.judicial.gov.tw/tw/cp-1910-22-dfce6-1.html。
② 陈鹏:《界定行政处罚行为的功能性考量路径》,载《法学研究》2015年第2期。
③ 参见胡建淼:《"其他行政处罚"若干问题研究》,载《法学研究》2005年第1期。
④ 参见汪永清编著:《行政处罚法适用手册》,中国方正出版社1996年版,第47页。
⑤ 汪永清编著:《行政处罚法适用手册》,中国方正出版社1996年版,第47页。
⑥ 如中国人民银行1990年《跨地区证券交易管理暂行办法》第10条:"中国人民银行有权对违反本办法第四条、第五条、第六条、第七条、第八条、第九条的证券交易机构以及其他单位和个人给予下列处罚:(一)通报批评……。"该办法在旧版《行政处罚法》1996年颁布以后仍然适用,至今仍未修订。
⑦ 典型如《义务教育法》。该法早在1986年版第15条中便已有"批评教育"的规定,中间虽然历经3次修改,但至今仍然保留了"批评教育"的处罚方式,如2018年《义务教育法》第58条:"适龄儿童、少年的父母或者其他法定监护人无正当理由未依照本法规定送适龄儿童、少年入学接受义务教育的,由当地乡镇人民政府或者县级人民政府教育行政部门给予批评教育,责令限期改正。"

益的制裁措施无法被解释进《行政处罚法》。这些行为尽管可以凭借第 8 条中的"兜底条款"受到《行政处罚法》的调整,却总会招致批评和质疑,或者同"行政许可""行政强制措施""民事行为"相混淆。① 过去实践中,典型如《义务教育法》第 58 条规定的"批评教育",② 以及地方政府规定的"通报批评"。③ 它们尽管和"警告"十分类似,却无法被解释成"警告"。④ 更多人认为,"警告"就只是"警告",不包括"通报批评"和"公告"。⑤

第二,新的制裁方式无法被认可。由于缺乏概念条款,同时启动兜底条款的成本太高,中央立法无法做到"随叫随到"。在大多数时候,地方政府可能自己制定规范性文件。这尽管在合法性上存在瑕疵,但在

---

① 参见胡建淼:《"其他行政处罚"若干问题研究》,载《法学研究》2005 年第 1 期。

② 如《吉林省实施〈城市居民最低生活保障条例〉办法》第 22 条:"享受城市居民最低生活保障待遇的城市居民,有下列行为之一的,由县(市、区)人民政府民政部门给予批评教育或者警告,追回其冒领的城市居民最低生活保障款物;情节恶劣的,处以冒领金额 1 倍以上 3 倍以下的罚款……"

③ 如《上海市雷电防护管理办法》第 18 条:"违反本办法第四条、第五条第二款、第七条第二款、第十条第二款和第十二条规定的,由市气象局或者有关区、县气象主管机构责令改正或者给予通报批评。对违反本办法的行为,法律、法规、规章规定应当予以处罚的,依照有关规定处理。"

④ 曾参与立法工作的人士认为,警告与通报批评并无差别。参见汪永清编著:《行政处罚法适用手册》,中国方正出版社 1996 年版,第 48 页。但实际上并非如此,二者之间的差别在于,通报批评往往会以报刊或政府文件公开发布,影响较为广泛,而警告只会以处罚决定书形式制发,仅限于一部分知悉,影响较小。因此,立法上有刻意将二者予以区分的做法。比如教育部《教育网站和网校暂行管理办法》(2000 年)第 21 条:"违反本办法第八条、第十八条、第十九条、第二十条,主管教育行政部门应根据有关行政法规的规定,视情节轻重予以警告、通报批评、取消教育网站和网校开办资格等处罚,情节严重的,依法追究法律责任。"另外,我们还观察到,行政执法中亦有区分二者的认识,典型如中国证券监督管理委员会 2001 年 10 月 26 日作出的《关于福建华兴会计师事务所及庄某、徐某、程某平违反证券法规行为的处罚决定》(证监罚字〔2001〕22 号)。在该处罚决定中,中国证券监督管理委员会认为:"福建华兴会计师事务所的林某福、卢某燕的行为违反了《股票条例》第七十三条的规定,但已超过追溯时效。决定对其违规行为不予行政处罚,由我会给予公开通报批评。"

⑤ 如中国证券监督管理委员会 2001 年 10 月 26 日作出的《关于福建华兴会计师事务所及庄某、徐某、程某平违反证券法规行为的处罚决定》(证监罚字〔2001〕22 号)。在该处罚决定中,中国证券监督管理委员会认为:"福建华兴会计师事务所的林某福、卢某燕的行为违反了《股票条例》第七十三条的规定,但已超过追溯时效。决定对其违规行为不予行政处罚,由我会给予公开通报批评。"当然,亦有研究者对此持否定看法。参见应松年主编:《行政处罚法教程》,法律出版社 2012 年版,第 70 页。

供需严重失衡的状况下,并不会影响地方政府的热情。近年来,从数量上来看,"'其他行政处罚'的数量远大于'本行政处罚'的量"①,诸如"黑名单""违法事实公布"等新型制裁措施,层出不穷。从实施效果上来看,它们由于更加贴合风险社会和信息社会的治理需求,一直受到地方政府的青睐。尽管如此,它们仍然难以获得行政处罚法的认可。在法律解释中,对于这些新型制裁方式的概念归属,争议颇大。一般认为,旧版《行政处罚法》第8条是一个典型的法律保留条款,在欠缺授权前提下,任何新型制裁方式都是违法的,它们都只能被定位为"法外行为",②无须接受《行政处罚法》的调整。

过去,对于如何解决上述问题,理论上已有尝试,③代表性观点以下有两种。

第一,实质性判断标准。该标准主要由胡建淼提出。胡建淼认为,行政处罚的判断标准由六个要素构成:行政性、具体性、外部性、最终性、制裁性、一次性。④ 其中,最具识别意义的是"制裁性"。该标准一直是行政法学界的主流认识,因此可称为传统理论。

第二,功能性考量标准。该标准由陈鹏提出。陈鹏认为,传统理论其实就是"制裁性标准",但"制裁性"并不能用以描述行政处罚,原因有二。(1)"制裁性"需要以行为违法为前提,这与实践不符,典型如"征收社会抚养费"。该行为虽是行政处罚,但超生并不是违法行为,而只是阻碍了人口发展规划的行为。(2)"制裁性"意味着行政机关的打击对象是"合法利益",但"没收违法所得""责令停产停业"等处罚种类均指向违法利益,与"制裁性"明显不符。基于此,陈鹏提出了更

---

① 胡建淼:《"其他行政处罚"若干问题研究》,载《法学研究》2005年第1期。
② 如曹某诉南京市公安局交通管理局行政处罚案,南京铁路运输法院(2017)苏8602行初1636号行政裁定书。在该案中,法院认为公布车辆违法记录的违法事实公布行为,不是行政处罚。
③ 包括但不限于以下论文:陈鹏:《界定行政处罚行为的功能性考量路径》,载《法学研究》2015年第2期;胡建淼:《"其他行政处罚"若干问题研究》,载《法学研究》2005年第1期;王志坤:《行政处罚概念质疑》,载《内蒙古民族大学学报(社会科学版)》2011年第6期;陆坚、傅刚:《行政处罚的界定及其意义》,载《行政与法》1997年第3期;喻文光:《行政处罚概念辨析》,载《研究生法学》2001年第1期。
④ 参见胡建淼:《"其他行政处罚"若干问题研究》,载《法学研究》2005年第1期。

具个案性的"功能性考量标准",即行政处罚的界定与行政处罚所要实现的具体功能有关,应"在大体维持形式性界定标准的前提下,将没有必要进入个案的功能要素予以裁减,进而考量各种相冲突的功能的重要性,并借此作出判断",这"是在个案中界定行政处罚行为的可由之路"①。

"功能性考量标准"对传统理论的批评,进一步重申了早年一些零星异见者的立场,②后期也获得了较多认同,如有研究者认为,"制裁性作为判断行政处罚的实质标准,并不确切"③,"制裁性"的理论基底是衡平正义,过于强调处罚的报应功能,与新型法律责任中已经添加的"恢复"要素难以契合。行政处罚不应仅是"制裁",而应当将"制裁"与"恢复"作为共同的价值追求;使利益状态比违法行为前恶化的才是制裁,仅仅使利益状态恢复到违法之前的状态的不是制裁;等等。④ 然而,从概念法学上来说,"功能性考量标准"虽有利于细化裁判思路,却过于侧重个案,并未形成一套固定的判断标准,无法获得体系化,更加难以被运用到立法上。

总体而言,在《行政处罚法》修改之前,行政处罚概念标准的实践现状是"无法可依",理论现状是"传统理论正在被解构,新的标准尚未形成"。因此,在旧版《行政处罚法》修改过程中,行政处罚概念构造被作为一项重要议题加以讨论。

2021年新版《行政处罚法》第2条增设了行政处罚的概念条款,认为"行政处罚是指行政机关依法对违反行政管理秩序的公民、法人或者其他组织,以减损权益或者增加义务的方式予以惩戒的行为"。这是对1996年《行政处罚法》的重大补充,⑤意义重大。在新法概念条款中,主要有如下三项要素:(1)"减损权益或者增加义务的方式";(2)"违反行政管理秩序";(3)"惩戒"。它们共同构成了行政处罚的概念内涵,决

---

① 陈鹏:《界定行政处罚行为的功能性考量路径》,载《法学研究》2015年第2期。
② 参见应松年主编:《行政法学新论》,中国方正出版社2004年版,第261页;章剑生:《现代行政法基本理论》(第2版),法律出版社2014年版,第361页。
③ 谭冰霖:《环境行政处罚规制功能之补强》,载《法学研究》2018年第4期。
④ 参见王青斌:《行政法中的没收违法所得》,载《法学评论》2019年第6期。
⑤ 《行政处罚法》1996年制定,中间虽有2009年和2017年两次修改,但由于只是非常细微的文字调整,并未涉及实质性内容,本书仍然以1996年《行政处罚法》为旧法版本。

定了行政处罚的概念族群。尽管在传统理论研究中,它们也或多或少地被提及过,但是,传统理论并未搭建一套完整的判断体系,仍然需要从理论上作更为系统的解释与说明。

第二节　不利益性:行政处罚的第一要素

首先,第一要素是"减损权益或者增加义务的方式"。在本书中,我们将其概括为"不利益性",其应被作为行政处罚的第一要素。所谓"不利益性",是指被剥夺了一定的价值、利益或者被赋科了一定的负价值或者负利益。行政处罚的本质特征是行政机关"针对违反社会规范的行为,以否定或者促使行为人放弃此种行为为目的而启动的反作用力,其内容是剥夺一定的价值、利益或者赋科一定的负价值或者不利益"[1]。

"不利益性"至少包含三层指向。(1)从行为类型上来看,行政处罚是一种侵益性行为,既包括对物质利益的剥夺和限制,也包括对精神利益的剥夺和限制。因此,诸如"违法事实公布"之类的行为,尽管此次修法未被纳入,仍应被解释为行政处罚。(2)从行为对象上来看,行政处罚是为了课予不利益,标的是"利益",而非"权利"。在权利哲学最受欢迎的"利益理论"中,利益虽然一直被奉为权利的核心内容,但并不是所有利益都属于权利,只有合法的利益才能被认可为权利。[2] 权利与利益之间是评价与被评价的关系。(3)从行为后果上来看,"不利益性"是一种既已发生的利益折损结果,而不是过程性和可能性的中间状态。

在法律解释上,将"不利益性"作为行政处罚的第一要素,可以大体厘清行政处罚的基本轮廓,区别一些常见的争议行为,如"交通违章扣

---

[1] 田中成明『法的空間:強制と合意の狭間で』(東京大学出版会,1993年)141頁。转引自[日]佐伯仁志:《制裁论》,丁胜明译,北京大学出版社2018年版,第6页。
[2] 参见彭诚信:《现代权利视域中利益理论的更新与发展》,载《东方法学》2018年第1期。

分"等记分行为。① 长期以来,对于此类行为是否为行政处罚,非但理论研究争议较大,②司法实务也立场相左。③ 由于"记分"是基于违法行为而生,其很容易被断定为行政处罚。但是,根据"不利益性"要素,可得出相反结论。如前所述,"不利益性"是既已发生的利益折损结果,而不是过程性和可能性的中间状态。记分"本身不对被记分的违法行为人的权利义务产生实际影响"④,真正产生利益减损的是扣满12分以后的"扣留机动车驾驶证"行为。⑤ 因此,"扣分"实际上并未剥夺或限制利益,只是"惩戒预备行为"⑥或者"教育措施",⑦而非行政处罚。

除此之外,"不利益性"亦有助于澄清剥夺或限制非法利益的行为属性,而这正是传统理论的痛点。在传统理论中,与"减损权益或者增加义务的方式"相对应的概念术语是"制裁性"。"制裁性"一直是传统理论的核心主张,⑧其不仅获得了理论界的广泛认同,也是较

---

① 近年来,"违法记分"已是行政管理过程中的常见规制方式,如《四川省医疗机构不良执业行为记分管理办法》《深圳市餐饮服务违法行为记分管理办法(试行)》。

② 认为记分是行政处罚的肯定者及其观点参见王学辉、王亚栋:《论作为行政处罚种类的交通违法记分》,载《西部法学评论》2019年第3期;万红:《道路交通违法记分的法律属性与立法完善》,载《中国人民公安大学学报(社会科学版)》2014年第4期。否定者及其观点参见徐晓明:《行政许可后续监管体系中的违法行为记分制度研究——兼论行政累犯制度之构建》,载《浙江社会科学》2014年第4期。

③ 认为记分是行政处罚的肯定判决如张某红与孟州市交警大队行政处罚案,孟州市人民法院孟行初字2013第00029号;否定判决如张某慧与上海市公安局静安分局交通警察支队行政处罚案,上海市第二中级人民法院(2009)沪二中行终字第2号行政判决书。总的来说,否定立场是目前主流司法裁判立场。

④ 参见刘某与德阳市公安局交通警察支队行政处罚案,四川省德阳市中级人民法院(2018)川06行终146号行政判决书。

⑤ 即使就"扣留机动车驾驶证"是否为行政处罚而言,现有理论也争议较大。肯定者如王太高:《论行政许可中止》,载《法学》2014年第4期;否定者如肖泽晟:《非处罚性行政许可中止——从某环评批复行政复议"后语"说起》,载《当代法学》2012年第6期。

⑥ 徐晓明:《行政许可后续监管体系中的违法行为记分制度研究——兼论行政累犯制度之构建》,载《浙江社会科学》2014年第4期。

⑦ 参见李某红诉辽阳县公安局行政赔偿案,辽阳市白塔区人民法院(2018)辽1002行赔初1号行政判决书。

⑧ 参见冯军:《行政处罚法新论》,中国检察出版社2003年版,第36页;杨小君:《行政处罚研究》,法律出版社2002年版,第6页;杨解君:《秩序·权力与法律控制——行政处罚法研究》(增补本),四川大学出版社1995年版,第39页;应松年、马怀德主编:《中华人民共和国行政处罚法学习辅导》,人民出版社1996年版,第31页以下;应松年主编:《行政处罚法教程》,法律出版社2012年版,第7页。

为常见的司法裁判准则。① "制裁性"尽管也可用以概括新法概念条款中的"减损权益或者增加义务的方式",却会产生较大争议。这是因为,"制裁性"自始至终都带有价值立场,②多被认为是站在正义一方的,只能面向权利,而非利益。这一直是传统理论的最大软肋,尤其是对面向非法利益实施的限制和剥夺措施的行为定性,"制裁性"一直束手无策。质疑者习惯以目前争议最大的"没收违法所得和没收非法财物"为例,予以如下批评:"制裁性"的打击对象是合法利益,不包括违法利益,这与"没收违法所得、没收非法财物、责令停产停业"等典型处罚种类不符。对此,"制裁性"标准无法作出实质回应。冯军虽提出过没收违法所得"会对当事人产生惩戒的心理和精神效果"的解释,③但批评者认为,行政强制也会产生同样的心理和精神效果。④ 王贵松曾尝试对制裁性作扩大解释,认为制裁性包含"以过去的私人违法行为为对象""以课予不利后果为目的""课予本来义务之外的负担"三项特征,可用于区分"行政强制执行"等行为。⑤ 但是,将"违法性""主观目的"也解释进"制裁性"之中,远远超出了社会常识,"制裁性"失去了其本来含义,并且其同样无法用来回应"没收违法所得"等问题。

要想从根本上回应上述质疑,必须以"不利益性"替换"制裁性",这也是此次修法从一审稿"减损权利"调整至二审稿"减损权益"的根本理由。⑥ 与"制裁性"面向"权利"不同,"不利益性"处分的是"利

---

① 如姜某春诉武汉市公安局江岸区分局公安行政管理案,湖北省高级人民法院(2018)鄂行申17号行政裁定书;苍南县灵溪镇上垟村第三村民小组诉苍南县人民政府复议案,浙江省温州市中级人民法院(2012)浙温行初字第57号行政判决书;陈某兴与莆田市城厢区人民政府行政处罚案,福建省高级人民法院(2014)闽行终字第157号行政判决书等。

② 理论界也有人尝试将"制裁性"解释成不具有价值立场。参见熊樟林:《行政处罚的种类多元化及其防控——兼论我国〈行政处罚法〉第8条的修改方案》,载《政治与法律》2020年第3期。

③ 参见冯军:《行政处罚法新论》,中国检察出版社2003年版,第120页。

④ 参见章剑生:《现代行政法基本理论》(上卷)(第2版),法律出版社2014年版,第361页;陈鹏:《界定行政处罚行为的功能性考量路径》,载《法学研究》2015年第2期。

⑤ 参见王贵松:《论行政处罚的制裁性》,载《法商研究》2020年第6期。

⑥ 参见《〈行政处罚法〉修订草案一审、二审稿对照表》,载中国政法大学法治政府研究院官网2020年10月22日,http://fzzfyjy.cupl.edu.cn/info/1077/12333.htm。

益"。权利是法律对合法利益的承认,"利益"被"权利"所评价。权利具有价值正当性,但利益却是价值中立的,其只是一种"好处",[1]或者说是"需要",[2]是"每一个人根据自己的性情和思想使自身的幸福观与之联系起来的东西"[3],是"一切能够使我们增进快乐,减少痛苦的事物"[4],无所谓合法与非法之分。只有在我们对其添加了价值评判以后,它才分化为合法利益和非法利益。因此,当我们说"不利益性"是指"剥夺一定的价值、利益或者赋科一定的负价值或者负利益"时,其行为对象也应是价值中立的。无论是对非法利益的打击,还是对合法利益的打击,都应当构成"不利益性"。

就没收违法所得而言,由于违法所得是非法利益,在"制裁性"标准下,自然难以被认定为行政处罚。但以"不利益性"加以解释,却可得出相反结论,因为"违法所得"只是一种利益,仅仅是一种"好处"和"需要",违法行为人追求"违法所得",正是其主观上从事违法行为的动机。没收违法所得实际上就是限制了违法行为人的"利益"。"对违法者的最有效打击应当是针对最能给其带来痛苦的地方,即对所获利益的剥夺。"[5]在传统理论中,"制裁性"标准混淆了利益和权利之间的关系,[6]认为"违法所得"不是一种受法律保护的权利。但实际上,这与我们将"违法所得"认定为"利益"并不冲突,"并非所有的利益都是权利,只有为法律所承认和保障的利益才是权利"[7]。因此,没收违法所得其实是符合"不利益性"的。类似的逻辑,还可以被推及至"没收非法财物"

---

[1] 参见辞海编辑委员会编:《辞海》,上海辞书出版社1989年版,第1955页。
[2] 参见周旺生:《论法律利益》,载《法律科学·西北政法学院学报》2004年第2期;沈宗灵主编:《法理学》,北京大学出版社1999年版,第64页;张文显主编:《法理学》,高等教育出版社、北京大学出版社1999年版,第215页。
[3] [法]霍尔巴赫:《自然的体系》,管士滨译,商务印书馆1964年版,第271页。
[4] 北京大学哲学系外国哲学史教研室编译:《十八世纪法国哲学》,商务印书馆1963年版,第457页。
[5] 肖泽晟:《违法所得的构成要件与数额认定——以内幕交易为例》,载《行政法学研究》2013年第4期。
[6] 在权利理论中,有"利益说"和"意志说"两大阵营。"利益说"将"利益"确定为权利的核心内容,"意志说"说则选择从"自由"上理解权利。本书并不直接涉及这一复杂的理论主题,而只是想澄清,行政处罚的对象只是利益,而不是权利。
[7] 张立伟:《利益抑或意志:权利本质理论的流变》,载《广州大学学报(社会科学版)》2009年第7期。

"责令停产停业"等剥夺和限制非法利益行为中。实践中,如果否认利益的价值中立性,将会带来很多问题,如要认定"罚款"是行政处罚,则需要证明被罚金钱也必须是合法财产等。

当然,需要区分的是,以"不利益性"代替"制裁性",并不等同于所有行政没收都必须解释为行政处罚。实践中,行政没收种类繁多,既包括"没收违法所得和没收非法财物",又包括单纯"没收违禁品"。即使单就"没收违法所得"而言,还包括"没收本人的违法所得"和"没收未参与违法活动的第三人的违法所得"。我们可以否认行政没收具有"制裁性",但不能否认行政没收具有"不利益性",所有行政没收都具有"不利益性"。但是,这并不意味着所有行政没收都是行政处罚。"不利益性"尽管是行政处罚的第一要素,但不是唯一要素。"不利益性"只是将一部分行政没收收入行政处罚之中。在行政处罚的概念标准中,共计有三项要素:"不利益性""违法性"和"报应性"。① 真正决定行政没收是否为行政处罚的并非"不利益性",而是"违法性"和"报应性"。以此三项要素为标准,我们可以得出行政没收并不都是行政处罚的结论。②

第三节 违法性:行政处罚的第二要素

一、"不利益性"无法解决的问题

"不利益性"标准是一把"双刃剑",承认"不利益性"也会带来一系列问题。尤其是在侵益性行政行为中,很多行为可能因为符合"不利益性",可被归入行政处罚阵营之中。典型如以下两类。

第一,行政强制措施。"行政强制也会产生同样的心理和精神效果"③,也具有"不利益性",但为什么在传统行政法学上,行政强制措施

---

① 关于"违法行为"和"报应性"的具体介绍,请参见下文。
② 具体内容下文分析。
③ 参见章剑生:《现代行政法基本理论》(上卷)(第2版),法律出版社2014年版,第361页;陈鹏:《界定行政处罚行为的功能性考量路径》,载《法学研究》2015年第2期。

和行政处罚的定性却结论迥异、各表一枝呢？更为具体的实例，如《治安管理处罚法》第 15 条中规定的"强制醒酒"是否为行政处罚？对此学界一直争议不断。

第二，行政收费行为，如收取"排污费""拥堵费"等。此类行为由于剥夺了公民私有财产，很显然是具有"不利益性"的，也很容易会被认定为行政处罚。例如，征收社会抚养费（2021 年修正的《人口与计划生育法》已无社会抚养费之规定），往往就是以处罚形式施加的，①并且法院也持类似立场。② 但是，理论界非但对此表示强烈质疑，③实务界也有立场相反者。④

上述问题在传统理论中同样存在，学者们曾试图运用"制裁性"予以回应，认为与行政处罚不同，行政强制措施没有制裁性，其是一种保障性行为。⑤ "行政处罚关心的是制裁性，行政强制关心的是义务的履行或达到履行的相同状态。"⑥这曾是主流教科书的认识，具有一定的合理性。但问题在于，这与常识不符。社会大众肯定不会认为"强制醒酒""扣押财物""查封场所"等明显限制人身自由和私有财产的行为措施，⑦不具有制裁性。行政强制措施尽管确实没有"剥夺"相对人利益和价值，但却使其承担了一定的负价值或者不利益。《行政强制法》第

---

① 譬如，2003 年 3 月 13 日，陕西省石泉县计划生育局作出的（2003）第 01 号行政处罚决定书，决定给予陈某文、何某凤 37,400 元的行政处罚。参见陈某文、何某凤不服县计生局行政处罚案，陕西省石泉县人民法院（2003）石行初字第 09 号行政判决书。

② 参见"张国和等诉闽侯县洋里乡人民政府以违反计划生育对其征收计划生育费并砸坏家具侵犯财产权及要求行政赔偿案"，载法律快车网 2019 年 6 月 26 日，http://m.lawtime.cn/info/anli/xzqita/20111115240128.html。

③ 参见湛中乐、伏创宇：《社会抚养费法律性质考察——从若干相关行政、司法实践而展开》，载《法制与社会发展》2011 年第 1 期。

④ 如在"董某斌不服钦州市钦城管理区计划生育局征收计划外生育费案"中，法院认为征收计划外生育费不属于罚款。参见祝铭山主编：《民政类行政诉讼》，中国法制出版社 2004 年版，第 161 页。

⑤ 参见胡建淼：《论中国"行政强制措施"概念的演变及定位》，载《中国法学》2002 年第 6 期；胡建淼：《行政法学》，法律出版社 1998 年版，第 377 页；胡建淼：《"其他行政处罚"若干问题研究》，载《法学研究》2005 年第 1 期。

⑥ 朱新力：《行政法基本原理》，浙江大学出版社 1995 年版，第 209 页。

⑦ 《行政强制法》第 9 条："行政强制措施的种类：（一）限制公民人身自由；（二）查封场所、设施或者财物；（三）扣押财物；（四）冻结存款、汇款；（五）其他行政强制措施。"

9条规定的前4项行政强制措施都是对相对人人身或财产利益的限制。

因此,"制裁性"几乎无法用以区分行政处罚与行政强制措施。实际上,"行政处罚、行政强制……都是对当事人非法行为进行制裁,惩处其非法行为所得利益的行政行为"①。传统理论以"制裁性"为标准,试图区分行政处罚和行政强制措施,严重偏离了生活常识。类似的问题,在行政收费中也同样存在,甚至以"制裁性"否定行政收费的处罚性更为荒谬,因为收费是赤裸裸地对私有财产权的剥夺,在相对人物理感受上,与"制裁性"没有本质区别。

在前文中,我们虽然以"不利益性"代替了"制裁性",但是,这非但同样解决不了上述问题,反而会使上述问题进一步凸显。因为相比"制裁性"而言,"不利益性"进一步放大了行政处罚的行为对象,与行政强制措施和行政收费更为合拍。因此,在这一问题上,"不利益性"的判断漏洞,其实比"制裁性"更大。

二、"违法性"要素的补充及其判断方法

真正的问题,不在于"不利益性"或"制裁性"的有无,而是其他更为本质的区分标准,否则"不利益性"非但无法坐稳"第一要素"的席位,反而会使问题变得更为复杂。因此,我们需要在行政处罚概念构造中补充第二要素"违法性",从而将"行政强制措施""行政收费"等同样满足"不利益性"的制裁行为予以区别,这也是新《行政处罚法》概念条款中"违反行政管理秩序"的核心要义。

根据这一标准,行政处罚还必须是针对"违法行为"作出的,"违法性"是行政处罚的第二要素。行政处罚所要制裁的行为必须是违法行为,但是,行政强制措施不具有这一强制性要求。行政相对人不违法,并不妨碍实施行政强制措施。实践中,只有按照这一逻辑,才能对"强制测量体温""强制安检""强制醒酒""征收拥堵费""征收排污费"等行政强制措施的正当性作出具有说服力的解释。否则,相对人以"并未违法"为由拒绝配合,行政机关将无法抗辩。

但是,将"违法性"作为行政处罚的第二要素,仍有可能会面临一项

---

① 关保英:《市场经济与行政法学新视野论丛》,法律出版社1996年版,第118页。

判断难题,即"违法性"的判断标准是什么?这将进一步关系到行政处罚的判断走向。例如,以征收社会抚养费为例,在确认其符合"不利益性"第一要素以后,似乎也符合"违法性"的第二要素。因为原《社会抚养费征收管理办法》确实设定了公民应当履行计划生育的义务,①而超生也确实违反了这一义务。因此,从形式法治上将征收社会抚养费定为行政处罚,并无不妥。但问题在于,为什么会有法院作出不同判断?仍然有研究者质疑这一结论?② 又如,按照"违法性"标准,"拥堵费"和"排污费"并非同物。若征收"拥堵费"不是行政处罚,是因为不存在违法行为,征收"排污费"并不符合这一要求。"排污行为"难道不是"违法行为"? 答案若是肯定的,为什么主流认识并未将征收"排污费"解释为行政处罚?③

可见,将"违法性"作为第二要素,仍需作更为深入的解释。这其中,一个十分关键的问题是,究竟是形式违法性判断还是实质违法性判断? 前者是指以行为有无违反某一具体法律规定为判断准则,如超生行为违反了原《社会抚养费征收管理办法》第2条。后者主张违法行为是否成立,非但需要违反法律规定,还包括法律原则、法理等"作为法的法"。④

形式违法性将违法对象理解为实定法规,有助于化繁为简,因而多为现行理论所认同。有学者认为,"判断是否是一个违法行为的关键和标准是单行法律、法规或者行政规章中的具体规定",⑤"就行政处罚责任构成要件而言,违法行为必须是违反行政法律规范的行为"⑥。但是,形式违法性判断无益于对很多问题的理解,会造成如下两种冲突。第一,形式不法与实质合法的冲突。根据《行政处罚法》第10~13条的规

---

① 原《社会抚养费征收管理办法》第2条第1款:"公民享有依法生育的权利,同时应当依法履行计划生育的义务,其生育行为应当符合人口与计划生育法的规定。"

② 参见湛中乐、伏创宇:《社会抚养费法律性质考察——从若干相关行政、司法实践而展开》,载《法制与社会发展》2011年第1期。

③ 参见任丽璇:《排污费的法律性质之辩》,载《中南林业科技大学学报(社会科学版)》2015年第2期。

④ 参见[德]黑格尔:《法哲学原理:或自然法和国家学纲要》,范扬、张企泰译,商务印书馆2009年版,第98页。

⑤ 胡锦光:《行政处罚研究》,法律出版社1998年版,第131、133页。

⑥ 杨小君:《行政处罚研究》,法律出版社2002年版,第161页。

定,我国应受行政处罚行为的设定,被开放性地授予从"法律"到"规章"的多个立法主体。不同立法主体对违法行为的理解不尽相同,立法水平亦参差不齐。因此,难免会出现立法上规定为违法的行为,实质上却是合法的情况。第二,实质不法与法律漏洞的冲突。形式违法性判断要求"一个法律体系就是一个规则体系"①,否则一些实质"不法"行为难以被定性为"违法",造成所谓的"法律漏洞"。然而,正如考夫曼所言,制定法仅仅是法的可能性,而不是现实的法。② 任何制定法都有可能因追求形式违法而衍生出诸多难以克服的局限性,③立法机关"为每一种详细的事态制定精确的法规是不可能的"④。"谁又能遇见全部的构成事实,它们藏身于无尽多变的生活海洋中,何曾有一次被全部冲上沙滩?"⑤客观世界的复杂性决定了形式违法性难以达成理论体系的自洽,与现实之间存在难以逾越的鸿沟。

从某种程度上说,我们在"社会抚养费"的性质认定上举棋不定,便是上述冲突所致。"超生"由于违反了原《社会抚养费征收管理办法》第2条,属形式不法。但实质违法论者并不认同,他们认为,无论在道德层面,还是法律层面,生育都不应被认定为违法行为。生育权是一项基本人权,是"法律赋予公民生育子女的权利,属于人民自由权的范畴"⑥。因此,"超生"是典型的形式不法但实质合法行为。学者之所以强烈反对将其纳入行政处罚范畴,也正是由此切入的。⑦

类似地,在征收"排污费"的性质认定上,形式违法性也无法提供准

---

① [英]哈特:《法律的概念》,张文显等译,中国大百科全书出版社1996年版,第83页。
② 参见[德]考夫曼:《法律哲学》,刘幸义等译,法律出版社2004年版,第62页。
③ 参见周佑勇:《行政裁量治理研究:一种功能主义的立场》,法律出版社2008年版,第28页。
④ [美]罗·庞德:《通过法律的社会控制:法律的任务》,沈宗灵、董世忠译,商务印书馆1984年版,第97页。
⑤ [德]拉德布鲁赫:《法学导论》,米健、朱林译,中国大百科全书出版社1997年版,第18页。
⑥ 石某诉崔新峰生育权纠纷案,河南省南阳市中级人民法院(2003)南民终字第548号民事判决书。
⑦ 参见湛中乐、伏创宇:《社会抚养费法律性质考察——从若干相关行政、司法实践而展开》,载《法制与社会发展》2011年第1期。

确答案。根据原《环境噪声污染防治法》,我国奉行的是"超标排污收费"制度,[1]面向违法行为。但是,根据《大气污染防治法》和《水污染防治法》,却是"达标收费,超标违法"制度,[2]面向合法行为。在形式违法性判断下,征收排污费既有可能是行政处罚,又有可能不是,我们需要借助实质违法性判断工具。实践中,"是否侵害了法益"是实质违法性最为基本的判断标准,具体指是否侵害了公民、法人或其他组织的合法权益。在实质违法性判断过程中,存在两种判断方法:其一,单纯判断某一行为是否侵害了法益,如生育并未侵害他人权益,因此超生不是违法行为;其二,比较多个法益,如果侵害某一法益是为了保护另一个更高的法益,则仍然应当是允许的,正当防卫和紧急避险是其典型例证。从总体上来看,排污是社会生产不可避免的结果,不可能一概禁止,应允许适度排放。尽管这确实会侵害健康,但是满足社会生活和经济发展是基于更高的法益追求。在立法上,适度排污的具体确定往往以"标准"形式呈现,也就是所谓的"达标"。一般认为,达标排污是合法行为,甚至在权利哲学上有人将其抬升到了权利层面,称为"排污权"。[3] 因此,基于达标排污征收的"排污费"不是行政处罚。只有超标之后的罚款才是行政处罚。

可见,单凭形式违法性判断,无法回应现有的理论争议,不能真正区分行政处罚与其他行政制裁行为。行政处罚概念构造中的第二要素"违法性",实际上是一个集形式和实质的综合性判断。

在形式违法性判断和实质违法性判断的关系处理上,需要结合应受行政处罚行为成立要件加以理解。应受行政处罚行为成立要件包含

---

[1] 原《环境噪声污染防治法》第 16 条第 1 款:"产生环境噪声污染的单位,应当采取措施进行治理,并按照国家规定缴纳超标准排污费。"

[2] 《水污染防治法》第 83 条:"违反本法规定,有下列行为之一的,由县级以上人民政府环境保护主管部门责令改正或者责令限制生产、停产整治,并处十万元以上一百万元以下的罚款;情节严重的,报经有批准权的人民政府批准,责令停业、关闭:……(二)超过水污染物排放标准或者超过重点水污染物排放总量控制指标排放水污染物……"

[3] 参见邓海峰:《环境容量的准物权化及其权利构成》,载《中国法学》2005 年第 4 期;高利红、余耀军:《论排污权的法律性质》,载《郑州大学学报(哲学社会科学版)》2003 年第 3 期。当然,也有人极力反对将排污视为一种权利。参见邱本:《如何提炼法理?》,载《法制与社会发展》2018 年第 1 期。

"构成要件该当性""违法性"以及"有责性"三个部分。① 实践中,这三个要件是依次进行的。"构成要件该当性"是一种事实评价,基本任务就是把违法行为、违法结果、行为与结果之间的因果关系,与行政处罚性法律规范进行比对。这一判断是形式违法性判断,是认定应受行政处罚行为的第一步,其在一定程度上限定了行政机关认定的应受行政处罚行为,不会超出既有的行政处罚性法律规范。"构成要件该当性"的次序判断是"违法性"判断。有所不同的是,"违法性"是价值判断。相对人行为一旦符合行政处罚性法律规范规定的构成要件,原则上就可以推定违法。"违法性"判断的主要任务是在"构成要件该当性"基础上进行价值评价,从而将法律精神所能容忍和许可的行为排除出去,实践中主要包括正当防卫、紧急避险、执行职务、义务冲突、被害人承诺等情形。"违法性"判断是实质性判断,是认定应受行政处罚行为的第二步。因此,形式违法性判断和实质违法性判断是一前一后的,前者主要角色是"入罚",后者则是"出罚",只有综合运用二者,才能在最大限度上减少违法行为的认定范畴。

第四节 报应性:行政处罚的第三要素

一、"不利益性"和"违法性"无法认定的行为

实践中,以"不利益性"和"违法性"为标准,基本可以识别大部分处罚行为,但是,仍有如下一些行为无法被区分。

1. 面向"违法行为"实施的行政强制措施。如果"违法性"可用以区分行政强制措施和行政处罚,那么,对于违法企业采取的"查封场所""扣押财物"等行为,如何定性呢?它们很显然是《行政强制法》第9条规定的行政强制措施,②但恰恰又是面向"违法行为"开展的。以"违

---

① 参见熊樟林:《行政处罚上的空白要件及其补充规则》,载《法学研究》2012年第6期;熊樟林:《应受行政处罚行为的构成要件》,载《南京大学法律评论》2015年第2期。
② 《行政强制法》第9条:"行政强制措施的种类:(一)限制公民人身自由;(二)查封场所、设施或者财物;(三)扣押财物;(四)冻结存款、汇款;(五)其他行政强制措施。"

法性"为标准,其应是行政处罚,而不是行政强制措施。并且,《行政强制法》第2条第2款也规定:"行政强制措施,是指行政机关在行政管理过程中,为制止违法行为、防止证据损毁、避免危害发生、控制危险扩大等情形,依法对公民的人身自由实施暂时性限制,或者对公民、法人或者其他组织的财物实施暂时性控制的行为。"立法上也认为,行政强制措施是为了"制止违法行为","违法性"标准无法解释这一问题。

  对此,传统理论曾出具过两种并不成功的解释:第一,否认解释。所谓否认解释,是认为"违法性"不能用来区分行政强制措施和行政处罚,"违法性"也是实施行政强制措施的必备要素。有学者认为,"行政处罚与行政强制行为的起因是同一的,行政强制难以离开行政违法而独立存在。把行政强制与行政违法对立起来的观点是想从合法与非法中寻找第三者,这从逻辑上讲是错误的。行政强制必然立足于当事人的非法行为之内。行政强制不能离开行政违法而孤立存在"①。不难看出,这一方案的目的并不是区分行政处罚和行政强制措施,而是将二者视为一体,"合并立法"。② 这一方案的问题在于,其既与《行政处罚法》《行政强制法》分别立法的现状不符,又无法解释那些并非面向"违法行为"开展的行政强制措施,如"强制安检""强制测量体温"等。③ 实际上,以行为人是否违法为标准,可以把行政强制措施划分为对违法行为人采取的强制措施,如强制戒毒等;对有违法嫌疑的人采取的强制措施,如查封、扣押嫌疑人的财产等;对没有违法的人实施的强制措施,如强制封锁染疫人等。④ "否认解释"只是选择了其中一种类型所作的片面理解。"违法性"尽管是所有行政处罚的必备要素,却只是部分行政

---

  ① 关保英:《市场经济与行政法学新视野论丛》,法律出版社1996年版,第118页;张淑芳:《行政强制与行政处罚关系的若干问题探讨》,载《中国法学》1999年第3期。
  ② 张淑芳:《行政强制与行政处罚关系的若干问题探讨》,载《中国法学》1999年第3期。
  ③ 此类行为的上位概念是"行政检查"。实践中,行政检查不需要以是否违法为前提,飞机场"强制安全检查"、传染病期间"强制测量体温",都不需要以相对人违法为前提,因此现有研究一般认为其是行政强制措施。参见胡建淼:《关于〈行政强制法〉意义上的"行政强制措施"之认定——对20种特殊行为是否属于"行政强制措施"的评判和甄别》,载《政治与法律》2012年第12期。
  ④ 参见沈开举:《论行政强制措施》,载《法学研究》1993年第2期。

强制措施的必备要素。二者既有重合，又有差异。

第二，"临时性标准"解释。另有学者指出，行政强制措施之所以不是行政处罚，是因为行政处罚是一种最终处理行为，而行政强制措施是临时性程序行为。① 该标准为较多人士所主张，可称为"临时性标准"或"暂时性标准"。② 他们认为，行政强制措施是暂时的，可恢复、可返还，但行政处罚却是一次性的。该方案问题在于，其与生活常识不符。人们无法理解，在"强制醒酒2小时"的行政强制措施中，2小时自由若是临时的，为什么行政拘留3天就不是临时的？二者最终不都恢复自由了吗？"临时性标准"存在两个明显的逻辑漏洞：其一，就财产权而言，尽管在行政强制措施之后，财产利益经由返还能够恢复，但其附带利益或预期利益却不可复原，如"查封场所""扣押财物"期间可期待的营业收入；其二，就人身权而言，根本没有"临时"和"长期"之分。自由一旦被限制，便是不可逆转的，既无法返还，又不可能是"临时"的。

2. 责令改正行为。责令改正行为是否为行政处罚，一直争议颇大。理论界有人持肯定立场，③也有人持否定立场，④甚至还有人持中间立场。⑤ 实务中，非但已有立场相左的判决，而且也有与1996年《行政处罚法》第23条直接冲突的立法文本，⑥典型如《安全生产违法行为行政处罚办法》第5条规定："安全生产违法行为行政处罚的种类：……（四）责令停产停业整顿、责令停产停业、责令停止建设、责令停止施工……"

对此，前述"不利益性"和"违法性"两项要素无法提供帮助。实践中，诸如"责令停工整顿""责令限期改正"之类的限制措施，很明显是

---

① 参见胡建淼：《"其他行政处罚"若干问题研究》，载《法学研究》2005年第1期。
② 参见江必新：《行政强制司法审查若干问题研究》，载《时代法学》2012年第5期；钟明霞：《我国〈行政处罚法〉的缺陷分析》，载《法学》1998年第4期。
③ 参见李岳德主编：《中华人民共和国行政处罚法释义》，中国法制出版社1996年版，第89页；江必新、周卫平编著：《行政程序法概论》，北京师范学院出版社1991年版，第214页。
④ 参见李孝猛：《责令改正的法律属性及其适用》，载《法学》2005年第2期；胡锦光：《行政处罚研究》，法律出版社1998年版，第49页。
⑤ 参见夏雨：《责令改正之行为性质研究》，载《行政法学研究》2013年第3期。
⑥ 旧版《行政处罚法》第23条："行政机关实施行政处罚时，应当责令当事人改正或者限期改正违法行为。"根据这一规定，"责令限期改正"不是行政处罚。

具有"不利益性"的,都会造成相对人利益损失。并且,行政机关之所以会启动此类措施,也与相对人行为具有一定的"违法性"存在关联,相对人的行为很难与真正的违法行为区分。因此,责令改正行为实际上是该当"不利益性"和"违法性"两项要素的,理应被认定为行政处罚。但是,问题在于,这一结论与新旧《行政处罚法》完全不符,如新法第28条第1款规定:"行政机关实施行政处罚时,应当责令当事人改正或者限期改正违法行为。"立法者是将"责令当事人改正或者限期改正违法行为"和行政处罚区别对待的。

3. 面向"违法但不能苛责的人"实施的行政没收。典型如没收不满14周岁的人的违法所得和非法财物。对于这一行为的认定,同样存在较大争议。《行政处罚法》第30条规定,"不满十四周岁的未成年人有违法行为的,不予行政处罚",因此该行为不应被处罚。但问题是,此类没收又恰恰符合"不利益性"和"违法性"两项标准。没收行为非但剥夺和限制了不满14周岁的人的利益,具有"不利益性",同时,行为人虽未满14周岁,其行为却是具有社会危害性的,侵害了法益,符合"违法性",我们不能说不满14周岁的人开车闯红灯没有侵害交通管理秩序,也不能说不满14周岁的人致人轻微伤,没有侵害他人生命健康。因此,以"不利益性"和"违法性"为标准,也无法否定该类没收的处罚性质。

二、"报应性"要素的补充

因此,规范化的行政处罚概念,必须还要补充第三要素。这一要素可以概括为"报应性",在新《行政处罚法》概念条款中,"报应性"的立法表达是"惩戒"。"报应性"是行政处罚的目的要素。在"报应性"下,行政处罚的"直接目的就是行政制裁、惩戒"①,"旨在惩罚违法相对人"②,"通过制裁使当事人以后不再违法,着眼点在于过去的违法行为"③,其"制

---

① 李孝猛:《责令改正的法律属性及其适用》,载《法学》2005年第2期。
② 陈太清、徐泽萍:《行政处罚功能定位之检讨》,载《中南大学学报(社会科学版)》2015年第4期。
③ 应松年:《论行政强制执行》,载《中国法学》1998年第3期。

度面向是朝前的"①,以"制裁过去之义务违反为主要目的"②,而不是着眼于未来的预防或恢复。

在法哲学上,"报应性"(retributivism)是针对刑罚目的总结的一套理论。所谓报应,就是对违法行为的一种回报或报复,"是对侵害的侵害"③。作为一种社会理念,其根源于古代社会的复仇思想,奉行的是"以眼还眼、以牙还牙"的同态复仇做法。但是,作为一种法律概念,其已经不再是原来的"私刑"面貌。在现代社会,人们已将复仇的权利从私人手中转移到一种根据正式规则处理的、中立的国家机构之中。在刑罚上,这一机构是法院;在行政处罚上,这一机构是行政机关。④

就行政处罚的概念内涵来说,"报应性"的闭合功能在于:⑤第一,行政处罚的对象只限于违法行为人,不能及于"无辜者"。只有已经实施违法行为的人才可以受到惩罚,⑥"报应性"决定了行政处罚的打击对象必须限定在违法行为人本人,"把他对别人犯的罪过也在他的身上施行"⑦,而不能随意将无辜的第三人列为处罚对象。只有这样,才是"以牙还牙",才是"一种为痛苦而信奉痛苦的理论",才是真正的"回索"(Pays back)。⑧ 因此,没收第三人所得物和第三人所有物,并非行政处罚,而只能是保安处分。第二,行政处罚面向的是道德上应受谴责的行为,因此只可能是过去的违法行为,"是对过去行为的制裁"⑨。国

---

① 黄锫:《行政执法中责令改正的法理特质与行为结构》,载《浙江学刊》2019年第2期。
② 李建良:《行政罚法中"裁罚性之不利处分"的概念意涵及法适用上之若干基本问题》,载《月旦法学杂志》2010年第6期。
③ [德]黑格尔:《法哲学原理:或自然法和国家学纲要》,范扬、张企泰译,商务印书馆2009年版,第104页。
④ 当然,也有一些国家会将行政处罚交由法院决定。例如日本、美国、英国等。
⑤ 参见熊樟林:《行政处罚的目的》,载《国家检察官学院学报》2020年第5期。
⑥ 参见[美]迈克尔·D.贝勒斯:《法律的原则——一个规范的分析》,张文显等译,中国大百科全书出版社1996年版,第340页。
⑦ [德]康德:《法的形而上学原理——权利的科学》,沈叔平译,商务印书馆1991年版,第202页。
⑧ 参见[美]M.P.戈尔丁:《法律哲学》,廖天美译,台北,结构文化事业有限公司1991年版,第133页。
⑨ 张淑芳:《行政强制与行政处罚关系的若干问题探讨》,载《中国法学》1999年第3期。

家实施行政处罚是对"过去的违法事件进行事后处理"①,是"回顾性的"。② 因此,在行政处罚的概念族群中,只有面向过去违法行为实施的不利益手段,才能被定性为行政处罚,那些以预防未来为对象的制裁手段,需要另当别论。

添加"报应性"要素之后,行政处罚就可以同时借助"不利益性""违法性""报应性"三项要素,形成一个闭合概念,能够较好地解释上述问题。

第一,排除面向"违法行为"实施的行政强制措施。面向"违法行为"实施的行政强制措施尽管也具有"不利益性"和"违法性",符合前述第一要素和第二要素,但在目的上,其并不是惩戒、打击或报复,不是事后的"赎罪",而是防止和制止违法行为发生,侧重事前预防,与"报应性"存在本质区别,不是行政处罚。

第二,排除"责令限期改正""责令停工整顿"。行政机关施加"责令限期改正""责令停工整顿"等行为,目的并不是惩罚违法行为人,中间并不存在打击和报复的意志,而是预防危害结果的发生,目的在于秩序和安全的恢复,其"制度面向是朝后的"③,与行政处罚的"报应性"要素完全不符。

第三,区分"责令停产停业"与"责令限期改正"。需要注意,认定"责令限期改正"不是行政处罚,并不意味着也要排除"责令停产停业"。在立法文本中,"责令停产停业"由新法第9条第4项规定,"责令限期改正"由新法第28条规定,立法上明确区分了二者。在规制目的上,"责令限期改正"属于"'管'的范畴,核心目的在于'恢复'——返回理想的法秩序"④,在感官上更为柔和,目的同样是后期的

---

① [日]藤木英雄、郭布、罗润麒:《刑法上的学派对立:旧派和新派、客观主义和主观主义》,载《环球法律评论》1980年第1期。
② 参见冯军:《刑法中的责任原则 兼与张明楷教授商榷》,载《中外法学》2012年第1期。
③ 黄锫:《行政执法中责令改正的法理特质与行为结构》,载《浙江学刊》2019年第2期。
④ 黄锫:《"以罚代管"行政执法方式生成的制度机理研究——以公路货运"治超"执法领域为基点的社科法学分析》,载《政治与法律》2016年第5期。

改正和预防,[①]与"报应性"不符;而"责令停产停业"属于"罚"的范畴,核心目的在于打击和惩罚,往往更为强硬,符合"报应性"。因此,"责令限期改正"不是行政处罚,但"责令停产停业"却是行政处罚,这也是新旧《行政处罚法》一以贯之的立场。

第四,排除面向"违法但不能苛责的人"实施的行政没收。行政机关实施此类没收,是为了杜绝违法获益以及他人效仿,目的同样是预防违法行为再次发生,而不是打击和惩罚此类行为。因此,此类没收行为同样不符合"报应性",应被排除在行政处罚之外。

近年来,随着未知风险的增加,有人认为"报应"并非行政处罚的唯一目的,而是提出了"预防论"。与"报应论"不同,"预防论"认为行政处罚不是为了打击和报复违法行为人,而是恐吓和威慑其他潜在的违法行为人,防止违法行为再次发生。有学者认为,"行政处罚的目的,从宏观的法律正义出发,通过对可发现的违法行为处以足够的制裁,对潜在的违法者以儆效尤"[②],"行政罚裁处之目的,乃欲使受处罚者心生警惕,避免再为违法行为"[③]。

在"预防论"下,"报应性"将会被"预防性"替代,行政处罚的概念体系会发生较大改变。譬如,倘若认为行政处罚是为了预防违法行为发生,责令限期改正和责令停工整顿应被认定为行政处罚,因为它们完全符合"不利益性""违法性""预防性"三项要素。同理,没收"违法但不能苛责的人"的违法所得和非法财物,也应被认定为行政处罚,与前述结论完全相反。

"预防论"同样可以追溯到刑罚目的理论之中,并且在刑法学上获得了广泛承认。但是,这并不意味着行政处罚也要照搬,理由有二。

第一,"预防论"的权力扩张危险。首先,与"报应论"不同,在"预

---

① 有研究者经考证后指出,在立法时,旧版《行政处罚法》第 23 条之所以规定了"应当责令当事人改正或者限期改正违法行为",是当年普遍存在"罚而不纠""以罚代管"的现象,导致尽管已经作出处罚决定,但违法问题却无法得到解决。因此,从历史解释的角度来看,第 23 条规定的"责令当事人改正或者限期改正违法行为",也主要是为了恢复和改正,而不是惩戒。参见胡建淼:《行政机关责令相对人纠正违法是否属于可诉的行政行为》,http://www.360doc.com/content/19/0103/13/4927026_806239100.shtml。

② 谭冰霖:《环境行政处罚规制功能之补强》,载《法学研究》2018 年第 4 期。

③ 廖义男:《行政罚法》,台北,元照出版有限公司 2008 年版,第 11 页。

防论"下,行政处罚的目的对象并不限于已经确定的违法行为人,而是包括未来潜在的违法行为人。但是,由于潜在的违法行为人并不确定,无法直接施加打击。如果行政处罚照搬刑罚的"预防论",可能会被作为达到某种社会效果的手段,已经确定的违法行为人往往也会成为恐吓和威慑其他潜在的违法行为人的"工具",这是不甚妥当的。在这一目的之下,行政处罚权极具权力扩张的危险,行政机关需要考量的因素,往往是诸如"社会治安形势""违法行为发生率""民意"等一些与违法行为本身无关的、无法确定的风险。这些考量无法固定。如果过度承认这一目的的正当性,会给行政机关授予一项空间巨大并且合法正当的行政裁量权。

并且,与刑罚最终交由司法权决定不同,行政处罚的最终决策者是行政机关。行政权和司法权的最大区别在于,行政权更为主动,更具有扩张性,而司法权相对较为安全,"在国家权力体系中,真正能够中立裁判的也只有司法权"[①],"行政部门不仅具有荣誉、地位的分配权,而且执掌社会的武力……与此相反,司法部门既无军权,又无财产,不能支配社会的力量与财富,不能采取任何主动的行动"[②]。因此,将"预防论"作为刑罚目的所致权力膨胀的可能性,要远远小于行政处罚。刑法学可以承认"预防论",行政法学则需谨慎。

第二,行政制裁方式的多元化。与刑法仅有刑罚一种手段迥异,行政制裁的表现方式是多元化的。既有与刑罚十分相似的行政处罚,又有与刑罚迥异的行政强制、行政收费等。在国家治理体系中,这些不同的制裁方式所要扮演的角色和功能各有所重,有的制裁行为是为了打击和报复(报应论),有的则是为了警示和威吓(预防论)。从整体上来看,与其他制裁方式不同,行政处罚的制度重心仍然应该是惩罚、打击和报复,警示和威吓或许在行政处罚的规制效果上亦能得到体现,但肯定不是其主要目的。实践中,基于警示、预防和威吓而设置的制裁方式,主要是行政强制措施、行政收费以及行政保安处分等。在行政法制

---

① 熊樟林:《土地征收决定不是终裁行为——以〈行政复议法〉第30条第2款为中心》,载《法学研究》2017年第3期。
② [美]汉密尔顿、[美]杰伊、[美]麦迪逊:《联邦党人文集——关于美国宪法的论述》,程逢如、在汉、舒逊译,商务印书馆1980年版,第391页。

体系中,这是一个既已形成的功能格局,我们没有必要打破这一结构,重新搭建一套叠床架屋的制裁体系。

综上所述,行政处罚的理论定义可概括为:行政机关基于报应目的而对自然人、法人或者其他组织违法行为施加的不利益行为。[1] 这一概念围绕"不利益性""违法性""报应性"三项要素而搭建,既继承了传统理论的框架,又添加了新型理论元素;既可以全面回应对新型理论的各类质疑,又可以精准甄别理论与实务界的多项争点。现在,其经由《行政处罚法》第 2 条,已经获得了制度化布置,将成为行政处罚理论与实践的重要参考。

---

[1] 参见熊樟林:《行政处罚的种类多元化及其防控——兼论我国〈行政处罚法〉第 8 条的修改方案》,载《政治与法律》2020 年第 3 期。

第四章 《行政处罚法》处罚种类条款的修订

在我国,行政机关身处风险社会与信息社会的交错局面。风险社会带来不确定威胁与损害,信息社会则暗含大量非物理时空的危险。在这一背景之下,行政权的主动和高效性决定了其对"监视潜在威胁,预防损害发生有显著优势"[1]。因此,行政机关必须积极出面解决问题。这不但需要执法理念的更迭,同时亦需要规制工具的创新。在逻辑上,这是"人类生存和斗争的现实决定的,并不是什么哲学思维演绎和理论预设的结果"[2]。

旧版《行政处罚法》第8条就是其中一例。[3] 实践中,由于第8条具有类似"准据法"的功能,会直接决定执法实践中的行政制裁行为是否能够被纳入《行政处罚法》中加以调整,是早期立法者的"看门神"。立法者坚信,"性质相同的处罚种类的数量较大,会给行政执

---

[1] 赵鹏:《风险社会的行政法回应》,中国政法大学出版社2018年版,第62页。
[2] 刘作翔主编:《多向度的法理学研究》,北京大学出版社2006年版,第207~208页。
[3] 旧版《行政处罚法》第8条:"行政处罚的种类:(一)警告;(二)罚款;(三)没收违法所得、没收非法财物;(四)责令停产停业;(五)暂扣或者吊销许可证、暂扣或者吊销执照;(六)行政拘留;(七)法律、行政法规规定的其他行政处罚。"

法机关或者执法人员随意理解留有很大余地"①,而这最终将导致行政处罚权的滥用。因此,行政处罚的种类应当被严格限定。为此,它们在第 8 条中不但采用了逻辑交叉的列举和分类,严格限定了可供扩张解释的文本依据,而且,还在兜底条款上采用了极高位阶的法律保留技术,仅将处罚种类的创设权限定在法律和行政法规范围内。

这样的立法文本在早年或许是可行的,但在风险社会和信息社会日渐凸显的当下,已经不合时宜。长期以来,地方政府创制的新型制裁工具尽管在功能上效果显著,但受到旧版《行政处罚法》第 8 条的阻碍。

对此,理论界在"黑名单"②、"违法事实公布"③、"责令限期改正"④、"生态恢复责任"⑤、"社会抚养费"⑥、"区域限批"⑦等新型规制手段的概念归属上,曾提出过一些批评和建议,甚至还有研究者对旧版《行政处罚法》第 8 条中的"没收违法所得、没收非法财物"条款⑧、"兜底条款"专门展开过讨论。⑨ 但是,这些讨论都无法从根本上解决前述问题。解决问题的根本方案在于对《行政处罚法》种类条款控权逻辑的彻底更正。遗憾的是,新法第 9 条延续了旧法第 8 条的立法方式,仅仅

---

① 汪永清编著:《行政处罚法适用手册》,中国方正出版社 1996 年版,第 44 页。
② 参见胡建淼:《"黑名单"管理制度——行政机关实施"黑名单"是一种行政处罚》,载《人民法治》2017 年第 5 期;徐晓明:《行政黑名单制度:性质定位、缺陷反思与法律规制》,载《浙江学刊》2018 年第 6 期;范伟:《行政黑名单制度的法律属性及其控制——基于行政过程论视角的分析》,载《政治与法律》2018 年第 9 期。
③ 参见章志远、鲍燕娇:《作为声誉罚的行政违法事实公布》,载《行政法学研究》2014 年第 1 期;章志远:《作为行政强制执行手段的违法事实公布》,载《法学家》2012 年第 1 期。
④ 参见李孝猛:《责令改正的法律属性及其适用》,载《法学》2005 年第 2 期;夏雨:《责令改正之行为性质研究》,载《行政法学研究》2013 年第 3 期。
⑤ 参见谭冰霖:《环境行政处罚规制功能之增强》,载《法学研究》2018 年第 4 期。
⑥ 参见湛中乐、伏创宇:《社会抚养费法律性质考察——从若干相关行政、司法实践而展开》,载《法制与社会发展》2011 年第 1 期;上官丕亮、余文斌:《社会抚养费行政处罚论之批判——写在我国〈人口与计划生育法〉实施十周年之际》,载《法治研究》2012 年第 4 期。
⑦ 参见吴卫军、唐娅西:《区域限批:合法性问题及其法律规制》,载《国家行政学院学报》2008 年第 1 期。
⑧ 参见孙煜华:《非法财物没收制度之精准化构想——从其二元法律性质与法律构成入手》,载《行政法学研究》2013 年第 4 期;肖泽晟:《违法所得的构成要件与数额认定——以内幕交易为例》,载《行政法学研究》2013 年第 4 期。
⑨ 参见胡建淼:《"其他行政处罚"若干问题研究》,载《法学研究》2005 年第 1 期;陈鹏:《界定行政处罚行为的功能性考量路径》,载《法学研究》2015 年第 2 期。

修改和增加了少量行政处罚种类。为了彻底厘清种类条款的立法逻辑，本书以旧版《行政处罚法》第 8 条为分析对象，剖析上述问题的成因，解释传统立法逻辑的结构性问题，进而提出未来修法的方向，以作日后之参考。

第一节　我国行政处罚种类存在的问题与成因

一、我国行政处罚种类的保守性和封闭性

对于处罚种类，旧版《行政处罚法》第 8 条所作的列举似乎是十分丰富的，而且第 8 条第 7 项还配备了一个兜底条款，授权法律、行政法规可以进一步补充。但是，从对目前实践的观察来看，这还远远不够。现有处罚种类仍然较为保守和封闭，尤其是当我们将"风险预防"也一并纳入《行政处罚法》的规制功能中以后，这一问题会更为凸显。实践中，这主要表现在如下两个方面。

第一，现有处罚工具功能不足。虽然现有处罚工具确实可以限制人身权和财产权，但却永远无法避免违法成本小于守法成本的情况出现。实践中，很多企业宁愿接受罚款，甚至主动将罚款内化为企业的成本核算，也不愿通过合法方式获取利润。譬如，互联网大型刷单平台一般获利都在百万以上，但法律规定的罚款上限仅为 20 万元。[①] 这其中，最为关键的原因是现有处罚工具的功能不足。旧版《行政处罚法》有关处罚种类的规定"过于简单和僵化，纯粹的'名称形式'划分使得第 8 条规定的处罚种类并不符合实践中的监管需求"[②]。尤其是，对于特定的违法行为，在现有处罚种类中简单地通过增加处罚数量（如提高罚款数额）或变更处罚种类（如由罚款变为吊销执照）来处理，效果往往十分有限。行政机关不但无法掐中违法行为人的要害，需要考虑比例原则，同

[①] 参见闫岩：《刷单最多只罚 20 万元　怎么破?》，载《国际商报》2016 年 12 月 12 日，第 C01 版。

[②] 杨解君、蒋都都：《〈行政处罚法〉面临的挑战与新发展——特别行政领域行政处罚应用的分析》，载《行政法学研究》2017 年第 3 期。

时还有可能会损及其他一般违法行为人的权益。社会急速发展尤其是风险社会和信息社会所带来的复杂性,远远超出了《行政处罚法》的立法预期,大量违法行为无法找到贴切的制裁方式。[1] 这一问题在环保法上尤为特殊,有学者曾指出,我国《行政处罚法》所采用的概念落后于我国的法律实践,其结果是疏忽了对许多应该用行政处罚的方法调整的行为的关注,特别是一些轻微的不构成犯罪的刑事违法行为在我国找不到对应的处罚法规。[2]

第二,新型制裁方式不被认可。基于旧版《行政处罚法》第8条"所列举的6种处罚种类不是作为示范而是对行政处罚种类设定的限制"[3],为了解决上述问题,我们往往只能期待中央立法者从该法第8条第7项中的"其他行政处罚"(兜底条款)通道,创设新的制裁方式。但是,由于启动兜底条款的成本太高,中央立法无法做到"随叫随到",在大多数时候,地方政府更加愿意选择绕开《行政处罚法》,自己开展"立法创业"。这尽管在合法性上存在瑕疵,但在供需严重失衡的状况下,并不会影响地方政府的热情。过去很多年,从数量上来看,"'其他行政处罚'的数量大于'本行政处罚'的量"[4],诸如"黑名单""违法事实公布"等新型制裁手段,层出不穷。从实施效果上来看,它们由于更加贴合风险社会和信息社会的治理需求,一直受到地方政府的青睐。但是,尽管如此,它们仍然难以获得《行政处罚法》的认可。长期以来,理论界与实务界对于这些新型制裁方式的概念归属,争议颇大。一方面,出于前述旧法缺乏概念条款的原因,这些行为可能被定位为"法外行为",而非行政处罚,[5]

---

[1] 譬如,对于近期出现的"高铁霸座男"事件,《治安管理处罚法》第23条规定,扰乱公共汽车、电车、火车、船舶、航空器或者其他公共交通工具上的秩序的,应处警告或者200元以下罚款,情节较重的,处5日以上10日以下拘留,可以并处500元以下罚款,乘警只能予以罚款,只有严重情形,才可以处行政拘留。

[2] 参见孙晓璞、汪劲:《我国野生动物犯罪的立法问题及其完善对策——对林某伤害野生动物案的思考》,载《中国环境法治》2006年第00期。

[3] 杨解君、蒋都都:《〈行政处罚法〉面临的挑战与新发展——特别行政领域行政处罚应用的分析》,载《行政法学研究》2017年第3期。

[4] 胡建淼:《"其他行政处罚"若干问题研究》,载《法学研究》2005年第1期。

[5] 譬如,曹某诉南京市公安局交通管理局行政处罚案,南京铁路运输法院行政裁定书(2017)苏8602行初1636号。在该案中,法院认为公布车辆违法记录的违法事实公布行为,不是行政处罚。

进而脱离《行政处罚法》的约束;另一方面,这些行为是对相对人的制裁,却在实定法上缺乏依据。这违反了法律保留原则的底线,即侵害保留。一般认为,旧版《行政处罚法》第 8 条是一个典型的法律保留条款,在没有制定法授权的前提下,任何新型制裁方式都是违法的。在旧版《行政处罚法》第 8 条修改之前,它们都只能被定位为"法外行为",而不是行政处罚,无须接受《行政处罚法》的约束。

二、旧版《行政处罚法》第 8 条:规范层面的成因

尽管从整体上来看,出现上述问题的原因很多,但是,在教义学上,这仅与旧版《行政处罚法》第 8 条的如下缺陷存在关联。

第一,缺乏概念条款。立法者之所以无法通过兜底条款创新处罚种类,与人们对兜底条款旷日持久的争议有关。长期以来,大量的质疑和否认让地方立法者望而却步。从根本上来说,这是因为各方缺少一个可供讨论的共同标准,即行政处罚的概念条款。

理论界在这一问题上的尝试也并不成功。正如前文所述,胡建淼曾就此系统讨论过,[1]并提出了被陈鹏称为"实质标准"的方法,这一标准遭到了陈鹏的质疑,并且陈鹏还提出了更为开放的"功能性考量路径"工具。[2] 从总体上来看,这两种方法尽管都有可取之处,但都无法实现教义化,"实质标准"本身的界说功能有限,"功能性考量路径"过于针对个案,根本无法运用到立法上。

第二,缺乏分类条款。2021 年新版《行政处罚法》增设了概念条款,消除了上述第一项原因。但是,更为重要的是,即使抛开概念条款,旧法 8 类行为也不具有示范意义,我们在旧法第 8 条中无法读出具有

---

[1] 胡建淼认为,判断行政处罚应从 6 个特征入手,分别为"行政性""具体性""外部性""最终性""制裁性""一次性"。参见胡建淼:《"其他行政处罚"若干问题研究》,载《法学研究》2005 年第 1 期。

[2] 陈鹏认为,胡建淼提出的"实质标准",归纳而言其实就是"制裁性标准"。但是,这一标准既存在模糊不清的问题,同时又难以与实体法体系相融贯。因而,其提出了功能性考量路径,认为是否将某种有争议的行政措施视作行政处罚,关联着能否实现相关立法所期待的维护行政相对人的权利和利益、确保依法行政、确保行政管理的有效性、维护法的安定性以及实现程序经济原则等功能。参见陈鹏:《界定行政处罚行为的功能性考量路径》,载《法学研究》2015 年第 2 期。

抽象功能的列举，它仅仅表示一种特指，不能提供处罚种类多元化的类推对象。在谋篇布局上，旧版《行政处罚法》第 8 条具有"款""项"的分布，立法者将 8 类行为分别放置在 6 个不同"项"上。其中，"没收违法所得""没收非法财物"被并为一项，"暂扣或者吊销许可证""暂扣或者吊销执照"被并为一项。因此，从文本内容来看，这 8 种行为似乎被分门别类，具体可按照"项"的数量被分为 6 种类型。但是，如果仔细观察，却又会发现这样的归类难以成立，因为我们根本找不出立法者的分类标准。例如，若以行政相对人的权利类型为标准，"罚款"和"没收违法所得""没收非法财物"理应放在一个项上，因为它们都是对相对人财产权的限制和剥夺，但是立法者却将它们分别置于第 2 项和第 3 项上。类似的问题，还表现在"责令停产停业""暂扣或者吊销许可证"两种行为上，二者明明都是对相对人特定行为能力的限制或剥夺，但立法者却偏偏将其分设在第 4 项和第 5 项中。又如，若以对行政相对人权益侵害大小为标准，我们其实也很难说，涉及财产权损害的"吊销执照"，就一定弱于限制人身权的"行政拘留"。同理，涉及个人信誉的"警告"，一定弱于"罚款"等。

现阶段，能够解释这一问题的答案只有一种，即立法者虽然采用了 6 个款项的布局，甚至新法还增加了行政处罚的种类，但这其实并不是一种分类，而只是一种列举。立法者只是在浩瀚无边的行政处罚种类中选择了 8 个常见方式，[1]并没有任何刻意的类型划分。因此，被列入第 8 条之中的行为，只是指向某一个特定对象，而且仅限于这个专属名称，并不具有包罗其他类似行为的抽象功能。因而，"警告"就只是"警告"，而不包括"通报批评"和"公告";[2]"责令停产停业"就只

---

[1] "不同类型中最具代表性的处罚形式。"参见汪永清编著：《行政处罚法适用手册》，中国方正出版社 1996 年版，第 47 页。

[2] 典型如中国证券监督管理委员会 2001 年 10 月 26 日作出的《关于福建华兴会计师事务所及庄某、徐某、程某平违反证券法规行为的处罚决定》(证监罚字〔2001〕22 号)。在该处罚决定中，中国证券监督管理委员会认为："福建华兴会计师事务所的林某福、卢某燕的行为违反了《股票条例》第七十三条的规定，但已超过追溯时效。决定对其违规行为不予行政处罚，由我会给予公开通报批评。"当然，亦有研究者对此持否定看法。参见应松年主编：《行政处罚法教程》，法律出版社 2012 年版，第 70 页。

是"责令停产停业",而不包括"责令限期改正"和"责令停止生产或使用"等。① 很显然,按照这一逻辑,我国行政处罚的类型仍然应该是封闭的。

第三,权力过于集中。与旧版《行政处罚法》第9~12条一样,旧版《行政处罚法》第8条也是法律保留原则最为典型的立法例。而且,更为严格的是,《行政处罚法》区分了行政处罚的设定权和行政处罚种类的创设权。对于前者,立法者尽管也通过旧版《行政处罚法》第9~12条对地方政府施加了限制,但并没有完全禁止,规章仍然可以创设警告和一定数额的罚款。但不一样的是,对于处罚种类,立法者却在兜底条款中通过"法律""行政法规"的位阶限制,在整体上采取了中央立法的思路,未给地方创设新型处罚种类权力的余地。而且,不仅如此,《立法法》第93条第6款还另外施加了一个原则性限制,规定"没有法律、行政法规、地方性法规的依据,地方政府规章不得设定减损公民、法人和其他组织权利或者增加其义务的规范"。

这尽管是符合法律保留原则的,但从对执法实践的观察来看,并不合理,难以满足地方政府的实际需求。长期以来,执法实践中的很多问题都需要地方政府加以处理。这其中,有些问题运用传统处罚方式就可以化解。但是,依然存在大量新型违法行为,需要运用多样化的处罚种类才能应对。譬如,环境法上的"区域限批"②、交通法上的"违法事实公布"③、食品安全法上的"黑名单"等。在这些问题上,旧版《行政处罚法》第8条的规定导致经由地方创设的可以归属为行政处罚的制裁手段,却因为不符合兜底条款的授权对象而成为"法外行为"。并且,实践中,地方政府也不能对"法律和行政法规"抱有较高的立法期待,如下两个原因仍然会限制中央立法的更新力度和速度:其一,前述概念条款的不足,导致究竟应该按照什么标准创设新型处罚种类,缺乏共识。即

---

① 参见陈鹏:《界定行政处罚行为的功能性考量路径》,载《法学研究》2015年第2期。
② 参见吴卫军、唐娅西:《区域限批:合法性问题及其法律规制》,载《国家行政学院学报》2008年第1期。
③ 参见章志远:《作为行政强制执行手段的违法事实公布》,载《法学家》2012年第1期。

使是中央立法者,也不得不谨小慎微。其二,启动"法律""行政法规"的立法成本较高,加之信息传递过程中的遗漏,可能导致地方政府的执法需求要么无法在短期内得到满足,要么无法被传递到中央。因此,期望通过兜底条款创新执法手段,存在障碍,而这最终会影响处罚种类的更新。

第二节 分类条款:行政处罚种类多元化的发生器

当前,《行政处罚法》已经增设了概念条款,与概念条款仅具有方向性的指导意义不同,增设分类条款,是实现处罚种类多元化更为直接的方式,是促成类型创新的发生器。这是因为,相较现有的列举条款而言,分类条款具有更大的规则生长空间,能够提供扩张解释的文本依据。对此,实际上早在1996年,参与立法的工作者就曾有所觉察,预见到分类条款的优势。[①] 但是,立法者最终还是选择了现行几乎没有分类意义的立法文本。他们认为,这其中最大的考量因素是"控制权力"。过于抽象和概括的分类条款,尽管可以在一定程度上提高《行政处罚法》的规范容量,预留法律解释的施展空间,从而更加从容地面对未来,[②]但是,这同时也会带来法律不确定性问题,可能导致行政处罚权的滥用。因此,立法者最终还是选择了仅仅具有特指意义的列举性条款。在理念上,这和我国1989年《行政诉讼法》第12条截然不同。[③] 并且,不仅如此,立法者在旧版《行政处罚法》中还增设了两项配套制度,从而宣明更为保守的立场:其一,垄断行政处罚的概念理解,不配备任何概念条款,从而断送文义解释所需的文本依据,保障列举性方法的独占地位;其二,压缩兜底条款,只允许在法律、行政法规的有限范围内进行第二次列举。

[①] 参见汪永清编著:《行政处罚法适用手册》,中国方正出版社1996年版,第43~47页。
[②] 参见汪永清编著:《行政处罚法适用手册》,中国方正出版社1996年版,第44页。
[③] 1989年《行政诉讼法》第12条尽管也采用了列举方法,但是其所列行为并不是特指,而是泛指。

从旧版《行政处罚法》后期实施状况来看，上述目标获得了一定程度的实现，至少不同名目的"乱罚款"现象得到了较好约束。但是，仍然有一些问题超出了预期。总体而言，这集中表现在如下两个方面。

其一，旧的处罚种类无法被安置。根据立法者的设想，①在旧版《行政处罚法》颁布实施以后，为了保持第 8 条的统一性，我们一方面需要对原有立法文本中表述不同的处罚种类予以修正，改名换姓，从而做到与第 8 条规定的 8 个种类——对应；另一方面，在后期新型立法过程中，我们也要"从处罚的名称和内容上符合行政处罚法关于处罚种类的规定"②。

这一"除旧换新"的设想无疑是完美的，但由于被列举的 8 种过于具体，不具有可解释性，后期立法者不但无法完成对旧法的修正工作，③同时也没有办法在新的立法过程中恪守上述要求。④ 因此，我们现阶段能够看到的真实状况是，大量法律效果相同而且是限制同一类权益的制裁行为，无法被解释进这 8 类行为之中。这些行为尽管在文义上可以凭借旧法第 8 条中的兜底条款获得《行政处罚法》的调整，但却总是会招致一些批评和质疑。我们也总是会不自觉地将它们掺杂在"行政许可""行政强制措施""民事行为"之中。⑤ 实践中，典型如《义务教育法》第 58 条规定的"批评教育"⑥以及地方政府大量规定的"通

---

① 参见汪永清编著：《行政处罚法适用手册》，中国方正出版社 1996 年版，第 47 页。
② 汪永清编著：《行政处罚法适用手册》，中国方正出版社 1996 年版，第 47 页。
③ 譬如，中国人民银行 1990 年颁布实施的《跨地区证券交易管理暂行办法》第 10 条规定，"中国人民银行有权对违反本办法第四条、第五条、第六条、第七条、第八条、第九条的证券交易机构以及其他单位和个人给予下列处罚：（一）通报批评……"，在 1996 年《行政处罚法》颁布实施以后仍然适用，至今仍未修订。
④ 典型如《义务教育法》，该法早在 1986 年版本第 15 条中便已有"批评教育"的规定，中间虽然历经 3 次修改，但至今仍然保留了"批评教育"的处罚方式。现行《义务教育法》第 58 条规定："适龄儿童、少年的父母或者其他法定监护人无正当理由未依照本法规定送适龄儿童、少年入学接受义务教育的，由当地乡镇人民政府或者县级人民政府教育行政部门给予批评教育，责令限期改正。"
⑤ 参见胡建淼：《"其他行政处罚"若干问题研究》，载《法学研究》2005 年第 1 期。
⑥ 譬如，《吉林省实施〈城市居民最低生活保障条例〉办法》第 22 条："享受城市居民最低生活保障待遇的城市居民，有下列行为之一的，由县（市、区）人民政府民政部门给予批评教育或者警告，追回其冒领的城市居民最低生活保障款物；情节恶劣的，处以冒领金额 1 倍以上 3 倍以下的罚款……"

报批评"等。① 它们尽管和旧版《行政处罚法》第 8 条规定的"警告"十分类似,但实际上却不可以被解释成"警告"。②

其二,新的处罚种类无法被承认。从某种程度上来说,不完全列举正是抽象能力欠缺的表征,是思维上的退让,立法者是持封闭立场的,欠缺前瞻性和包容性。③ 而且,即使旧法第 8 条中确有兜底条款可供补充,其作用也非常有限。如前所述,在缺失概念条款的前提下,运用兜底条款存在成本高、反应慢的问题,根本无法适应现代社会的复杂性,尤其是风险社会的多元化需求。因此,一旦执法实践中出现了新型违法行为无法套用旧法第 8 条列举的处罚种类加以解决,并且通过兜底条款也难解燃眉之急,执法机关可能会创设一些不被《行政处罚法》承认的新型制裁方式。但是,一些行之有效的制裁行为,却大多会被诟病为"法外行为",无法获得《行政处罚法》的承认。

可见,列举式立法已经不合时宜,"社会急速发展所带来的复杂性远远超出了《行政处罚法》的立法预期,现有处罚手段根本不能满足实践需求,很多违法行为无法找到适合的处罚类型"④。我们必须确立种

---

① 譬如,《上海市雷电防护管理办法》第 18 条:"违反本办法第四条、第五条第二款、第七条第二款、第十条第二款和第十二条规定的,由市气象局或者有关区、县气象主管机构责令改正或者给予通报批评。对违反本办法的行为,法律、法规、规章规定应当予以处罚的,依照有关规定处理。"

② 需要说明的是,曾参与立法工作的人士认为,警告与通报批评并无差别(参见汪永清编著:《行政处罚法适用手册》,中国方正出版社 1996 年版,第 48 页)。但实际上并非如此,二者之间的差别在于,通报批评往往会以报刊或政府文件公开发布,影响较为广泛,而警告只会以处罚决定书形式制发,仅限于一部分人知悉,影响较小。因此,立法上有刻意将二者予以区分的做法,如教育部 2000 年 7 月 5 日颁布实施的《教育网站和网校暂行管理办法》第 21 条:"违反本办法第八条、第十八条、第十九条、第二十条,主管教育行政部门应根据有关行政法规的规定,视情节轻重予以警告、通报批评、取消教育网站和网校开办资格等处罚,情节严重的,依法追究法律责任。"另外,我们还观察到,行政执法中亦有区分二者的认识,典型如中国证券监督管理委员会 2001 年 10 月 26 日作出的《关于福建华兴会计师事务所及庄某、徐某、程某平违反证券法规行为的处罚决定》(证监罚字〔2001〕22 号)。在该处罚决定中,中国证券监督管理委员会认为:"福建华兴会计师事务所的林某福、卢某燕的行为违反了《股票条例》第七十三条的规定,但已超过追溯时效。决定对其违规行为不予行政处罚,由我会给予公开通报批评。"

③ 参见熊樟林:《论〈行政处罚法〉修改的基本立场》,载《当代法学》2019 年第 1 期。

④ 熊樟林:《论〈行政处罚法〉修改的基本立场》,载《当代法学》2019 年第 1 期。

类多元化的处罚体系,扩大《行政处罚法》的规范容量,添加更为开放的分类条款。所谓分类条款,是指具有类型划分和概括指向功能的立法文本。与现行《行政处罚法》采取的列举式条款不同,分类条款并不是要从形形色色的处罚种类中挑选几个代表性行为加以列明,这不可避免地会存在挂一漏万的问题。恰恰相反,分类条款是要对执法实践中的所有处罚行为统一扫描,立法者将对它们进行概括并加以分类。在这项工作中,我们首先要根据前述行政处罚的概念条款,抽象出不同行政处罚行为的共同点,去伪存真,找到它们的共同属性,然后再以这一共性为标准加以类型化。

综上所述,本书认为,《行政处罚法》的分类条款应该按照下列方式撰写:

(一)行政拘留、强制隔离、强制教育等限制或剥夺人身自由的人身罚;

(二)罚款、没收违法所得、没收非法财物①、强制拆除等限制或剥夺财产权利的财产罚;②

---

① 这里仅限于没收违法行为人的违法所得和非法财物,而不包括第三人。需要注意的是,本书只是认为不能以"制裁性"否定"没收违法所得、没收非法财物"的行政处罚性质,但这并不是说所有行政没收都是行政处罚。在行政没收中,没收违法行为人的违法所得和非法财物是行政处罚,但是,没收第三人的违法所得和非法财物以及单纯地没收违禁物,并不是行政处罚,而只是一种保安处分。保安处分同样具有制裁性,但与行政处罚不同,其并不以"违法行为"为前提。

② 需要指出的是,理论界也有人认为"强制拆除"是行政强制执行,理由是《行政强制法》第44条:"对违法的建筑物、构筑物、设施等需要强制拆除的,应当由行政机关予以公告,限期当事人自行拆除。当事人在法定期限内不申请行政复议或者提起行政诉讼,又不拆除的,行政机关可以依法强制拆除。"从该条文结构上来看,此处"行政强制执行"的前行为,是行政机关公告的"限期当事人自行拆除"行为。对此,本书持不同立场,原因有三。其一,实践中有行政机关未作限期拆除公告,便直接强制拆除的情况。对于这一行为,是认定为行政强制执行存在程序瑕疵,还是行政处罚,司法裁判的立场不一。而且确有持"行政处罚"立场的案例[如兴化市乌巾荡游乐有限公司与兴化市城市管理行政执法局城市管理行政处罚上诉案,江苏省泰州市中级人民法院(2014)泰中行终字第0083号行政判决书]。其二,从规制效果上来看,将"强制拆除"理解为行政强制执行,不利于行政机关对城市违建问题的解决,只会增添更多的程序成本。而且,以《行政强制法》意欲布控的控权规范,在《行政处罚法》中同样也能够实现,《行政处罚法》的程序要求并不宽松。其三,从构成上来看,强制拆除行为完全符合"行政制裁""违法行为""基于威慑目的"三项要素,将其认定为行政处罚,并没有任何逻辑障碍。

（三）暂扣或吊销许可证、暂扣或吊销执照①、责令停产停业②、禁止行驶、禁止出入车站、港口、机场或特定场所、禁止申请等限制或禁止行为自由的行为罚；

（四）警告、告诫、扣分、批评教育等具有警告或谴责性的警示罚；

（五）黑名单、信用惩戒、通报批评、公布姓名或名称、公布照片等影响名声和声誉的荣誉罚。

我们认为，这样的修法方案至少具有如下好处。

第一，高度抽象性，符合《行政处罚法》的总论角色。"在我国行政处罚法律体系中，《行政处罚法》理应居于统领地位，是一种总则性规范，主要对行政处罚活动中的共性问题加以规定，重在建立健全框架性规则，而不能贪大求全、事无巨细。"③在立法模式上，总则化的立法文本需要提纲挈领地以一般化形式对具体问题加以规定。在私法上，其往往被称为"潘德克吞立法模式"，④1900年的德国《民法典》是其典型例证。⑤ 在立法技术上，该模式采用的是"提取公因式"（vor die Klammer zu ziehen）的技术，⑥主要"以抽象概念和形式逻辑为基础，将所有的法律事件涵摄于体系的概念之下，将抽象程度较低的法律概念涵摄于

---

① 关于行政许可的消灭问题，现行立法上分为四种类型：其一，《行政许可法》规定的撤回（第8条）、撤销（第69条）、注销（第70条）；其二，《行政处罚法》第9条规定的吊销。按照本书出具的概念条款，在这四类行为中，只有吊销才是行政处罚。原因如下：其一，根据《行政许可法》第8条，"撤回"由于不满足"违法行为"要素，应首先加以排除；其二，根据《行政许可法》第69条，"撤销"所违反的"法定义务"，是申请行政许可时应当遵守的法定义务，而不是取得行政许可后需要恪守的法定义务，因此，行政许可撤销所惩戒的利益往往可以溯及既往，而这和行政处罚完全不同；其三，注销行为一方面不完全是一种制裁，因为其包括合法情形下的注销（如第70条第1项），另一方面，注销行为本身也只是一种正常的行政管理程序，无论是撤销、撤回还是吊销，最后都还必须办理注销手续。

② 此处仅指"责令停产停业"，而不包括"责令限期改正"。如前所述，这二者并不相同，"责令停产停业"的行为目标是对过去的违法行为加以制裁，而责令限期改正则是一种修复和预防，是为了排除公共秩序与安全中的危险因素，从而恢复秩序与安全。

③ 熊樟林：《论〈行政处罚法〉修改的基本立场》，载《当代法学》2019年第1期。

④ 参见李少伟：《潘德克吞立法模式的当代价值与我国民法典的模式选择》，载《河北法学》2009年第5期。

⑤ 参见杨代雄：《潘得克吞法学中的行为与法律行为理论——民法典总则诞生的序曲》，载《西南政法大学学报》2005年第6期。

⑥ ［德］K.茨威格特、［德］H.克茨：《比较法总论》，潘汉典等译，法律出版社2003年版，第221页。

更高等的概念之下,最后将大量的法律素材归结到少数的最高概念上"①。

整体而言,上述分类条款采用的正是这一方法。在行政处罚概念条款的指引下,我们在分类条款中提取的正是执法实践中不同制裁行为的最大公约数,并在此基础之上"提取公因式",抽象、归纳并予分类,然后以高度概括性的立法语言将它们分别表述为"人身罚""财产罚""行为罚""警示罚""荣誉罚"五种类型。相较而言,这是一种"创造抽象语言和技术意义的表达方式"②。它形成的是一种抽象化的概念,具有高度的自足性和概括性,"属于意识的范围,不再受社会事实的影响"③,能够拉开《行政处罚法》与普通社会现象之间的距离,避免立法语言的具体化和碎片化,从而提高文本的解释和生长空间。很明显,相较单纯的列举条款而言,这可以扩充《行政处罚法》的涵摄力,为处罚种类的多元化预留文本依据,从而提升《行政处罚法》的总论角色。

第二,高度开放性,符合风险社会和信息社会的现实需求。与列举条款采用的具体化技术不同,分类条款将不再以具体化为立法任务,而是要最大限度地保持开放性,提高《行政处罚法》的规范容量,从而更为从容地应对风险社会和信息社会的现实需求。在分类条款中,我们秉承了更为开放的标准,认为凡是符合行政处罚概念条款的制裁行为,都应当被归化为行政处罚,接受《行政处罚法》的调整。

为此,我们为每一类制裁行为添加了诸如"人身罚"等更为概括的抽象术语而不是"行政拘留"之类的具体列举,从而为所有制裁性行为提供了对号入座的条件。同时,我们还在每一项分类的最后添加了"等"其他类似的处罚种类的"尾巴",从而尽量弥补主观列举的局限性。很显然,这是一个具有开放性的文本,既能应对当下,又能解释未来,是对现行《行政处罚法》第9条的改变。但是,这并不是立法上的无

---

① 陆青:《债法总则的功能演变——从共同规范到体系整合》,载《当代法学》2014年第4期。

② [德]卡尔·拉伦茨:《德国民法通论》,王晓晔等译,法律出版社2003年版,第27页。

③ 李少伟:《潘德克吞立法模式的当代价值与我国民法典的模式选择》,载《河北法学》2009年第5期。

稽之谈,相反正是《行政处罚法》需要的修法理念。"新的社会环境提出了新的命题和任务,立法者应当秉持更加开放的立场。"①如前所述,长期以来,我们奉行的控权理念过于理想。实际上,无论是旧版《行政处罚法》第 8 条,还是新法第 9 条规定的分类条款,它们本身并不需要扮演界定行政处罚概念的功能和角色。一项制裁行为是否应当被作为行政处罚,应交由前述行政处罚概念条款加以界定。在《行政处罚法》中,分类条款主要是给《行政处罚法》第二章中的层级保留制度提供类型化前提,而不是界定行为属性。以分类条款界定行政处罚,只会虚化概念条款的规范功能,徒增理解上的障碍。因此,分类条款本身应当是开放的,并且是可供解释的。只有如此,《行政处罚法》才能最大限度应对风险社会和信息社会的复杂性需求,接纳不同的制裁方式。

第三,高度涵摄力,符合依法行政的规范要求。在合法性供需紧张的情况下,列举性条款所能阻却的只是立法者不想看到的处罚方式,但实际上地方政府基于社会治理的需要,依然会创造大量的新型处罚种类,而这会被《行政处罚法》视为"法外行为",无须接受《行政处罚法》的调整。很明显,对我国法治政府建设而言,这是不妥当的。

相较而言,上述分类条款恰恰可以避免此类问题,分类条款具有高度的涵摄力,能够以抽象性的概念术语和开放性的行为列举将表征不同的制裁行为一并规范,从而避免地方政府在分类条款之外创设新型行为,跳脱《行政处罚法》的约束。与以往不同,在分类条款中,立法者首先要做的不是将新型制裁行为直接从《行政处罚法》中予以剔除,恰恰相反,我们首先要考虑将问题放在法律框架中予以解决,先接受,然后再作合法性判断。尽量用《行政处罚法》的其他实体性规范去调整此类制裁行为,而不是以第 9 条的"准据法"功能,绝对化地将它们排斥在外。这是因为,就法治政府建设而言,这既不利于风险社会下规制工具的创新和多元化,又不利于地方政府参照《行政处罚法》,明确新型制裁行为合法性改造的方向和方案。

---

① 熊樟林:《论〈行政处罚法〉修改的基本立场》,载《当代法学》2019 年第 1 期。

第三节　层级保留条款:行政处罚种类多元化的"安全阀"

实践中,分类条款可能存在如下两个问题:其一,分类条款尽管是开放的,但仍然是一种列举,只不过是一种在5个概念项(人身罚、财产罚、行为罚、警示罚、荣誉罚)下的开放式列举。那么,是否会出现一种新型处罚种类,完全超出了这5个概念项？如果存在,我们是否需要添加更为开放的兜底条款用以预防？其二,更为重要的是,一个开放的分类条款,再加一个开放的兜底条款,如此之大的立法尺度,如何才能实现《行政处罚法》的控权功能？

一、修订兜底条款的理由与方案

对于第一个问题,答案应该是肯定的,这是因为:

第一,分类条款的涵摄不足。诚然,现有的分类条款已经可以将大部分制裁行为囊括其中。一个具有可解释性的概念项,再加一些开放性的列举,本身就是一个收放自如的立法文本。但是,这并不等同于分类条款能够应对风险社会和信息社会的所有冲击。这是因为,我们所出具的分类条款是在5个概念项的统领之下的,并不是随意列举。而且,这5个概念项是在传统的权利体系下设计的,主要围绕人身权和财产权的框架而展开。因此,它本身受制于传统权利体系的稳定性。一旦传统权利体系开始松动,分类条款必然会出现涵摄不足的问题。现在看来,这样的状况已经开始显现,法哲学上早已经发出告诫:"经典的权利在新的时代背景下衍生出许多新的具体的权利问题,而新的社会关系要求在权利大家族中添列新的成员,新兴权利与日俱增;人的权利还没有从根本上解决,动物的'权利'、植物的'权利'以及其他自然体的权利已被提到日程。"[①]因此,出现"异乎寻常的也就是根本有悖于权利传统和权利常态的一些'权利'"[②],并不是十分久远的景象,超越分

---

① 张文显、姚建宗:《权利时代的理论景象》,载《法制与社会发展》2005年第5期。
② 姚建宗:《新兴权利论纲》,载《法制与社会发展》2010年第2期。

类条款的新兴权利类型,实际上正在成为《行政处罚法》上的异客。在不远的将来,围绕一些新型社会权利甚至政治权利而展开的行政制裁,是不是也可以像刑罚那样,①被并入《行政处罚法》之中加以调整,这并非完全不可能。因此,在立法上,以"兜底条款"作为一种预防方案,不失为较好的选择。

第二,央地关系的科学划分。兜底性条款除了可以被用以填补法律漏洞之外,还有一项重要功能是平衡央地关系。在我国行政法律体系中,行政机关较常运用的行政权力主要有三种:行政处罚权、行政许可权、行政强制权。从《行政许可法》《行政强制法》有关设定权分配的规定来看,地方政府只是这两种权力的执行者,几乎没有创设权限。在行政许可上,《行政许可法》仅将设定权下放到省、自治区、直辖市人民政府,并且时限为1年,大部分地方政府无权设定。在行政强制上,《行政强制法》规定所有地方政府都不可以设定行政强制。②

相较于行政许可和行政强制而言,立法者在行政处罚上似乎更为宽容。根据旧版《行政处罚法》第9~14条的规定,行政处罚的设定权限最低下放到规章层面。而且,随着《立法法》修改,这一权限将进一步扩大至每一个设区的市。③ 因此,从立法文本上来看,地方政府似乎在行政处罚上更为主动。但是,其实不然,《立法法》第93条第6款施加了一个原则性限制,规定"没有法律、行政法规、地方性法规的依据,地方政府规章不得设定减损公民、法人和其他组织权利或者增加其义务的规范"。因此,从总体上来看,地方政府所享有的行政处罚权的设定空间狭小。

可见,在组织法上,地方政府几乎已经被全部隔离,这是一种基于职权法定主义所作的制度安排,无疑是值得肯定的。但是,问题在于,在给付行政、福利行政日渐凸显的当下,地方政府是否需要在社会治理

---

① 《刑法》第34条:"附加刑的种类如下:(一)罚金;(二)剥夺政治权利;(三)没收财产。附加刑也可以独立适用。"
② "在《行政强制法》生效以后,地方性法规可设定的行政强制措施非常有限,地方政府规章则不再具有设定行政强制措施的权限。"参见叶必丰:《〈行政强制法〉背景下行政调查取证制度的完善》,载《法学》2012年第2期。
③ 《立法法》(2015年修正)第82条第1款:"省、自治区、直辖市和设区的市、自治州的人民政府,可以根据法律、行政法规和本省、自治区、直辖市的地方性法规,制定规章。"

上有所创新？是否需要更为多元的规制工具？本书认为，现行立法与当下社会的多样化需求不符。实际上，地方政府是社会治理的中坚力量，了解新型规制工具的"出场时间"和"大小尺寸"。因此，应当允许一定程度的授权，或者说，至少应当允许地方政府可在《行政处罚法》现有的法律保留框架下创新处罚种类。否则，"地方政府根本无法运用多样化的处罚类型去应对大量的新型违法问题"①。在文本上，立法者可考虑在未来将《行政处罚法》第9条中的兜底条款修订为如下："法律、法规、规章规定的其他处罚种类。"

二、《行政处罚法》层级保留条款的修订

一味增设分类条款和兜底条款，必然会带来权力失控的问题，尤其是其中的规章，这几乎是不可避免的。因此，我们要做的不是刻意回避，而是设计相应的防控方案。在未来，立法者可尝试作如下配套修订：修改《行政处罚法》第13条第2款和第14条第2款，将现行立法按照"行政拘留""吊销企业营业执照"等特定处罚种类进行分类规制的逻辑，改为按照"人身罚""财产罚""行为罚""警示罚""声誉罚"进行分类，从而将规章所能创设的处罚种类，纳入《行政处罚法》第10～14条所规定的层级保留体系中加以调整，具体如下：

第一，将现行《行政处罚法》第13条第2款修订为："尚未制定法律、行政法规的，前款规定的国务院部、委员会制定的规章对违反行政管理秩序的行为，可以设定警示罚、荣誉罚或者一定数量的罚款。罚款的限额由国务院规定。"

第二，将现行《行政处罚法》第14条第2款修订为："尚未制定法律、法规的，前款规定的人民政府制定的规章对违反行政管理秩序的行为，可以设定警示罚、荣誉罚或者一定数量罚款的行政处罚。罚款的限额由省、自治区、直辖市人民代表大会常务委员会规定。"

本书认为，在功能上，这一修订后的配套条款，加之前述概念条款，完全能够在丰富行政处罚种类的同时，控制好行政处罚种类创设权。理由如下：

---

① 熊樟林：《论〈行政处罚法〉修改的基本立场》，载《当代法学》2019年第1期。

第一,概念条款的统摄。首先应当明确的是,无论是通过分类条款,还是兜底条款,所有行政处罚种类都必须在概念条款的统摄之下创设完成,都必须符合概念条款中所包含"行政制裁""违法行为""基于威慑目的"三项要素。实践中,只有符合概念条款以后,我们才进一步判断其他的合法性问题,这是首要标准。因此,只要存在概念条款,就可以在大方向上保证处罚种类多元化不会超出行政处罚的概念族群。第二,层级保留条款的防控。分类条款和兜底条款尽管是无限开放的,但仍然需要接受《行政处罚法》第 10~14 条有关层级保留条款的限制,层级保留条款可以阻止《行政处罚法》第 9 条随意设定处罚种类。在功能配置上,需要加以区分的是,《行政处罚法》第 9 条最为主要的功能,是给层级保留条款提供等级不同的类型化前提,[①]而不是限制行政处罚的设定,更加不需要限制行政处罚种类的创设。在《行政处罚法》中,真正需要扮演这一角色的是《行政处罚法》第 10~14 条,在第 9 条中作限制性规定根本没有必要,我们要"放开处罚形式,但要严格控制对行政处罚的设定"[②]。譬如,以规章为例,根据《行政处罚法》第 9 条,规章可以创设多种多样的处罚种类,似乎是毫无约束的。但其实并非如此,因为根据上述两条修订建议,规章只能在"警示罚、荣誉罚或者一定数量的罚款"的范围内设定具体的处罚种类,而不是漫无边际设定处罚种类。因此,我们真正需要做的是完善层级保留条款,将行政处罚种类多元化的防控任务交给《行政处罚法》第 10~14 条。

总而言之,"立法要把控制重点落在'行政处罚的设定权'上,而不是停留在'行政处罚的形式'上。只要对处罚权的设定有所限制,形式相对放开也不会出问题"[③]。立法者需要看到,企图从立法上限制处罚种类既不现实,又没有必要,只会导致地方政府所创设的新的处罚类型无法被纳入《行政处罚法》中加以调整,破坏《行政处罚法》的体系性,

---

① 譬如,如果《行政处罚法》第 9 条中没有规定"吊销企业营业执照",《行政处罚法》第 13 条就无法对"吊销企业营业执照"实现层级保留;同理,如果《行政处罚法》第 9 条中没有规定"警示罚、荣誉罚",《行政处罚法》第 13 条、第 14 条就没有办法对"警示罚、荣誉罚"实现层级保留。
② 胡建淼:《"其他行政处罚"若干问题研究》,载《法学研究》2005 年第 1 期。
③ 胡建淼:《"其他行政处罚"若干问题研究》,载《法学研究》2005 年第 1 期。

从而形成一系列的法外行为。① 因此,修改《行政处罚法》必须秉承更为开放的观念,努力实现处罚种类多元化。综上所述,在具体的修法方案上,首先,《行政处罚法》第 9 条需要添加一个概念条款,从而澄清行政处罚的本质特征,明确行政处罚的概念族群,剔除长期以来的争议行为;其次,在概念条款的指引下,应着手修订现有的列举性条款,设计更为开放的分类条款和兜底条款,扩大《行政处罚法》的规范容量,丰富行政处罚的种类;最后,基于控权需要,应运用法律保留技术对《行政处罚法》第 13 条第 2 款、第 14 条第 2 款作配套修订,从而防止处罚种类的多元化变为失序化。据此,建议最终修订成型的《行政处罚法》第 9 条应表述如下:

第九条:本法所称行政处罚,是指下列行政机关基于威慑目的对自然人、法人或者其他组织违法行为所施加的一种行政制裁:

(一)行政拘留、强制隔离、强制教育等限制或剥夺人身自由的人身罚;

(二)罚款、没收违法所得、没收非法财物、强制拆除等限制或剥夺财产权利的财产罚;

(三)暂扣或吊销许可证、暂扣或吊销执照、责令停产停业、禁止行驶、禁止出入车站、港口、机场或特定场所、禁止申请等限制或禁止行为自由的行为罚;

(四)警告、告诫、扣分、批评教育等具有警告或谴责性的警示罚;

(五)黑名单、信用惩戒、通报批评、公布姓名或名称、公布照片等影响名声和声誉的荣誉罚;

(六)法律、法规、规章规定的其他处罚种类。

---

① 参见熊樟林:《论〈行政处罚法〉修改的基本立场》,载《当代法学》2019 年第 1 期。

第五章 《行政处罚法》主观过错条款的增设

应受行政处罚行为的成立要件理应包括构成要件的该当性、违法性、有责性三个判定标准。① 只有相对人行为同时符合这三个要件,才能够成立行政处罚。第一个阶段,构成要件的该当性判断是行政处罚上的涵(函)摄过程,②"这个过程就是将已确定的事实,看看是否能套进经过解释的法律,套进去与否,即一般所称'Subsumition'的过程,目前常翻作'涵摄'作用"③。比对符合之后的第二个阶段判断是违法性判断,即要确定符合法律规范所描述的客观行为,是否侵犯了其所要保护的行政法益。第三个阶段是要检查行政相对人是否具有可非难性(有责性),譬如核实相对人是否具有主观上的过错等。这大致是应受行政处罚行为成立要件的基本轮廓,与刑法学中犯罪成立要件理论如出一辙。目前,这一判定标准正为德国、奥地利、希腊、荷兰、葡萄牙等国家所沿用。④

---

① 参见熊樟林:《行政处罚上的空白要件及其补充规则》,载《法学研究》2012年第6期。
② 参见[德]哈特穆特·毛雷尔:《行政法学总论》,高家伟译,法律出版社2000年版,第123页。
③ Vgl. H. Maurer, aaO., S. 106 u. 120.
④ 参见王世洲:《罪与非罪之间的理论与实践——关于德国违反秩序法的几点考察》,载《比较法研究》2000年第2期。

黑格尔曾言:"行为只有作为意志的过错才能归责于我。"①"在适用行政罚时,有责性原则(Schuldgrundsatz)亦为不容忽视之重要原则。"②在整个应受行政处罚行为的判定体系中,有责性是最后一项判定任务,其作用是要在前两个阶段基础之上,赋予更加尊重个人的评价内容。此时,评价对象已从相对人行为,转向了相对人本身,它是一个由社会向个人发生倾斜的评价方向,也是由客观向主观的回归。因此,有责性评价理应被具化为责任条款,写入《行政处罚法》之中,从而做到先贤所说的"不是损害而是过错使侵害者负有赔偿义务"的责任主义的训诫。③ 但遗憾的是,旧版《行政处罚法》并没有完成这一任务。在类型上,责任条款主要分为"责任能力"和"责任条件"。前者是指行为人的辨识和控制能力,后者是指行为人的主观犯意。尽管对于责任能力,旧版《行政处罚法》第25条、第26条已经做了较好规范,理论界也出具了更为详细的适用规则,④体系已经基本健全,但对于责任条件,旧版《行政处罚法》却只字未提。其成了理论界的猜测,以及部门行政法中的立法裁量内容,⑤甚至有研究者判断说:"在行政处罚中,过错的意义没有民法、刑法那样明显,作为一项归责原则,过错责任不应成为行政处罚归责原则。"⑥在这一认识之下,除了一些个案,⑦客观归责已经成为行政处罚中的常态和常识,以此抗辩者甚少。

因此,在未来《行政处罚法》修订过程中,究竟要不要更新《行政处罚法》残缺的责任主义立场,添加更为饱满的责任主义条款,是一个不

---

① [德]黑格尔:《法哲学原理》,范扬、张企泰译,商务印书馆1961年版,第119、220页。
② 洪家殷:《行政罚法论》,台北,五南图书出版股份有限公司2006年版,第84页。
③ See Konrad Zweigert & Hein Kotz, *Introduction to Comparative Law* (1987) Vol 2, p. 291-292. 转引自周汉华:《论国家赔偿的过错责任原则》,载《法学研究》1996年第3期。
④ 参见熊樟林:《判断行政处罚责任能力的基本规则》,载《江苏行政学院学报》2016年第6期。
⑤ 典型如《治安管理处罚法》第28条:"违反国家规定,故意干扰无线电业务正常进行的,或者对正常运行的无线电台(站)产生有害干扰,经有关主管部门指出后,拒不采取有效措施消除的,处五日以上十日以下拘留;情节严重的,处十日以上十五日以下拘留。"
⑥ 汪永清主编:《行政处罚运作原理》,中国政法大学出版社1994年版,第164、165页。
⑦ 譬如,北京市高级人民法院行政裁定书,(2017)京行申1402号。法院认为,行政处罚应当对当事人不缴或者少缴应纳税款的主观方面进行调查认定。

可绕开的问题,应专门深入探讨。本章拟就责任主义中的主观过错问题先加讨论。

第一节 民法学和刑法学中的责任立场

有责性首先必须与违法相区别,违法了并不必然就要承担责任。譬如,在完全不知情的情况下,在禁烟区的吸烟行为;在未看到警告牌的情况下,误闯已公告禁止进入的区域;在不知垃圾分类的情况下,混倒各类垃圾等。这些行为虽然因侵害了公共秩序而具有违法性,但由于主观上并无故意或过失,难以找到要求其承担责任的正当依据。

需要看到的是,虽然法哲学上对于违法与有责的区分一直存在争议,[1]但部门法中一直是将二者分别评价的。譬如,民法学上对侵权行为的认定便包括"构成要件""不法性"与"有责性"三个进阶。[2] 与此同时,时下正为新生代刑法学者建构的犯罪成立要件理论,也是以区分"违法"与"有责"作为逻辑底座的。[3] 可见,违法了,并不必然是有责的,有责性有其独立的评价意义。[4]

评价有责性的中心概念是法律责任,将违法性与有责性归于一统的偏见,也正是对法律责任的理解存在遗漏。因此,理解有责性首先要从法律责任的概念说起。在历史脉络中,法律责任曾分别经

---

[1] 譬如,哈特认为,法律责任是指违法者因其违法行为应受到的惩罚。See H. L. A. Hart, *Varieties of Responsibility*, 83 Law Quarterly Review 846(1967). 凯尔森也认为,一个人在法律上对一定行为负责或者承担责任,意味着如果作出不法行为它应受制裁。参见[奥]凯尔森:《法与国家的一般理论》,沈宗灵译,中国大百科全书出版社1996年版,第65页。

[2] 参见王泽鉴:《侵权行为法》(第1册),中国政法大学出版社2001年版,第88、232页。

[3] 在刑法学中,无论是"构成要件该当""违法性""有责性"的三要件,还是"违法性"与"有责性"的两要件,都承认违法与有责之间具有本质差异。参见陈兴良:《本体刑法学》,商务印书馆2001年版,第418页;张明楷:《刑法学》(第3版),法律出版社2007年版,第98~99页。

[4] 行政法学中的相关探讨,参见余军:《行政法上的"违法"与"不法"概念——我国行政法研究中若干错误观点之澄清》,载《行政法学研究》2011年第1期。

由理性哲学和经验哲学解读,而呈现出"道义责任论"和"社会责任论"的两种立场。"道义责任论是以哲学上和伦理学上的非决定论亦即自由意志论为理论基础的。它假定人的意志是自由的,人有控制自己行为的能力,有自觉行为和行使自由选择的能力。由此推定,违法者应对自己出于自由意志而做出的违法行为负责,应该受到道义上的非难。"①道义责任论以"主观归责"为圭臬,是一种心理责任(Psychologische Schuldbegriff),②或过错责任。③ 但与此相反的是,"社会责任论却是以哲学和伦理学上的决定论为理论基础的。它假定一切事物(包括人的行为)都有其规律性、必然性和因果制约性。由此推断,违法行为的发生不是由行为者自由的意志决定,而是由客观条件决定的。因而只能根据行为人的行为环境和行为的社会危险性来确定法律责任的有无和轻重"④。社会责任论以"客观归责"为侧重,追求的是无过错责任或公平责任。⑤

现在,我们很难说谁更胜一筹。恰恰相反,从对部门法的观察来看,"道义责任论"与"社会责任论"之间的更迭,从来就没有停止过。

一、民法客观归责(社会责任论)的轮回

在民法中,早期的侵权行为法采取的是结果责任主义。⑥ "在人类文明低下的时代,人们的认识能力无法将责任与人行为时的心理状态联系起来,实行'有损害即有责任'的加害原则是历史的选择。"⑦古代法律,"如古巴比伦法、雅典法和早期罗马私法,在发生侵权行为的时候,总是把考虑问题的重点放在受害人一方,只要受害人能证明加害人

---

① 张文显主编:《法理学》(第3版),高等教育出版社、北京大学出版社2007年版,第169页。
② 参见梁根林:《责任主义原则及其例外——立足于客观处罚条件的考察》,载《清华法学》2009年第2期。
③ 如黑格尔曾说:"行为只有作为意志的过错才能归责于我。"参见[德]黑格尔:《法哲学原理》,范扬、张企泰译,商务印书馆1961年版,第119页。
④ 参见张文显主编:《法理学》(第3版),高等教育出版社、北京大学出版社2007年版,第169页。
⑤ 参见余军:《法律责任概念的双元价值构造》,载《浙江学刊》2005年第1期。
⑥ 参见曹明德:《日本环境侵权法的发展》,载《现代法学》2001年第3期。
⑦ 翟羽艳、张铁微:《客观责任探究》,载《学术交流》1998年第5期。

给他造成损害的事实,法律就确认加害人的赔偿责任"①。在个人自由尚未启蒙之前,个人是被埋没在宗教、国家之中的,责任评价根本不会顾及个人良知,"人类审判只涉及人的外在行为,不涉及隐而未露、没有外在影响的内心观念,所以也就不会去规范它"②。此时,只要造成了损害就应该承担责任,主观上的故意与过失不是评价者应当考虑的要素,这是一种单纯的客观归责理论,以整个社群为目的,无任何道义色彩。

17 世纪盛行的启蒙运动带来了个体性认知的解放,个人自由成为整个时代的主题,"个人在本质上是他自己或其能力的私有者,并不欠社会任何东西"③。法律责任评价也不得不调整方向,个人及其主观上的自由意志成为这一时期责任内涵的"座上宾"。1804 年颁布实施的《法国民法典》首次昭示了立法者对客观归责理论的扬弃立场,该法第 1382 条和第 1383 条首次规定了侵权损害赔偿必须在主观上存在过失。此后,1896 年的《德国民法典》第 823 条、《日本民法典》第 709 条、《法国民法典》第 2043 条都对此予以附和,立法上实行严格的过错责任,"有过错,有责任;无过错,无责任"是这一立场的金科玉律,其整个评价过程都以主观归责为中心,奉行的是另一种责任归属逻辑——道义责任。

但是,这种立场转变并没有主宰任何一国的侵权法文本。相反,它在现代社会却发生了一个客观归责的轮回。人们注意到,奉行主观归责的道义责任观随着资本主义的发生与发展,渐显捉襟见肘的颓势。在日趋复杂的商品经济关系中,要求受害人严格承担致害人确有过错的举证责任,在许多情况下几乎是不可能的,主观归责必须作理解上的变更。这一认识的最初尝试只是在主观归责内部进行微调,只是在严格过错责任的基础上,添加了过失推定责任。但是,这并不能否定归责立场上的实质转变。实际上,"推定过失充当了突破旧的传统和藩篱的先驱,从而把侵权行为归责原则引向了一个新的发展阶段",是"过失责

---

① 毕成:《论法律责任的历史发展》,载《法律科学·西北政法学院学报》2000 年第 5 期。
② [德]塞缪尔·普芬道夫:《人和公民的自然法义务》,鞠成伟译,商务印书馆 2010 年版,第 53 页。
③ 张文显:《二十世纪西方法哲学思潮研究》,法律出版社 2006 年版,第 38 页。

任原则和无过失责任原则的结合点"①。

在侵权法变革中,进一步深化上述立场的是"无过错责任"的复归。随着现代科学技术的飞速发展和生产生活的高度社会化,种种因客观原因而违反合同义务或侵害他人权利的现象频频发生,继续拘泥于过错责任,即使是推定过失责任,也不能全面调整各种复杂的损害赔偿关系。人们逐步认识到,为维护社会公共利益和公民合法权益,即使是行为人确无过错的损害事实,也是不应原宥的。② 因此,法律责任的大家族中必须添加更为彻底的客观责任,而这便是现代侵权法中日渐凸显的无过错责任。无过错责任的归责逻辑在于认为社会是一个包括个人利益、集体利益、公共利益和社会利益在内的利益互动系统,各种利益的法律表现就是保障权利的有关措施。"法律责任是由于发生侵害权利的行为而出现的纠错(纠恶)机制","法律责任的实施不是或主要不是为了惩罚责任者,而只是否定或限制他的任性,迫使他接受再社会化教育,复归社会"③。此时,是否需要承担赔偿责任,与主观上是否违反了道义并无必然关联,甚至在某些法律制度中,"过错责任相当程度上被边缘化了"④。审判者所要追求的是更为客观的社会责任立场,这在各国的侵权法文本中都有所体现。

可见,民法学对侵权责任的理解,并不是单一的,而是同时囊括道义责任和社会责任包容体系。从古罗马到现今,客观归责形成了一个从有到无再到有的轮回局面。现下,它在归责原则上成就了主观归责和客观归责并立的一统局面,形成的是一种双元归责模式。

二、刑法客观归责(社会责任论)的轮回

作为一种规范模式或文化形态,刑事责任最早发端于原始习惯。与侵权法类似,原始社会没有获得个体意识的解放,"氏族观念的复仇本能,使得法律的制定和适用带有浓厚的团体主义和报复主义色彩。

---

① 米健:《推定过失的比较观》,载《中国法学》1988年第5期。
② 参见蓝承烈:《客观责任初探》,载《求是学刊》1987年第2期。
③ 张文显:《二十世纪西方法哲学思潮研究》,法律出版社2006年版,第394、395页。
④ 欧洲侵权法小组编著:《欧洲侵权法原则:文本与评注》,于敏、谢鸿飞译,法律出版社2009年版,第104页。

制定和适用法律的人,更多地注重违法造成的实际危害结果,并根据这种结果的危害程度来决定责任的有无和轻重,而很少考虑违法时的具体情况和违法者是否具有罪过。因而在承担法律责任时,盛行带有团体主义色彩的客观责任或结果责任"[1]。例如,在我国,古代秦律中便有"戍边失期当斩"的规定。该规定不问主观原因,只以客观结果为准,"只要发生刑律中所规定的后果,一律论处"[2]。又如,在比较法上,《汉谟拉比法典》第 229 条、第 230 条规定:"倘建筑师为自由民建屋而工程不固,结果其所建房屋倒毁,房主因而致死,则此建筑师应处死。倘房主之子因而致死,则应杀死建筑师之子。"该规定并未区分故意与过失,只以房主之死为判定标准,同样是一种客观归责。

不过,上述立场在启蒙时代同样被彻底颠覆,在理性主义哲学基础上,刑法学确立了道义责任的基本立场。人们认为:"之所以能够将人的侵害行为作为犯罪而予以处罚,是因为该侵害行为是在行为人的自由意思支配下所实施的,在行为人自愿选择违法同时也违反道义的行为这一点上,当然应当受到道德伦理上的谴责。因此,所谓责任,就是从国家的立场出发,对行为人进行道义上的谴责。"[3]道义责任所要考察的对象不是被害人,而是犯罪行为人的意志自由,是一种真正意义上的主观责任。

但是,这一立场后期同样发生了变化。在理性主义之外,经验主义哲学的兴起,为刑事责任的第二次理解增添了不一样的声音。19 世纪后半期,欧洲大陆犯罪率不断飙升,过去那种思辨性犯罪观和刑罚观,对此束手无策。因此,新派学者毫不客气地指责说,"自然法学派的道义责任论是个人主义时代的观念,以主观道德和法律的一元论为基础的'过错责任'原则已经成为不合时宜的历史陈迹"[4],"人不具有向善避恶的自由意思……那种认为犯罪是具有意思自由的人基于其自由的判断而实施的观点简直是热昏的胡话,所谓'自由意思'不过是主观的

---

[1] 毕成:《论法律责任的历史发展》,载《法律科学·西北政法学院学报》2000 年第 5 期。
[2] 李光灿主编:《中国刑法通史》(第二分册),辽宁大学出版社 1986 年版,第 547 页。
[3] 参见[日]曾根威彦:《刑法学基础》,黎宏译,法律出版社 2005 年版,第 44 页。
[4] 张文显:《二十世纪西方法哲学思潮研究》,法律出版社 2006 年版,第 394 页。

幻影"①。在刑法学界,人们习惯于将这种转变之后的立场称为社会责任论。该理论认为,所谓刑事责任,"不包括以意思决定自由为前提的'谴责'因素在内,责任的大小,完全取决于再次犯罪的大小……承担社会责任的人并不一定是具有自由意思的人,即便是精神病人或者幼年人,对社会有危险的话,也要被精神病院以及教养院强制收容,隔离改造"②。"责任的判断,重要的不是行为时的故意或者过失的心理状态,而是对行为心理状态的规范上的非难评价"③。

可见,与道义责任论迥然不同的是,社会责任论并不以过失、责任能力等主观要素为考察对象,而是再次回到了客观归责的立场之中,主张以损害来评价责任,④而这其实就是客观归责立场在刑法学中的一次轮回。因而,与民法学存在相同的历史轨迹,在现下刑法学中,也出现了道义责任论与社会责任论的并立局面,同样也是一种双元归责模式。

第二节 我国行政法所选择的差异模式

综上所述,法律责任在民法学与刑法学中呈现出了一种流变轨迹,主观归责和客观归责交相辉映,互为补充。那么,行政法到底奉行的是何种责任观呢?是一元的还是二元的呢?目前来看,行政法学上尚未形成统一立场,在大多数时候,它会顺延行政主体和行政相对人奉行截然不同的归责逻辑。

一、违法行政的多元化归责立场

违法行政就是违法的行政行为,我们也可以将其理解为行政侵权。由于行政侵权最后也会涉及国家行为是否需要承担责任的评价(国家

---

① 冯筠:《道义责任论和社会责任论述评》,载《比较法研究》1989年第2期。
② 黎宏:《关于"刑事责任"的另一种理解》,载《清华法学》2009年第2期。
③ 梁根林:《责任主义原则及其例外——立足于客观处罚条件的考察》,载《清华法学》2009年第2期。
④ 在刑法学中,道义责任论与社会责任论的主要分歧在于责任能力的有无,前者认为责任能力是科处刑罚的关键,但后者却主张无责任能力,同样需要承担相应的法律责任。

赔偿),这其中必定也暗含着行政法对法律责任的理解。20世纪末,《国家赔偿法》立法时,我国行政法学界曾对各国国家赔偿的归责原则做过归纳,主要为以下三种:违法、过错、违法加过错。他们认为,过错系一种自然人的主观心理状态,国家机关并不存在这种主观心理活动,因此,我国宜采用违法归责原则。[①] 这意味着,只要行政行为在客观上违反了具体的法律规范即构成违法(欠缺"客观上之正当性"),[②]即可归责。因此,1994年《国家赔偿法》第2条规定:"国家机关和国家机关工作人员违法行使职权侵犯公民、法人和其他组织的合法权益造成损害的,受害人有依照本法取得国家赔偿的权利。国家赔偿由本法规定的赔偿义务机关履行赔偿义务。"据此,我国采用的是违法责任原则,而不是过错原则或违法加过错的原则,是一种典型的客观归责。

1994年《国家赔偿法》第2条以及学者就此出具的各种辩护理由,很快便暴露出了弊端。批评者毫不留情地说:"这种对各国情况的概括和由此得出的结论,几乎毫无事实根据,甚至可以说完全是一种莫大的误解。"[③]违法性原则,存在标准单一、冲突、出发点有偏差、过于严格地限制了受害人获得赔偿的范围等问题。[④] 随后,学界掀起了对既有的客观归责原则的整体检讨。批评者认为:(1)"当代各国法律都确立了过错责任的法律地位"[⑤],如德国在追究国家赔偿责任时,公务员须具备过错,如果在行使权力时公务员尽到了必要的注意仍发生损害,可以免除国家的赔偿责任。[⑥] 公务责任并非在公务行为之客观违反义务情形下即有其成立,而系以故意或过失违反公共义务为前提。在美国:"最高法院明确否决了政府应受绝对责任原则约束的主张,戴尔海特案的判词说,联邦侵权赔偿法规定,除非证明政府有过失,否则政府就不负责

---

① 参见肖峋:《论国家赔偿立法的几个基本观点》,载《中国法学》1994年第4期;罗豪才、袁曙宏:《论我国国家赔偿的原则》,载《中国法学》1991年第2期。
② 参见叶百修:《国家赔偿法之理论与实务》,台北,元照出版有限公司2009年版,第145页。
③ 周汉华:《论国家赔偿的过错责任原则》,载《法学研究》1996年第3期。
④ 参见杨小君:《国家赔偿的归责原则与归责标准》,载《法学研究》2003年第2期。
⑤ 周汉华:《论国家赔偿的过错责任原则》,载《法学研究》1996年第3期。
⑥ 参见周汉华、何峻编著:《外国国家赔偿制度比较》,警官教育出版社1992年版,第67页。

任"①。(2)违法原则混淆了违法性与有责性。国家赔偿并不裁判行政行为的违法性,违法性判断是行政诉讼的任务。并且,行政行为违法并不是法律责任的承担方式,"行政行为在诉讼中被认定为违法而被撤销,并不必然意味着行政赔偿责任的发生"②。违法原则只能解决行政行为违法,但并不解决是否需要承担责任。(3)违法原则会消减国家赔偿的范围,因为有些行为不宜采用违法与否加以评价,典型如行政事实行为。譬如,海关在检查物品时不慎将物品损坏、警察在抓捕逃犯时不慎将他人财产损坏等。由于此类行为无法以违法加以评价,以违法原则作为国家赔偿的归责原则,会导致公民无法获得赔偿。

针对上述批评和建议,2010年《国家赔偿法》修改选择性地予以吸收。2010年《国家赔偿法》以剔除"违法"二字的方式,变更了原有单一的客观归责立场。修正后的《国家赔偿法》第2条规定:"国家机关和国家机关工作人员行使职权,有本法规定的侵犯公民、法人和其他组织合法权益的情形,造成损害的,受害人有依照本法取得国家赔偿的权利。本法规定的赔偿义务机关,应当依照本法及时履行赔偿义务。"对此,尽管理论界尚有质疑,③但不可否认的是,国家赔偿的归责原则已经不再是单纯的违法原则,而是包括过错原则、违法原则、无过错原则在内的多元化归责体系。并且,在这一前提之下,理论界也更加倾向于将行政侵权的归责原则解释为过错原则,主张引入故意和过失的过错要件。

可见,体现客观归责的社会责任论,在行政主体一端并不受认可。现有立法已经加入了主观归责的要素,添加了道义责任论的判断立场。

---

① [美]施瓦茨:《行政法》,徐炳译,群众出版社1986年版,第528页。
② 王天华:《行政诉讼的构造:日本行政诉讼法研究》,法律出版社2010年版,第163页。
③ 譬如,有研究者指出:"2010年12月1日起正式实施的新《国家赔偿法》在总则第2条中明确删除了饱受诟病的'违法'二字,'违法'就此退出行政赔偿归责原则的历史舞台。但值得注意的是,《国家赔偿法》尤其是行政赔偿部分中涉及'违法'的规定仍然比比皆是。《国家赔偿法》第3条、第4条对于行政机关及其工作人员侵犯公民人身权和财产权的,基本上都在要件中附以'违法'二字,这部分的法条内容在《国家赔偿法》修改的过程中只字未动。"参见杜仪方:《行政赔偿中的"违法"概念辨析》,载《当代法学》2012年第3期。

二、行政违法的客观归责立场

然而，不一样的是，上述由客观归责到主观归责的认识转变，在行政违法上并未体现。所谓行政违法，是指应受行政处罚行为，其所要处理的核心问题就是归责。对此，旧版《行政处罚法》并未提及。其第3条规定："公民、法人或者其他组织违反行政管理秩序的行为，应当给予行政处罚的，依照本法由法律、法规或者规章规定，并由行政机关依照本法规定的程序实施。没有法定依据或者不遵守法定程序的，行政处罚无效。"从字面上来看，这一曾被认为是"应当给予行政处罚"总标准的立法文本，[1]是以客观行为为评价标准的，并不包括主观上的任何字眼。而且，可以佐证的是，这一立法安排在部门行政处罚法上也得到了延续，典型如《治安管理处罚法》"总则"部分，也没有主观方面的要求。

并且，理论界与实务界也不乏支持者。在理论界，有人认为，行政违法行为与犯罪相比较，在程度上要轻微一些，相应地，行政处罚种类的严厉程度也要轻微一些。例如，对于随地吐痰的违法行为，单行法律、法规及行政规章一般只规定在客观上有这一行为，行政机关就可以实施行政处罚，而没有必要认定其主观上是否存在故意。[2] 在行政法律责任中一般可不必对违法主体的主观心理状态作过于烦琐的分析和确认。只要相对一方的行为客观上违法，即应承担相应的法律责任，其主观上是故意还是过失对这种责任的轻重、大小大多无太大影响。[3] 在实务界，有人认为，"行政违法行为以不考虑行为人主观状态（故意与过失）为基本原则，除非法律另有规定。要求违法行为人只有主观故意或过失才能认定违法，把刑法的原则套用到行政处罚，并不符合行政管理的特点"[4]。在行政处罚中，过错的意义没有民法、刑法那样明显，作为

---

[1] 参见杨小君：《行政处罚研究》，法律出版社2002年版，第154页。
[2] 参见胡锦光：《行政处罚研究》，法律出版社1998年版，第132页。
[3] 参见袁曙宏：《行政处罚的创设、实施和救济》（修订本），中国法制出版社1997年版，第78页。
[4] 孙百昌：《再论行政处罚适用"不问主观状态"原则》，载《工商行政管理》2006年第8期。

一项归责原则,过错责任不应成为行政处罚归责原则。①

可见,行政法对法律责任的理解,在行政主体和相对人之间各表一枝。在现行法律文本中,对于违法行政的责任判断,立法者接受了学界的检讨成果,并通过修法方式,果断地放弃了单一的客观归责立场。但是,这一围绕《国家赔偿法》第 2 条所采取的修法行为,在《行政处罚法》中却迟迟未能展开。直至今日,仍有学者主张,"行政处罚不应当过多强调主观要件"②。

第三节 行政处罚客观归责模式的缺陷

因此,现在的局面是,行政违法的责任判断是客观归责,而违法行政却并不完全是。这无疑令人费解,我们竟然能够在一个部门法上看到两种不同的归责模式。而且,和上述民法学、刑法学不同,它们在适用对象上的区分,并不像民法学和刑法学一样以哲学上的理性主义和经验主义为标准,而是以行政相对人和行政机关为标准。很显然,这是不合理的。任何法律责任都应当建立在过错之上,客观归责是对意志自由的忽视,是公平、公正价值让位行政效率的陈旧观念。

一、对客观归责理由的逐一批判

1. 违法与有责并不是等同的。有一种观点认为,在行政处罚中,违法就是有责,违反了法律就是具有责任的,行为的归责性,与违法是等同的,"行为人一旦违法,损害了公共利益或者其他公民、组织的合法权益,就足以表明其主观上有过错"③。因此,对责任的评价是包含在行为评价之中的,而众所周知,思想与行为是两个截然不同的评价对象,行为是外在的、客观的,而思想却是内在的、主观的。因此,以行为评价责

---

① 参见汪永清主编:《行政处罚运作原理》,中国政法大学出版社 1994 年版,第 164~165 页。
② 马怀德:《〈行政处罚法〉修改中的几个争议问题》,载《华东政法大学学报》2020 年第 4 期。
③ 汪永清主编:《行政处罚运作原理》,中国政法大学出版社 1994 年版,第 163~164 页。

任,显然需要借助客观归责的原理,而无须考量思想(主观)上的故意与过失。"在行政法律责任中,只要相对一方的行为构成违法,其主观上一般也必然有过错,不是明知故犯的过错(故意),就是应当知道违法而未能知道的过错(过失)。"①

这一认识并非空穴来风,法哲学上确实也有类似表述。例如,凯尔森曾说:"此概念(不法)之关键既非立法者之动机,也非为立法权威所厌之社会情势,确切地说,即社会危害性","不法行为之真正实施者与该行为后果之责任者之间乃存在事实或法律上之同一性"②。在这里,凯尔森首先界定了不法乃是社会危害性,此后他又将不法与有责等同了起来。又如,哈特也曾说,法律责任就是"因行为或伤害在法律上应受惩罚或被迫赔偿"③,"现代社会许多违法行为是由于某种经济立法(如国营铁路或交通的立法、技术法规等)产生的,违反这种立法的行为很难说具有道德性质,恐怕也不能说这类违法者有意地犯了法律所规定的'道德错误'"④。哈特也认为,违反行政法规并不是"有意"的。

对此,本书认为并不妥当,理由有二。

第一,违法就是违法,有责就是有责,二者不能混同。违法所要评价的是行为造成的客观侵害,有责所要评价的却是主观犯意。行为是否违法的评价标准是是否构成了法益损害,它是客观的,并不包括主观内容,我们更不能从违法事实中推导出主观过错。譬如,陈某觉得机舱内闷热,顺手打开了应急舱门,导致飞机逃生滑梯被释放并受损,陈某因违反相关法律法规,被依法行政拘留15日。但是,"陈某并不知道擅自打开飞机应急舱门的后果是什么,更不知道自己的行为是违法的"⑤。在该案中,陈某的行为无疑造成了法益侵害,是具有违法性的。⑥ 但是,我们却不能从中推导出其必然具有主观过错,因为其并

---

① 袁曙宏:《行政处罚的创设、实施和救济》,中国法制出版社1997年版,第79页。
② [奥]凯尔森:《纯粹法理论》,张书友译,中国法制出版社2008年版,第56~57页。
③ See H. L. A. Hart, *Varieties of Responsibility*, 83 Law Quarterly Review 846(1967).
④ 张文显:《二十世纪西方法哲学思潮研究》,法律出版社2006年版,第401页。
⑤ 伊萱:《"不知"怎可成为违法的"挡箭牌"》,载《中国民航报》2018年5月4日,第3版。
⑥ 参见熊樟林:《行政违法真的不需要危害结果吗?》,载《行政法学研究》2017年第3期。

不知情。

　　同时,区分违法与有责也具有一定的实践需求,因为一旦在违法与有责之间画上等号,非但意味着不违法就不具有有责性,同时也意味着不具有有责性就不具有违法性。因此,我们便能得出一个荒谬的结论:未成年人的行为都是不违法的。很明显,这与常识不符。譬如,一个13岁的未成年人开车闯红灯,其虽然不具有有责性,但显然侵害了公共交通秩序,是具有违法性的。公民在现实中所理解的不具有违法性,只是无须承担行政处罚责任,并不代表无须承担任何"责任"。实际上,未成年人依然需要承担被"看管"的非行政处罚责任,如《行政处罚法》第30条和第31条规定的"管教""看管和治疗"责任等。①

　　第二,并不像客观归责者所说的那样,凯尔森和哈特并没有将违法与有责简单地等同起来。凯尔森说不法与有责具有同一性,目的只是纠正自然法中"亲属连坐""行政连带"等错误的法律责任理论,认为某人违法了,责任就在这个人,不存在"替代性责任"。② 同时,即使在哈特的法律责任观中,上述章句也涉嫌断章取义。对于法律责任的认定,哈特列举了三个不同种类的标准,其中就有主观归责所关注的"精神上的或心理上的责任标准"。哈特指出,精神或心理因素一般分为两类:一般认识能力和特殊认识能力。一般认识能力指一个人正常情况下应具备的理解法律要求和支配自己行为的能力;特殊认识能力指在特定场合,一个人的意识和认识能力,即他在行为时,是否理解法律的要求,是否能支配自己的行为。③ 因此,哈特其实也是主张主观归责原则的。上述所引章句是哈特在处理法律与道德关系时,反驳辛普森(A.

---

　　① 《行政处罚法》第30条规定:"不满十四周岁的未成年人有违法行为的,不予行政处罚,责令监护人加以管教;已满十四周岁不满十八周岁的未成年人有违法行为的,应当从轻或者减轻行政处罚。"第31条规定:"精神病人、智力残疾人在不能辨认或者不能控制自己行为时有违法行为的,不予行政处罚,但应当责令其监护人严加看管和治疗。间歇性精神病人在精神正常时有违法行为的,应当给予行政处罚。尚未完全丧失辨认或者控制自己行为能力的精神病人、智力残疾人有违法行为的,可以从轻或者减轻行政处罚。"

　　② 参见[奥]凯尔森:《纯粹法理论》,张书友译,中国法制出版社2008年版,第57页。

　　③ See H. L. A. Hart, *Varieties of Responsibility*, 83 Law Quarterly Review 846(1967).

Simpson)时附带提及的。① 哈特只是想要表明，法律与道德是二分的，法律就是法律，道德就是道德。为了证明这一观点，他用行政法规这类文本加以说明，认为行政法规中不可能具有道德，因而也不可能被认识到。这尽管为行政违法中的无过错责任提供了理论依据，但只是为法律与道德问题服务的，并不是直接的法律责任认识，也与前述法律责任的判定标准相左，因而不宜以偏概全。实际上，在法哲学上，区分违法与有责是非常普遍的，如考夫曼曾说："违法性及其罪责的区分很重要。"②

2. 应受行政处罚行为并不一定就没有违反自然义务。客观归责者另一个更为深层的理由可以追溯到行政刑法学中。早期刑法学者主张，早在古罗马法时期就有自然犯罪与法定犯罪的区分，其标准是古希腊伦理学中确立的"自体恶"（mala in se）和"禁止恶"（mala prohibita）。自然犯罪是自体恶，违反的是自然义务，称为自然犯，而法定犯罪是禁止恶，违反的是法定义务，称为行政犯。③ 在行政刑法学中，这是一种用以区分刑罚与行政处罚较为典型的标准。

按照这一区分，我们似乎也可以得出行政处罚应当采用客观归责的结论。这是因为，所谓的自体恶，指的是对人类良心的违背，而良心是人人都有的，因此行为人对于是否可以作出"自体恶"的行为自然是知晓的，它只需按照良心行事便可，自然义务所禁止的也都只是良心需要谴责的事项，因此自体恶当然需要考量主观上是否具有过错，即采用主观归责原则。但是，禁止恶则有所不同。所谓禁止恶，只是对行政法规本身的违背。在这类规范背后，并不存在内化于行为人生活之中的价值或伦理内容，而只是行政机关维持公共秩序的技术性政策，它不可能全部被相对人获知，相对人不通过一定的手段，也难以明确该类法律规范所要禁止的是何种义务。因而，对禁止恶的非难，便不能要求相对

---

① 在哈特的法律责任判断标准中，并不涉及任何道德义务。这因而招致了辛普森的反对，辛普森认为法律上的应负责任应当包括道德上的应负责任。参见张文显：《二十世纪西方法哲学思潮研究》，法律出版社2006年版，第400~401页。
② [德]考夫曼：《法律哲学》，刘幸义等译，法律出版社2004年版，第157页。
③ 参见李晓明：《行政刑法学导论》，法律出版社2003年版，第21页。

人具有主观过错，而只能采取客观归责原则。举例而言，杀人是自体恶，即使实体法没有规定不能杀人，所有人也都知道不能杀人，因此某人是否应该承担杀人的刑罚，便可以从主观上加以非难。但是，禁止恶则不同，如随地吐痰是禁止恶，①在实体法没有规定之前，"禁止随地吐痰"并不为每一个人所知悉，在主观方面对其加以衡量也无从说起。

历史上，与此类认识并不完全相同但却十分类似的观点，不胜枚举。在大陆法系国家，例如，德国刑法学家郭德施密特（J. Goldschmidt）认为，法是一种无主体的理念化的社会财产，就如同风俗和宗教一样，虽然其具有时、地色彩，但对它的掌握仍然可能达到某种状况。但是行政法规并不一样，"公共福祉是被社会追求的精神的物质的完美状况，不能变成一种固定的状况，必须经常是一个憧憬的目标，因而行政不能是一种有关固定状况的确实结果，它毋宁是一个经常性的工作。国家为使公共福利达到理想状况而行政……其促进手段为经常性的行政行为"②。行政法规不是法，法可以被掌握，但经常性的行政法规却不可能为民众所掌握。因此，对于行政违法而言，当然只能采用客观归责的标准。又如，日本公法学家美浓部达吉也认为，违反行政法规的行政犯与实施一般犯罪行为的刑事犯在本质上是不同的。③ 行政犯所违反的仅仅是国家的命令或禁止，其并不是违反道德义务，而只是行政义务，"人民的违反行为倘离开禁止或命令的规定，即难谓本身有若何罪恶性，换言之，法律之规定刑法制裁（行政处罚），并非因行为含有反道义性，而只因其违反禁令之故"④。

在英美法系国家，情况也十分类似。在美国，尽管在19世纪三四十年代，公共福利犯（Public Welfare Offenses）开始增多，但是，"直至19世纪中叶以前，美国法官都没有想过，在违反政府管制规定的案件中，

---

① 譬如，日本1973年《轻犯罪法》第1条："……（26）在街道、公园或者其他公共集合的场所，吐痰或大小便或者使他人做这些行为的……"参见郭布、罗润麒：《[日本]轻犯罪法》，载《环球法律评论》1979年第6期。

② 黄明儒：《行政犯比较研究——以行政犯的立法与性质为视点》，武汉大学2002年博士学位论文，第85页。

③ 参见[日]佐伯仁志：《制裁论》，丁胜明译，北京大学出版社2018年版，第7页。

④ 韩忠谟：《行政犯之法律性质及其理论基础》，载《台大法学论丛》1980年第1期。

要求行为人具有主观上的犯意(mens rea)"①。而且,这一情况在英国也十分类似。布莱克斯通早就说过:对那些只规定了法定义务,并不禁止实施 mala in se(本质上不合法)的行为,而仅仅禁止实施 mala prohibita(法律所禁止)的行为,并为每项违法行为确定相应的刑罚的法律而言,在此情况下,我认为,良知除了在我们违反人类法律时命令我们服从处罚措施外,就无须更多地被念及。②并且,在英国早期,法官对妨害公共秩序的案件,都无须考量主观上是否具有过错,③如"雷克斯诉梅德莱案"(Rex v. Medley)④、"雷格诉斯蒂芬案"(Reg. v. Stephens)⑤、"雷克斯诉沃尔特案"(Rex v. Walter)⑥、"雷克斯诉卡池案"(Rex v. Cutch)等。⑦ 在"雷克斯诉梅德莱案"中,董事长和副董事长对员工擅自做出的违法行为,尽管主观上并不知情,同样需要承担责任。另外,在立法上,也有大量客观归责的文本。例如,美国1957年的《酒吧令》(The Dram Shop statutes)规定,禁止向未成年人、酒精中毒者销售烈性酒,否则处以刑事责任,不论店主主观上是否知情。⑧ 又如,英国1875年《公共健康法案》(the Public Health Act)中有关销售不安全肉制品的规定,也被英国上诉法院理解为不管店主及其员工是否知情,只要其客观上销售了不安全的食物,便需承担责任。⑨

总而言之,在应受行政处罚行为的归责问题上,选择以客观归责为标准并非无中生有,这种立场根植于对应受行政处罚行为本质的理解。无论是在大陆法系国家,还是在英美法系国家,传统学说一致认为,行政处罚与刑罚存在本质差异。犯罪行为的违法性体现在与良知的冲

---

① Francis Bowes Sayre, *Public Welfare Offenses*, 33 Columbia Law Review 55 (1933).
② 参见[英]威廉·布莱克斯通:《英国法释义》(第1卷),游云庭、缪苗译,上海人民出版社2006年版,第69页。
③ See Francis Bowes Sayre, *Public Welfare Offenses*, 33 Columbia Law Review 55 (1933).
④ See *Rex v. Medley*, 6 Car. & P. 292 (K. B. 1834).
⑤ See *Reg. v. Stephens*, L. R. 1 Q. B. 702 (1866).
⑥ See *Rex v. Walter*, 3 Esp. 21 (N. P. 1799).
⑦ See *Rex v. Cutch*, Moody & M. 433 (N. P. 1829).
⑧ See Ill. Rev. Stat. Ch. 43, §131 (1959). 转引自 Glen V. Borre, *Public Welfare Offenses: A New Approach*, 52 The Journal of Criminal Law, Criminology, and Police Science 418 (1961).
⑨ See Francis Bowes Sayre, *Public Welfare Offenses*, 33 Columbia Law Review 55 (1933).

突,而人类天生便已获悉良知的指引,无须借助任何规则主义的形式,规则只是提供司法强制力的依据而已。因而,犯罪行为是具备考量主观过错的可能性的。但是,应受行政处罚行为的违法性本质却并不一样,其只是来自国家的命令或禁令,公民必须借助一定的形式才能获知此类禁止性规范。因而要求考察主观过错,是一种过高的法治理念,不具有现实性,"行政机关几乎也难以办到"①。因而,客观归责论是可行的。

对此,本书同样不予认同,理由有三。

第一,选择从良心上区分犯罪与应受行政处罚行为,认为行政违法并不涉及良心违背,首先便犯了一个致命的错误——哪怕是真正意义上的刑罚,也无法做到与良心保持一致。良心正如道德一样,并没有一个统一标准,基于不同的文化背景和宗教感情,会产生不同的良心戒律。譬如,对于是否可以将血作为食物,在常人看来只是一种饮食习惯而已,但对于忌讳食血的基督教徒而言,却是一个关系到是否会遭受良心谴责的道德选择。因此,社会关系中并不具有一个统一的良心,犯罪也不可能是基于一个普遍的良心的。相反,人们往往会根据不同的良心认识,做出刑法规范上认为是犯罪行为,行为人却不认为是违背良心的行为。譬如,在刑法学上,就有专门的良心犯(Prisoner of conscience, POC)的定义。这是 1960 年国际特赦组织创造的术语,是指没有做出犯罪行为的因犯,他们往往是因种族、宗教、肤色、语言、性取向以及信仰等问题而被拘禁,并没有做出暴力行为,②其通常也被称为殉道者。

一般而言,现行法都规定可以谴责良心犯,良心犯也并不因其独特的良心追求而可以得到豁免。但问题是,他们的良心戒律就一定违背公共道德吗?我们该如何界定公共道德的界限和标准呢?这个曾经出现在哈特和德福林论战中的核心问题,在这里同样是模糊不清的。良心只是每一个人自己的情感,只是自己"心中的道德法则",③它与法并

---

① Francis Bowes Sayre, *Public Welfare Offenses*, 33 Columbia Law Review 55 (1933).
② 参见周永坤:《良心犯与马克思》,载《暨南学报(哲学社会科学版)》2011 年第 6 期。
③ 康德(Kant)也只是说:"有两样东西,我们愈经常愈持久地加以思索,它们就愈使心灵充满日新月异、有加无已的景仰和敬畏:在我之上的星空和我心中的道德法则。"参见[德]康德:《实践理性批判》,韩水法译,商务印书馆 2000 年版,第 177 页。

不等同。法可能只是利益集团"虚拟的良心",是经过处理之后"实体化的良心",它徒有虚表,完全丧失了良心应有的个性追求。因此,更为理性的认识是,享有实体法根据的良心犯也并不一定就必须要处以刑罚,以良心判断法律责任是否需要主观过错,从源头上来说就是有欠妥当的。

第二,草率地认为应受行政处罚行为的违法性,仅仅体现在对行政法规范的违背,可能也并不周全。同时,犯罪行为的违法性真的就全部体现在对道德义务的违背吗?答案可能也并非如此。实际上,将违法性理解为对道德义务的违背,在刑法学中早已是一种乏善可陈之术,因为其可能出现采用法律强制道德的问题。违法性体现在对社会功利的损害,即对法益的侵害。但是,法益是所有部门法都要保护的利益,无论是刑法和民法(如侵权法),还是行政法(如行政处罚法),都不例外。

在德国历史上,郭德施密特的生活背景是警察国时代,行政专权是这一时期总体上的政治特色。此时,行政等同于政治,也等同于管理。因此,这一时期制定的秩序违反法,必然带有保护统治阶级利益的偏好,对违法性的理解也自然仅指对国家命令的违反。但是,20世纪之后的行政管理却发生了质的变化,政府成为提供公共福祉的推手。行政立法也已经通过公众参与等行政程序,获得了应有的民主精神。现下,行政处罚性法律规范所要保护的并不是行政机关的利益,而是一个囊括公民个人法益以及社会和国家超个人法益在内的利益综合体。因此,一项应受行政处罚行为的违法性,主要是体现在对这些法益的损害上的。既然刑法学一致认为犯罪人可以感知法益,我们又凭什么说应受行政处罚行为的行为人就不可以感知到呢?很明显,这在逻辑上难以自圆其说。实践中,我们不能说,甲致乙轻伤(刑罚),就可以感知生命权这一法益,而如果只是轻微伤(行政处罚),就不能感知,这很显然是荒唐的。

第三,在大陆法系国家,即便是郭德施密特生活的时代,实际上也有人对行政犯的归责原则持相反立场。譬如,弗兰克(Reinhard Frank)认为,在违警犯之行为究系出于故意或过失,不能证明时,如果认定至少系由于过失,则责任即属成立。① 这种"过失推定责任"的理解,已经跨入了主观归责的门槛。而且,更为重要的是,类似认识还一度被沿用至德国法院之中,认为违警犯不能认定为故意时,只需证明出于过失,即应受处罚。随后,德国联邦法院亦将其进一步发展,认为"违警罪亦适用一般责任原则,并无例外"②。

同时,在英美法系国家,上述认识也早就得以更新。譬如,斯旺森(Kelly A. Swanson)认为:"美国联邦最高法院和明尼苏达的判决都关系到公共福利犯的犯意(mens rea)问题……该判决涉及美国犯罪学上一个经久不衰的原则,这便是要求具有犯意(mens rea)是一项规则,而不是例外。"③ 弗里德曼(Lawrence Friedman)和哈克尼(H. Hamilton Hackney Ⅲ)也说,保护人类环境和健康,并不足以让被告,包括贩毒者主观方面的标准要求大打折扣……法院必须尊重众所周知的普通法原则,譬如为了确定一项罪名,必须要求政府证明被告的行为是具有主观过错(intent)的。④ 同时,即使是在更早的时期,也有学者提出了与客观归责相反的立场。譬如,伯勒(Glen V. Borre)早在1961年便试图出具故意内容的判断标准。⑤ 另外,在美国,从司法判决的进路来看,自从1922年的"美国政府诉巴林特案"(United States v. Balint)之后,⑥有关公共福利犯的主观过错问题,便渐渐进入司法裁判的考量范围。被告往往以美国《宪法第十四修正案》为依据,主张法院必须确定其主观上具有过错。

3. 行政违法同样需要最为基本的正义。客观归责者还有一些更为现实的理由,来自主观归责的技术复杂性。他们认为,"责任"

---

① 参见韩忠谟:《行政犯之法律性质及其理论基础》,载《台大法学论丛》1980年第1期。
② 韩忠谟:《行政犯之法律性质及其理论基础》,载《台大法学论丛》1980年第1期。
③ Kelly A. Swanson, *Criminal Law: Mens Rea Alive and Well: Liniting Public Welfare Offenses—In Re C. R. M.*, 28 William Mitchell Law Review 1265 (2002).
④ See Lawrence Friedman & H. Hamilton Hackney Ⅲ, *Questions of Intent: Environmental Crimes and "Public Welfare" Offenses*, 10 Villanova Environmental Law Journal 1 (1999).
⑤ See Glen V. Borre, *Public Welfare Offenses: A New Approach*, 52 The Journal of Criminal Law, Criminology, and Police Science 418 (1961).
⑥ See *United States v. Balint*, 258 U. S. 250 (1922).

(Responsibility)是一个模糊不清(vague)的概念,①对责任的界定可能需要耗费大量精力,而这对复杂多变的行政活动而言不太现实。另外,他们还主张,是否属于违反公共秩序的行为是人所周知的,因为这类行为是如此得令人厌恶(repugnant),其对公共利益是一种严重的损害,它的故意内容包含在其行为之中,行为人也因而需要肩负更高的注意义务。②

对此,本书认为同样难以成立,理由有二。

第一,正义并不必然要为行政管理的效率需求让路,相反,判定行政违法同样"需要遵循最为基本的正义理念"③。我们恰恰应当"寻求一种正义的首要原则,一种政治和道德的规范,使之可以用来作为法律责任的基础"④。将主观归责的技术成本强制安放在行政相对人头上,而不是行政主体,这本身就是非正义的举措,是对意志自由的侵犯。⑤究其原因,这是传统的管理思维造就的。立法者认为,既然制度实施上有困难,会给行政机关带来麻烦,那就不应作主观过错的考量。这是一种在比较个人法益和超个人法益之后,对后者所作的选择。但问题是,当行政相对人根本就不知道他的行为是在违法,甚至根本不知道相关的法律时,我们凭什么要处罚这个行为呢?很显然,单从立法上强制要求是不能提供一个正当化根据的,这也难以令人信服。"人类所构建的实定法,不能与其受众的基本感情对峙,而只能服从于民众的价值观念,在一种广为认可的人类自我感觉(而不是作为一种客观存在)的意义上接受意思决定自由。"⑥

---

① See Glen V. Borre, *Public Welfare Offenses: A New Approach*, 52 The Journal of Criminal Law, Criminology, and Police Science 418 (1961).
② See Glen V. Borre, *Public Welfare Offenses: A New Approach*, 52 The Journal of Criminal Law, Criminology, and Police Science 418 (1961).
③ Lawrence Friedman & H. Hamilton Hackney Ⅲ, *Questions of Intent: Environmental Crimes and "Public Welfare" Offenses*, 10 Villanova Environmental Law Journal 1 (1999).
④ [美]波斯纳:《法理学问题》,苏力译,中国政法大学出版社1994年版,第393页。
⑤ 自由是意志的根本规定,正如重量是物体的根本规定一样……自由的东西就是意志。有意志而没有自由,只是一句空话,同时,自由只有作为意志,作为主体,才是现实的。参见[德]黑格尔:《法哲学原理》,范扬、张企泰译,商务印书馆1961年版,第11页。
⑥ [德]汉斯—海因里希·耶赛克:《德国与奥地利刑法中责任概念的流变》,陈金林译,载陈兴良主编:《刑事法评论》第28卷,北京大学出版社2011年版,第80页。

同时，我们还需重新考虑的一个问题是，要求必须考察主观上是否具有过错，是否真的属于一项无法完成的任务。从我们的观察结果来看，这可能并不尽然。在域外行政处罚法上，要求对应受行政处罚行为实行主观归责，早已是一项共识，并且执行已久，并未因此而产生过实施障碍，也没有滋生要求将主观归责予以废弃的学术异见，甚至直至晚近，还有德国学者主张该条款具有很好的保护功能，即强迫立法者必须审查每一项罚款的成立要件是否必要和正确。①

第二，需要区分的是，行为令人十分讨厌，并且对公共利益造成了严重损害，和行为人主观上是否具有过错不存在必然关联。法益侵害程度的大小是一种客观事实，它既不能从主观上加以衡量，又不能以此推断主观过错的有无或大小。违法性和有责性评价是各自独立开展的，不能以违法性决定有责性。譬如，杀人很显然是令人讨厌的，具有极高的违法性，但这并不意味着犯罪人主观上一定是极其恶劣的。刑法上一直会对主观过错加以区分，将杀人行为区分故意杀人和过失杀人等。

二、行政处罚主观归责的立法文本

至此，我们大致可以得出的结论是：客观归责在行政处罚中难以成立，支持它的各种学说都或多或少地存在不当之处，这已经可以提供一定的理论基础。但是，我们将从比较法上继续呈现一些持主观归责原则的立法文本，从而达到补强说明的效果，这主要包括奥地利、德国以及我国台湾地区。

第一，奥地利《行政罚法》第 5 条。奥地利《行政罚法》1925 年 7 月 21 日获得通过，1932 年、1950 年、2002 年稍有改动，但总体变化不大。②在其 1925 年公布实施《行政罚法》之后，无过错即无责任原则，与法无明文不处罚、禁止溯及既往等基本法理一样，均成为行政处罚适用上确

---

① 参见洪家殷：《行政罚法论》，台北，五南图书出版股份有限公司 2006 年版，第 204 页。
② 参见城仲模：《奥国行政罚制度析论》，载《台大法学论丛》第 6 卷第 2 期（蔡章麟《麟书》先生七秩华诞特刊）；洪家殷：《行政罚法论》，台北，五南图书出版股份有限公司 2006 年版，第 204 页。

定无疑的法律原则。① 1950 年的《行政罚法》第 5 条有两个有关主观归责方面的规定:"(1)如行政法规无关责任要件之特别规定时,过失行为已足为处罚之理由,仅属违反禁止命令或作为命令之行为,而无须以引起损害或危险作为违反行政义务行为之构成要件者,行政法规虽无责任要件之规定,同时行为人对于行政法规之遵守亦不能提出免除遵守义务之反证者亦可予以处罚;(2)违反行政义务之行为人,不得以不谙行政法规为免罚之理由,但如能证明其无行为责任时,及行为人在不谙行政法规之情形下,不能辨识为禁止行为时,不在为限。"②

第二,德国《违反秩序法》第 10 条、第 11 条。步随奥地利《行政罚法》之后,1952 年颁布实施的德国《违反秩序法》第 10 条规定:"故意与过失:只有故意行为方可作为违反秩序行为处罚,但是法律明确规定对过失行为应当处以罚款的情形除外。"第 11 条规定,疏忽(Irrtum):(1)实施行为时未意识到一种情形属于法定事实构成,不是故意行为。过失行为的可处罚性不受影响。(2)行为人在实施行为时未认识到其之所为系不允许之行为,尤其是因为其未意识到法律规定的存在或适用,并在其不能避免此种疏忽时,其行为不应受谴责。③ 很明显,相较于奥地利《行政罚法》第 5 条而言,德国《违反秩序法》第 10 条在主观归责的立场上更甚一等,它已经不再是与客观归责原则之间还拖泥带水的"过失推定原则",而是更为严格的"以故意为原则,过失为例外(必须要有规定)"的归责体系。对此,很多学者都致以赞誉,认为"与刑法并无二致"④。

第三,我国台湾地区所谓"行政罚法"第 7 条、第 8 条。其第 7 条规定:违反行政法上义务之行为非出于故意或过失者,不予处罚;法人、设有代表人或管理人之非法人团体、"机关"或其他组织违反行政法上义务者,其代表人、管理人、其他代表权之人或实际行为之职员、受雇人或

---

① 参见城仲模:《奥国行政罚制度析论》,载城仲模:《行政法之基础理论》,台北,三民书局 1983 年版。
② 《奥地利行政罚法》,载袁曙宏:《行政处罚的创设、实施和救济》,中国法制出版社 1997 年版,第 136 页。
③ 参见郑冲:《德国违反秩序法》,载《行政法学研究》1995 年第 1 期。
④ 洪家殷:《行政罚法论》,台北,五南图书出版股份有限公司 2006 年版,第 204 页。

从业人员之故意、过失,推定为该等组织之故意、过失。第 8 条规定:"不得因不知法规而免除行政处罚责任。但按其情节,得减轻或免除其处罚。"可见,我国台湾地区奉行的也是主观归责的标准。只不过,它是同时以故意或过失为原则的,而不是德国法上的只以处罚故意为原则。这是立法上的一次折中,但这并不影响它与客观归责立场之间的本质差别。

因此,我们不难发现,在将违警罪从刑法学中独立出来并对行政处罚专门立法的国家和地区中,几乎都采用的是主观归责的立场。尽管这些立场在具体内容上规定不一,但必须要对行为人的主观过错进行评价是毋庸置疑的。因此,客观归责立场实际上已经是一种被历史淘汰的陈旧认识。

第四节 法律责任的双元结构与行政处罚法责任条款的补充

从客观转向主观,在行政处罚中适用主观归责原则,必须面对的一个诘问是:按照自然法的理解,主观过错是个人的、情感的,甚至是多变的,行政机关何以能够确定一个人具有主观过错呢?其评价方案能够做到公平公正吗?

回答这一问题仍然需要在道义责任论与社会责任论中选择一个合适的理论基础,从而找到确定主观过错的基本标准。对此,大约有三种基本立场可供参考,它们分别是:前文已经提到的道义责任论、社会责任论以及调和二者的规范责任论。

正如前文所述,民法学与刑法学在经历了客观归责理论的轮回之后,都实现了道义责任论与社会责任论的一统局面。形式上,这似乎构成了可以同时适用主观归责和客观归责的归责体系,但其实不然。实际上直至今日,它们所遵从的仍然是主观归责原则为主、客观归责原则例外的基本标准。奉行严格责任原则的特殊侵权制度,在侵权责任法中永远只具有"法定"的特殊身份,并不具有普遍性。同时,故意与过失也是所有犯罪行为必不可少的要件。因此,在二者之中,所谓的社会责任论的复归,并不仅仅发生在客观归责原则的增添上,其更为本质的理论价值,应是修正了道义责任论中个人主义所导致的不确定性缺陷,建构了一种兼具道义责任论与社会责任论的双元结构。在本书中,我们将这种双元结构称为规范责任论。① 在脉络上,这种流变大致经历了如下历程。

1. 单一的道义责任论的主张。道义责任论的底层逻辑是意志自由,"道义关系是基于主体对客观利益的能动认识而产生的"②。道义责任论以精神哲学中的理性人为自己的认识源头,主张意志决定论,以康德、黑格尔等人的学说为根本依据。例如,黑格尔曾说,加于犯人的侵害不单是自在地正义的,因为这种侵害同时是他自在地存在的意志,是他的自由的定在,是他的法,所以是正义的;不仅如此,它还是在犯人自身中立定的法,也就是说,在他达到了定在的意志中,在他的行为中立定的法。其实,他的行为作为具有理性的人的行为,所包含的是:……他在他的行为中自为地承认它,因此,他应该从属于它,像从属于自己的法一样。③ 又如,康德也曾说过:"行为,必须首先按照它们的主观原则来考虑。"④按照学者的理解,道义责任论的简单逻辑是:凡是达到一定责任年龄、精神正常的人,都具有自由意志,可以基于内心的意志自由任意决定自己的行为,并对自己的行为负责。如果一个人在实施某种特定行为的意志抉择时,本来应当选择合法行为,但他却根据自己的意志决定实施了侵害法益的行为,那么,他当然应该为自己的行为负责。⑤

道义责任论尽管最初只是法哲学上的概念,⑥但它在部门中的应用却十分普遍。譬如,刑法学上所说的"心理责任论"(Psychologische Schuldbegrif)⑦或"意思责任论"等主张,便是道义责任论的重要

---

① 参见黎宏:《关于"刑事责任"的另一种理解》,载《清华法学》2009 年第 2 期。
② 孙笑侠:《法的现象与观念》,山东人民出版社 2003 年版,第 209 页。
③ 参见[德]黑格尔:《法哲学原理》,范扬、张企泰译,商务印书馆 1961 年版,第 118~119 页。
④ [德]康德:《纯粹理性批判》,蓝公武译,商务印书馆 1960 年版,第 22 页。
⑤ 参见冯筠:《道义责任论和社会责任论述评》,载《比较法研究》1989 年第 2 期。
⑥ 参见张文显:《二十世纪西方法哲学思潮研究》,法律出版社 2006 年版,第 394 页。
⑦ 参见[德]汉斯—海因里希·耶赛克:《德国与奥地利刑法中责任概念的流变》,陈金林译,载陈兴良主编:《刑事法评论》第 28 卷,北京大学出版社 2011 年版,第 73~74 页;梁根林:《责任主义原则及其例外——立足于客观处罚条件的考察》,载《清华法学》2009 年第 2 期。

内容。① 同时,在理解法律责任的历史脉络中,道义责任论的历史功绩也可圈可点:(1)道义责任对意志自由的重视,使得责任评价中添加了更多的人文精神,也使整个责任评价的对象由客观结果转向了主观意志,前述民法学与刑法学第一次从客观归责向主观归责的转向,便正是拜道义责任论所赐。可见,道义责任论排除了客观归责的可能性,使行为人不再为意志之外的违法行为负法律责任,这有利于保护行为人的自由权利。(2)道义责任论为主观归责理论中的"故意""过失"等判定对象提供了基本框架。这非但是责任判断的基本任务,同时也限制了后期归责立场的各类变化都是围绕主观过错这个基本前提而展开的。(3)更为重要的是,就本书主题而言,道义责任论"主张责任是同过错连在一起的"②,这为应受行政处罚行为的责任判断由客观归责转向主观归责,提供了根本性依据,也是比较法上撰写主观归责条款的基本前提。因此,无论道义责任论如何偏袒个人自由,它给行政法律责任所带来的法治精神都是功不可没的。

2. 单一的社会责任论的主张。然而,不幸的是,由于道义责任追求意志自由,奉行个人主义,在回答如何判定主观过错的方法上,自然会陷入不确定性。故意与过失的判断也不具有普遍的、客观的参考标准,而是按照行为人的个别情况,予以差别化对待。很显然,这与法所追求的平等与安定价值有所背离,因而成了道义责任论的先天缺陷,也给社会责任论的出现留下了可乘之机。同时,更为重要的是,道义责任论的基本前提——"意志自由"——究竟是否能够成立(意志是否真的是自由的),随着现代科学技术的发展也面临争议。

认为行为人的意志可以支配一切,这是一种决定论和理性主义。但是,现代科学证据恰恰表明,绝对的自由意志并不存在,甚至连意志究竟是否自由,都不可定论。1848年美国佛蒙特州的一位工人菲尼亚斯·盖奇(Phineas Gage)在开凿隧道时不幸被铁棍击中,一些碎铁片穿

---

① 参见张长红:《刑事责任基本原理研究》,中国政法大学2003年博士学位论文,第60页。

② 张文显:《二十世纪西方法哲学思潮研究》,法律出版社2006年版,第394页。

过他的头骨并损伤了他的大脑额叶腹内侧皮层。令人惊奇的是,盖奇能够从事故中走出并且看起来没有受到任何损伤。不过,虽然他的记忆、推论、言语和运动能力仍然是完整的,但是他的人格改变了,他变得轻蔑社会习俗、忽视责任。① 伦理学者认为,这个案例能够说明外界因素是可以干扰意志的,意志有自己的物质基础。"如果存在不受任何因素影响的绝对自由意志,那么盖奇的道德行为应该不会改变,但是大脑额叶腹内侧皮层受损后盖奇变得轻蔑社会习俗,忽视责任,他的道德行为改变了。这也说明意志并非完全自由而不受任何外因限制,即自由意志是不存在的。"②

因此,替代道义责任论的社会责任论主张,在现实社会中,人并不具有意志自由,个人的行为是由先于个人存在的遗传因素、生理因素以及其生活于其中的社会因素、环境因素所决定的,违法行为不过是素质和环境下的必然产物。从行为人来看,应受行政处罚行为的有责性不是行为人自由意志的选择,而是行为人危险性格的表露,这往往又被称为"性格责任论"。社会责任论强调行为人的反社会性,它的主观性评价对象是行为人的危险性格,而不是主观过错。在他们看来,违法行为的发生是素质和环境下的必然产物,和意志自由没有任何关系。

因此,单一的社会责任论是主张客观归责的,它拒绝谈论主观过错,奉行的多是严格责任主义原则(客观归责)。因而,纯粹的、单一的社会责任论,并不能为主观归责提供任何判断技术。不过,这也并不意味着它一无是处。从民法学与刑法学归责原则的发展情况来看,社会责任论除了推动客观归责原则的复归之外,还能够为道义责任论中个人主义的不足提供一种反思,倒逼道义责任论获得进化,并形成了后来

---

① See Adina Roskies, *A Case Study of Neuroethics*: *the Nature of Moral Judgemen*, in Judy Illes, Neuroethics: Defining the Issues in Theory, Practice and Policy, Oxford University Press, 2006, p. 5. 毛新志、刘星:《脑成像技术对道德责任判定的挑战》,载《中国医学伦理学》2011年第2期。

② 毛新志、刘星:《脑成像技术对道德责任判定的挑战》,载《中国医学伦理学》2011年第2期。对此,刑法学界也有所关注。譬如,在哥廷根举行的马克斯普朗克协会(Max-Planck-Gsellschaft)成立五十周年的纪念活动上,脑科学家沃尔夫·辛格(Wolf Singer)也作了类似的报告。参见[德]汉斯·海因里希·耶赛克:《德国与奥地利刑法中责任概念的流变》,陈金林译,载陈兴良主编:《刑事法评论》第28卷,北京大学出版社2011年版,第78~79页。

更具理性的规范责任论。

3. 双元的规范责任论的主张。综上,道义责任论偏袒个人主义,存在主观归责的不确定性,也无法在主观之外提供客观化标准,因而在对主观过错的判断上,容易掉入一种"你说我是故意,但我说我不是故意"的争辩之中,因此,它需要被客观化。而与此同时,另外一端的社会责任论则由于完全否认责任的主观性,认为人类毫无意志自由可言,也被贴上了"难以在现实中实现"①"有悖于现代自然科学的结论"②等标签。社会责任论这一忽略行为内在动机、目的、认知能力等因素的归责立场,"难免使法律责任的归结失去其合理限度"③,因此,它需要被主观化。可见,道义责任论与社会责任论是相辅相成的。沉迷于个人自由的道义责任论,需要借鉴社会责任论所提倡的客观标准,而一向对意志自由不屑一顾的社会责任论,也需要适时地对道义责任论"另眼相看"。

正因如此,后来为学界所主张的一种融合二者的"规范责任论"的提出,④实际上是水到渠成的,它的本质就是对二者的扬弃,"扬长避短"乃是规范责任论的大部分工作。当它站在道义责任论一边时,它主张社会责任论必须变更自己的理论前提,适度承认意志自由,支持主观归责的基底;而当它站在社会责任论一边时,它又主张道义责任论必须放弃绝对的意志自由观念,承认相对的意志自由,以客观化的标准来判断主观过错。因此,规范责任论是对道义责任论和社会责任论的折中,它以人的相对意志为理论基础,从行为人自由意志、人身素质以及社会环境三方面寻求法律责任的根据。它克服了道义责任论和社会责任论的明显缺陷,将法律责任的根据确立为含有主观因素和客观因素的统一体,使法律责任理论的研究更符合客观实际,⑤是一种融合性的双元

---

① 黎宏:《关于"刑事责任"的另一种理解》,载《清华法学》2009年第2期。
② 冯筠:《道义责任论和社会责任论述评》,载《比较法研究》1989年第2期。
③ 张文显:《二十世纪西方法哲学思潮研究》,法律出版社2006年版,第396页。
④ 它往往也被称为"人格责任论"(charakterologischer Schuldbegriff)。参见[德]汉斯·海因里希·耶赛克:《德国与奥地利刑法中责任概念的流变》,陈金林译,载陈兴良主编:《刑事法评论》第28卷,北京大学出版社2011年版,第74~75页。
⑤ 参见张长红:《刑事责任基本原理研究》,中国政法大学2003年博士学位论文,第65页。

结构。

相较而言,在对主观过错的判定上,规范责任论能够提供更为理性的判断标准,这大致体现在如下三个方面。(1)规范责任论仍然承认一定程度的意志自由,这保证了对应受行政处罚行为的责任评价,是以主观归责为基础的,而不是客观归责。这与前述批评客观归责的基本结论是一致的,也符合民法学与刑法学的现有认识。(2)规范责任论拒绝绝对的意志自由,因而对主观过错的判断,也自然奉行的是一种客观化标准,这可以避免主观过错难以固化的窘境。(3)规范责任论借鉴了社会责任论的合理部分,认为对主观过错的判断,不能单单以行为人个人为对象,而应该以"法所保护的价值连为一体的标准人"为参照。"要考虑在年龄、性别、职业、身体特征、精神状况以及生活经历等方面,将比照样本(Vergleichstypus)置于与特定的行为相同的情况下。如此,就不是将社会一般人的平均能力作为衡量行为人能力的标准,而是以通过经验性事实所确证的知识,来推断社会一般人在行为人所处的同一具体行为情境之下,是否具有自我掌控的能力。"① 举例来说,某甲违章停车后主张自己没有看到禁止停车的巨大标牌,认为不具有主观过错。对此,按照规范责任论的认识,应以一般人的认知能力为判断标准,以在同一情境下一般人是否可以看到禁止停车的标牌为判断对象,而不是某甲个人的认识能力。这里的归责,"应该是有一定程度的相似性就够了"②。

因此,应受行政处罚行为的责任判断体系,应围绕"以规范责任论为基本立场,实行主观归责原则"的主线而建构。行政相对人必须具有主观过错,才能成立应受行政处罚行为。实践中,除了构成要件的该当与违法性之外,行政机关还需要作主观上的有责任性评价。通常,主观过错被类型化为故意或过失。

对此,争议较大的是故意与过失的证明方法。回应这一问题需要回归到规范责任论之中,需要找到一个"一般人"或"标准人"的参照。

---

① [德]汉斯—海因里希·耶赛克:《德国与奥地利刑法中责任概念的流变》,陈金林译,载陈兴良主编:《刑事法评论》第28卷,北京大学出版社2011年版,第81页。

② [德]考夫曼:《法律哲学》,刘幸义等译,法律出版社2004年版,第196页。

这好比霍姆斯对陪审团的告诫一样——先生们,问题不在于被告人是否觉得他的行为是不是一个审慎之人的做法,而在于,你们是否这样认为。① 在具体方法上,这就是司法审查中经常提及的"经验法则"(Erfahrungssatze)。所谓经验法则,是指人们在长期生产、生活以及科学研发过程中通过对客观外界各种现象的观察、识别和认知,而在观念上形成的一种理性认识……在证据法意义上,经验法则是法官以日常生活中在特定条件下所形成的反映事物之间内在必然联系的事理作为认定待证事实的根据的有关法则。② 经验法则是社会日常经验法则的一个必要而特殊的组成部分,其特殊性表现在法官常常以自身的学识、亲身生活体验或被公众所普遍认识与接受的那些公理经验作为法律逻辑的一种推理模式。③ 按照不同属性,经验法则可分为一般的经验法则和特殊的经验法则两种类型,它们在故意与过失的判断上具有不同功能。

第一,一般的经验法则与责任条件的判断。所谓一般的经验法则,就是以正常人的经验常识、生活习惯、社会情感等因素作为判断责任条件的根本依据。"一般经验法则是人们从社会生活或者法律生活中所体验、感知的一类事实,这类事实构成要素之间的因果关系经过长期的反复验证,代表着一种类型事物发展的通常趋势或大致规律,它是以事实的盖然性作为其内容,由此而形成的规则,其本身自无证明的必要。"④因此,司法实践中,一旦我们确定可以一般的经验法则判断责任条件是否成立,它本身就是一个事实,不需要再加以证明。这就好比在"雅各贝利斯诉俄亥俄州政府案"(Jacobellis v. Ohio)中,⑤美国法官泼特·斯图沃特(Potter Stewart)所说:"当我看到了它,我自然就知道它(I know it when I see it)。"⑥这是一种近似自觉的判断行为,我们只需根据一般人的生活规律,便可得出最平常不过的结论。譬如,甲每天

---

① 参见[美]小奥利弗·温德尔·霍姆斯:《普通法》,冉昊等译,中国政法大学出版社2006年版,第94页。
② 参见毕玉谦:《论经验法则在司法上的功能与应用》,载《证据科学》2011年第2期。
③ 参见毕玉谦:《试论民事诉讼中的经验法则》,载《中国法学》2000年第6期。
④ 毕玉谦:《论经验法则在司法上的功能与应用》,载《证据科学》2011年第2期。
⑤ See Jacobellis v. Ohio,378 U. S. 184,197 (1964).
⑥ Paul Gewirtz,*On "I Know It When I See It"*,4 The Yale Law Journal 1023(1996).

都经过自家门前的红绿灯,因此,对于甲在此处闯红灯的行为,甲便是具有主观过错的。此时,甲主观上的故意或过失不需要特别证明,它的正当性来自一般的经验法则,行政机关只需根据普遍的生活经验加以说明即可。

在责任条件判断上,一般的经验法则的功效在于,它可以避免绝对的意志自由对主观过错判断的个体化冲击,从而更好地落实规范责任论。根据的一般的经验法则,判断责任条件的标准是事物发展的通常趋势或大致规律,它要么表现为一般的生活常识,要么表现为常见的社会经验。在本质上,生活常识和社会经验是对个体认识经过普遍化之后才产生的共识。因而,它与某些行政相对人所主张的个别性理由相差甚远。因此,一般的经验法则是排斥纯粹的道义责任论的,不以"相对人"这个个体判断主观过错。当然,尽管"基于一般普遍适用性特征而建立的经验法则可以被认为是有效的"[1],但这并非等同于"失去了被证明的必要"[2]。这些不过是根据一般的经验法则所作出的推论或者假设,当有充分的证据表明结论有误,就应当及时改变这种推论或者假设。

第二,特殊的经验法则与责任条件的判断。一般的经验法则只是对日常生活经历的掌握与运用,无须借助过多的专业知识。不过,与此相反,特殊的经验法则的形成,却恰恰是基于特别知识或经验所取得的事实,它是"一种有效的法则",通常要么是符合一般特征的科学规则,要么就是科学已经以某种形式确定的一般性规律。[3] 在行政处罚活动中,这种特殊的经验法则经常为执法人员所主张,它一般表现为执法人员的专业知识或者执法经验。

在责任条件判断上,行政机关往往也需要根据特殊的经验法则判断主观过错。这是因为,在某些领域根本就不存在一般的经验法则,没有共同的生活经验和一般性的生活常识,只有专业化的事务,必须根据

---

[1] [意]米歇尔·塔鲁否、孙维萍:《关于经验法则的思考》,载《证据科学》2009 年第 2 期。

[2] 毕玉谦:《论经验法则在司法上的功能与应用》,载《证据科学》2011 年第 2 期。

[3] 参见[意]米歇尔·塔鲁否、孙维萍:《关于经验法则的思考》,载《证据科学》2009 年第 2 期。

专业性判断标准才能界定责任条件是否成立。譬如,在证券类行政处罚活动中,对于相对人是否具有违规操作的主观过错,就并不存在一般的经验法则可供参考,而是证券行业的专业知识,需要证监会工作人员根据自己的特别知识或经验才能断定。当然,特殊的经验法则并不是一种共识性经验,只是行政机关自己的专业判断。与一般的经验法则存在区别的是,特殊的经验法则往往也可以成为被证明的对象,[1]当某一特殊的经验法则是否存在引发疑议时,"裁罚机关"必须负举证责任[2]。这意味着,当行政机关根据专业知识判断责任条件时,并不具有绝对效力。如果其遭到质疑,仍然需要进一步作出证明。

---

[1] 参见毕玉谦:《试论民事诉讼中的经验法则》,载《中国法学》2000年第6期。
[2] 参见林三钦:《行政处罚案件"故意过失"举证责任之探讨——以行政裁罚程序为中心》,载《台湾法学》2009年第138期。

第六章 《行政处罚法》"法盲"条款的增设

法盲,又称禁止错误。行政处罚法上的"禁止错误"(Verbotensirrtum),主要所要讨论的是对"法盲"究竟要不要科以处罚责任的问题。在文学作品中,契诃夫笔下有一篇描写法盲的小文,名为《法盲·文盲·科盲》(或者译为《蓄意犯罪者》)。① 在展开具体探讨之前,我们不妨先品读一下其中法官与法盲丹尼斯的一段对话:

……

"你听着!《惩治条例》第1081条说,'凡蓄意破坏铁路致使该铁路运输可能发生危险的犯罪人,而且本人知道这种不幸的后果',你听明白了吗?你当时是知道的!你不可能不知道拧下螺丝帽会造成什么后果!'犯罪人应判处流放服劳役'。"

"……我们愚昧无知,我们哪里会明白?"

"你什么都明白!你在撒谎,装糊涂!"

"干吗要撒谎?既然您不相信,就去问村里的人……"

"好了,住嘴吧!"

"我可以走了吧?"一阵沉默过后,丹尼斯就问。

"不行!我应该拘留你,让你进监狱。"

---

① 参见[俄]契诃夫:《契诃夫短篇小说精选》,曾冲明译,长征出版社2005年版,第50~54页。

"为啥进监狱？阁下！我没有时间,我必须去市场。要回来叶果尔欠我的三卢布猪油钱。"

"住嘴！别妨碍我！"

"进监狱？如果真的是因为什么,我可以进。可是活得好好的,为什么要进监狱？我没有偷,也没有打架,如果您怀疑我欠税款,阁下,您千万别相信村长,村长这个人没有良心。"

……

在我国,有学者曾将丹尼斯冠以"俄国式法盲"的称号,并与"中国式法盲"作了大概的区分。① 并且,该文译者还校验了上述文字的真实性。在巴金所译、高尔基所著的《作家写照》一书中,亦清楚地记载了契诃夫和一名法官的争论,契诃夫认为无知者无罪。②

从法哲学上来说,"一个社会的法律的全部合法性最终必须而且只能基于这个社会的认可,而不是任何外国的做法或抽象的原则"③,"只有培养了对法的理解之后,法才有能力获得普遍性"④。因此,无知者无罪是一个必然的逻辑推论,我国自古便有"不知者不罪"的古谚。从经验主义的角度来说,当行为人不知道其行为为法所禁止时,其便是一个无知者,是一个地地道道的法盲。但是,从理性主义的角度来看,"对法律并不知晓,不能成为免责理由"(ignorance of the law will not excuse),⑤却已经是法学理论上的一个铁律。因此,在处理"法盲"问题上,是存在经验主义与理性主义的根本冲突的。前者认为,对于法盲要奉行无知者无罪原则,而后者则恰恰相反。在上述文学作品中,法官与丹尼斯之间的争论,根源也在于此。

在行政处罚法上,由于"行政法被认为是理性建构的(而非自发生成的)社会规则"⑥,它与具有伦理性质的文化规范关联甚少,需要通过

---

① 参见阳明成:《俄国式法盲与中国式法盲》,载《法学评论》1987年第2期。
② 参见[俄]契诃夫:《契诃夫短篇小说精选》,曾冲明译,长征出版社2005年版,第54页。
③ 苏力:《道路通向城市:转型中国的法治》,法律出版社2004年版,第298页。
④ [德]黑格尔:《法哲学原理》,范扬、张企泰译,商务印书馆1961年版,第220页。
⑤ See e. g., *United States v. Balint*, 258 U. S. 57 (1922); *Shevlin-Carpen-ter Co. v. Minnesota*, 218 U. S. 57(1910).
⑥ [英]弗里德利希·冯·哈耶克:《法律、立法与自由》(第1卷),邓正来、张守东、李静冰译,中国大百科全书出版社2000年版,第63页。

一定的认识行为才能被行政相对人获知,加之行政法规亦具有变化无常的特性,在应受行政处罚行为的有责性判断阶段,法盲问题往往更为普遍和凸显。在现实生活中,我们时常会发现行政相对人由于不知法规之存在,而发生违反行政法规受到处罚之情形。例如,2018 年 4 月 27 日,8L9720 航班到达绵阳机场后,一名陈姓男子觉得机舱内闷热,顺手打开了应急舱门,导致飞机逃生滑梯被释放并受损,其最终因违反相关法律法规,被绵阳机场公安分局依法行政拘留 15 日。但是,"陈某并不知道擅自打开飞机应急舱门的后果是什么,更不知道自己的行为是违法的"①。又如,在完全不知情的情况下,在禁烟区的吸烟行为;在未看到警告牌的情况下,误闯已公告禁止进入的区域;民众不知垃圾应该分类,仍以往日习惯将各种垃圾混装而受处罚的行为等。②

和丹尼斯一样,在行政处罚法上,行政相对人经常会以"并不知道这是违法行为"之类的措辞予以抗辩。他们认为,处罚一个无知的人,是对责任主义的违背,但这与任何一国的法律传统不相吻合。

对此,立法上究竟应该作如何安排,往往会涉及一个被称为"禁止错误"(Verbotensirrtum)或"违法性认识错误"的法学理论。在本书中,我们将其称为"行政处罚法上的禁止错误",其主要任务是要解决相对人不知道存在行政处罚性法律规范的情况下(法盲),会对应受行政处罚行为的成立要件产生何种影响的问题,这是行政处罚责任主义立场中的另一个重要问题,遗憾的是,本次修法并未对此作出回应。

第一节 禁止错误的概念与类型划分

一、禁止错误与构成要件错误

所谓行政处罚法上的禁止错误(Verbotensirrtum),系指行为人对于

---

① 伊萱:《"不知"怎可成为违法的"挡箭牌"》,载《中国民航报》2018 年 5 月 4 日,第 3 版。
② 参见李惠宗:《行政罚法之理论与案例》,台北,元照出版有限公司 2005 年版,第 71 页。

行为的违法性发生错误,或行为人误认了行政处罚法禁止规范内容,致其心理上欠缺不法行为的认知,即欠缺不法意识。换句话说,尽管行为人在客观事实方面对其行为已经有所认识,但是,却未能清楚地认识到其所实施的行为是法所禁止的。① 譬如,某甲在不知情的情况下,在禁烟区实施了吸烟行为,甲对"禁烟区"这一禁止性规定毫不知情,这便是禁止错误的一种类型。

与禁止错误相对应的是构成要件错误(Tatbestandsirrtum),所谓构成要件错误,系指行为人对于违法事实产生了错误。譬如,甲由于患有色盲,误将红灯看成了绿灯,实施了闯红灯的行为。

禁止错误与构成要件错误的区别在于,禁止错误所要认识的对象是行政处罚法上的禁止性规范,譬如前述"此地禁止吸烟"的规定。但是,构成要件错误所要认识的对象却并非如此,而是一个行为事实。譬如,道路交叉口所设置的红绿灯标志。基于这项区别,它们分别简称为"法律错误"(Rechrsirrtum)和"事实错误"(Tatsachenirrtum)。

实践中,区分禁止错误和构成要件错误的意义在于,对于基于禁止错误与构成要件错误所实施的违法行为,在立法上会得到两种完全不同的评价。早在公元553年,在优士丁尼发布的《学说汇编》中,便已有"不知事实无害,不知法律有害"(Factivero ignorantiam non nocere, jurisquidam ignorantiam cuique nocere)规则。② 而且,坊间也一直有与这一规则意义近似的"不知事实免责,不知法不免责"(Ignorantia facti excusat, ignorantia juris non excusat)格言。③ 一般认为,对不同性质的认识错误需要适用不同的处理原则:对事实没有认识或者产生错误认识(构成要件错误),是可以阻却行政处罚责任的成立的。但是,没有认识到行为的违法性或者对行为的违法性产生错误认识(禁止错误),并不影响应受行政处罚行为的成立,行政机关仍然应当科以处罚责任。

---

① 参见洪家殷:《论行政罚之禁止错误——以行政罚第8条之评析为中心条》,载《东吴法律学报》2008年第4期。

② 参见劳东燕:《"不知法不免责"准则的历史考察》,载《政法论坛》2007年第4期。

③ See Keedy, *Ignorance and mistakes in the criminal law*, 22 Harvard Law Review 75 (1908).

从根本上来说,这是因为,在实务中,处理构成要件错误往往是通过责任条件的评价获得实现的。① 对构成要件发生认识错误,一般会对责任条件中的"故意"产生阻却作用,即构成要件错误会导致责任条件中"故意"的主观过错,难以成立。在我们熟知的德日刑法学理论中,这是基础的知识和逻辑。而且,从晚近我们对应受行政处罚行为成立要件的观察来看,②诸如此类的法律评价,在行政处罚归责过程中同样成立。责任主义作为尊重意志自由的民主立场,在应受行政处罚行为中同样具有不可或缺的功能与作用。行政相对人只有在主观上有过错的情况下才能归责,这既是新近公法理论的一致主张,同时又是比较法上的常见规范。因而,在完整的应受行政处罚行为成立要件的评价框架中,如果相对人发生了构成要件错误,是可以获得阻却责任条件成立的法律效果的,而这最终将会导致整个应受行政处罚行为不成立,违法行为可以得到豁免。

但是,对法律认识的错误(禁止错误),却并不可被归入"故意"与"过失"中,因为它不是主观过错判断所能包含的内容,而是独立于"故意"和"过失"之外的第三种类型,自然不可借助主观过错而获得豁免。诚然,在刑法学理论发展过程中,禁止错误一开始并非一个独立的责任条件类型,它最先确实是被包裹在"故意理论"(Vorsatztheorie)之中的。早期的故意理论认为,故意包括认知(Wissen)、意欲(Wollen)及不法意识三者(见图 6-1)。③ 因此,违法行为的故意必须也要包括对禁止性法律规范的获知,具有"不法意识"。否则,"若行为人缺乏不

---

① 行政处罚法上的责任条件,主要是指违法行为人的主观过错,包括"故意"与"过失"。责任条件尽管在我国《行政处罚法》中未被规范,但不意味着应受行政处罚行为的成立要件中不需要责任条件要素。在比较法上,德国《违法秩序法》第 10 条、第 11 条、奥地利《行政罚法》第 5 条,都明文规定了责任条件。而且,我国司法实践中亦有要求违法行为人必须具有主观过错的判决。譬如,北京市高级人民法院行政裁定书,(2017)京行申 1402 号。在该案中,法院认为,行政机关以构成偷税行为为由对当事人作出行政处罚,应当对当事人不缴或者少缴应纳税款的主观方面进行调查认定,并在当事人提起行政诉讼后就此承担举证责任。

② 参见熊樟林:《行政处罚上的空白要件及其补充规则》,载《法学研究》2012 年第 6 期;熊樟林:《论〈行政处罚法〉修改的基本立场》,载《当代法学》2019 年第 1 期。

③ "A lack of criminal intent may arise in two distinct contexts, that is, through ignorance either of the law or of relevant facts." See Glen V. Borre, *Public Welfare Offenses: A New Approach*, 52 The Journal of Criminal Law, Criminology, and Police Science 418 (1961).

法意识,则无法构成故意犯罪,仅承担行为的过失责任"①,只能另行采用"过失"予以科处责任。在这样的评价体系中,禁止错误不具有独立的评价功能,其是借助责任条件中的"故意"通道,从而获得责任豁免的。

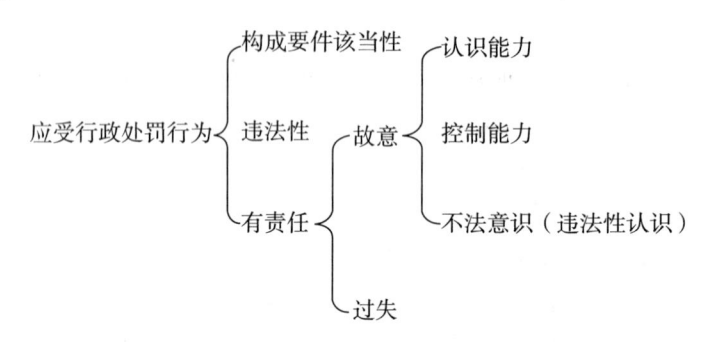

```
                        ┌─构成要件该当性      ┌─认识能力
                        │                   │
应受行政处罚行为┤ 违法性    ┌故意┤ 控制能力
                        │                   │
                        └─有责任┤           └─不法意识(违法性认识)
                                │
                                └过失
```

图6-1 早期"故意理论"对有责性内涵的认识

但是,这种将禁止错误置于"故意"之中予以理解的理论,容易导致对法律越是不关心的人,反而越有机会可以阻却故意,从而逃脱行政处罚责任。而且,在刑法学上,"过失犯必须具有法律规定"②。因此,在刑法没有规定过失责任的情形中,对于存在禁止错误的犯罪行为,就必须宣布无罪。很显然,这是立法者不愿看到的情形,会在一定程度上影响法的安定性,这也是早期理论"最受学者诟病之处"③。

因而,它后来并不被认同,替而代之是一种罪责理论(Schuldtheorie)。罪责理论将违法性认识从故意中脱离出来,从而成为责任条件中与故意、过失并列的一种独立要素。因此,行为人主观上若欠缺不法意识,仍然不影响故意之成立,但会对罪责造成影响(见图6-2)。在这样的评价体系中,误认行为违法性之禁止错误,依然可以成立故意,只是其罪责有可能部分减轻或全部排除,甚至自始被阻却,从而可以减免或阻

---

① 王莹:《论法律认识错误——德国禁止错误理论的变迁及其对我国犯罪构成理论改造的启示》,载陈兴良主编:《刑事法评论》第25卷,北京大学出版社2009年版,第223页。
② 譬如,《刑法》第15条:"应当预见自己的行为可能发生危害社会的结果,因为疏忽大意而没有预见,或者已经预见而轻信能够避免,以致发生这种结果的,是过失犯罪。过失犯罪,法律有规定的才负刑事责任。"
③ 王莹:《论法律认识错误——德国禁止错误理论的变迁及其对我国犯罪构成理论改造的启示》,载陈兴良主编:《刑事法评论》第25卷,北京大学出版社2009年版,第223页。

却罪责。①

本书所理解的禁止错误正是从这一立场出发的。我们认为,对于禁止错误,并不能从主观过错的判断途径中加以处理,不能说欠缺违法性认识,就是主观上欠缺故意。相反,它必须单独列出,以单独的法律条文予以明确,"属禁止错误的情形,并不妨碍成立故意的违法行为"②,"行为人不能主张其不知法规而否认其有故意或过失"③。换句话说,"禁止错误"具有独立的评价功能,其非但可以影响应受行政处罚行为的成立,同时也可以影响量罚活动。

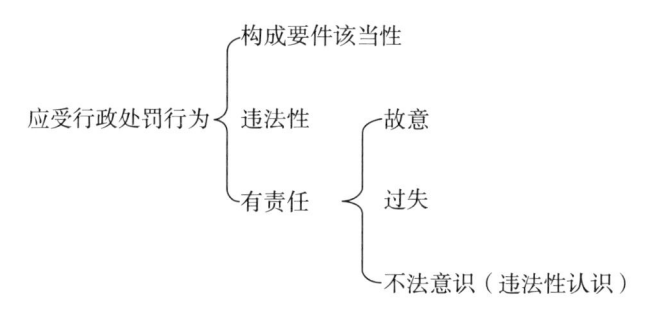

$$
\text{应受行政处罚行为} \begin{cases} \text{构成要件该当性} \\ \text{违法性} \\ \text{有责任} \end{cases} \begin{cases} \text{故意} \\ \text{过失} \\ \text{不法意识(违法性认识)} \end{cases}
$$

图6–2 "罪责理论"对有责性内涵的认识

二、可避免的禁止错误与不可避免的禁止错误

根据不同的标准,禁止错误本身有多种多样的类型划分。譬如,学理上便有"直接禁止错误"(Direkter Verbotsirrtum)与"间接禁止错误"(Indirekter Verbotsirrtum)两种类型。前者"直接的禁止错误",系指行为人没有认识到与其行为有直接关系的禁止规范,导致误认为其行为为法所允许而属合法行为。实践中,它主要包括:(1)行为人完全不知道存在禁止规范,如行为人不知道是禁烟区;(2)误认为该规范为无效规范,如行为人认为随地吐痰被罚款只是过去的规定,但却不知道有些地方,随地吐痰仍然是应受行政处罚行为;④(3)误认为该规范不适用

---

① 参见张丽卿:《无法避免的禁止错误》,载《台湾本土法学杂志》2005年第73期。
② 陈敏:《行政法总论》,台北,三民书局2004年版,第87页。
③ 林锡尧:《行政罚法》,台北,元照出版有限公司2006年版,第90页。
④ 譬如《海南省公共厕所管理办法》第21条:"使用公共厕所,禁止下列行为:(一)随地吐痰、吐槟榔渣汁、乱扔杂物……"

于其行为,如行为人误认为 A 市的交通行政处罚规定,不适用于外地车辆。后者"间接的禁止错误",系指行为人误以为有阻却违法事由存在,导致认为其行为为法所允许而属合法行为。譬如,下级公务员明知上级公务员之命令违法,但误以为只要依命令行事,即可阻却违法。但实际上,我国《公务员法》第 60 条却规定:"公务员执行公务时,认为上级的决定或者命令有错误的,可以向上级提出改正或者撤销该决定或者命令的意见;上级不改变该决定或者命令,或者要求立即执行的,公务员应当执行该决定或者命令,执行的后果由上级负责,公务员不承担责任;但是,公务员执行明显违法的决定或者命令的,应当依法承担相应的责任。"

在禁止错误的判断上,直接与间接禁止错误的划分,并不具有太大的实践价值,因为禁止错误的核心命题在于到底要不要对行为人进行处罚,而直接和间接的类型划分,却并不能提供这种判断准则,它只是具有一定的类型化意义。实际上,真正具有实践价值的是另一种类型划分:可避免的(vermeidbare)禁止错误与不可避免的(unvermeidbare)禁止错误。严格来说,划分可避免的禁止错误与不可避免的禁止错误的主要目的,正是要确立一种是否要对禁止错误予以非难的标准。

所谓不可避免的禁止错误,就是指行为人对其行为,在主观上自信为法律所允许,而且,客观上,其自信有正当理由,由于此时不存在实现不法构成要件的可非难性,可免除其行政处罚责任的成立。但是,倘若只是可避免之禁止错误,既然行为人原可避免此种禁止错误的发生,行为人自应受到行政处罚责任的非难,只是针对其情形,考虑是否减轻其责任而已。① 简言之,"盖于'有正当理由而无法避免'的情况下,行为人之'不知法规'(='欠缺违法性意识')已欠缺主观的可归责性,自应免除其责任;在未达此程度之'禁止错误'的特殊情形,宜仅发生减轻处罚的问题"②。可见,区别可避免的禁止错误与不可避免的禁止错误,将直接决定行政处罚责任的有无。

---

① 参见洪家殷:《论行政罚之禁止错误——以行政罚第 8 条之评析为中心条》,载《东吴法律学报》2008 年第 4 期。
② 陈爱娥:《行政罚的违法性与责任》,载廖义男:《行政罚法》,台北,元照出版有限公司 2008 年版,第 99 页。

第二节 "法盲"的可罚性与不可罚性

如上所述,本书认为,禁止错误仅是法律认识错误,它不能像构成要件错误一样,在"故意"中予以评价,它理应具有自己独立的评价标准。那么,这种评价标准到底是什么呢?在现代社会,我们是不是依然还要像罗马法一样,奉行"不知事实免责,不知法不免责"(Ignorantia facti excusat, ignorantia juris non excusat)的苛刻立场?

一、虚假的禁止错误的可罚性

需要区别的是,我们通常所说的违法性认识的认识对象并不是法律条文本身,更不是法律条文中具体列明的各种罚则。实践中,在行为人闯红灯之后,当其向行政机关辩解:"我根本就不知道《道路交通安全法》第26条规定了'交通信号灯由红灯、绿灯、黄灯组成。红灯表示禁止通行,绿灯表示准许通行,黄灯表示警示'这个条款,我更加不知道违反了这个条款要被扣分、罚款"。这种辩解并不成立禁止错误。

诚然,禁止错误是对行为违法性的认识,但违法性应该基于一种实质立场加以理解,而不是形式违法性。违法性的本质在于对法益的侵害,而不仅仅是对实体法的违背。某人闯红灯行为的违法性体现在其对道路交通安全秩序这个超个人法益的侵害,而不仅是对《道路交通安全法》第26条的违反。"形式违法性是法益侵犯性的法律表现,既然要求行为人认识到行为的实质违法性,就没有必要还要求行为人认识到形式违法性。"[1]因此,真正的禁止错误是指行为人没有认识到或者错误地认识了某项行为将会对法益造成侵害,而诸如上述之类的辩解,其实只是一种虚假的禁止错误。

只有在这种观念之下,我们才能够解释为什么实践中所说的大部分的"禁止错误"是具有可罚性的,这是因为,立法者所要求的违法性认识,并不需要细致到形式违法性所理解的具体的法律条文上,而只需获

---

[1] 张明楷:《刑法学》(第4版),法律出版社2011年版,第299页。

知是否具有实质违法性所理解的法益侵害性即可。一般而言,对于自己的行为究竟是否有利于他人或社会(实质违法性),我们只需凭借自己的经验常识即可判断。同时,立法者也不可能禁止对社会有利的行为。因此,实践中的大部分违法性认识实际上是正确的,真正意义上的禁止错误只是其中较少的部分。

因此,很明显,当我们在闯红灯时,我们不可能说,自己不知道这一行为可能会造成实际的损害结果或可能的危害结果,[1]具有一定的法益侵害性,这与日常的生活经验也并不相符。因此,上述辩解并不构成禁止错误,当然也不能阻却应受行政处罚行为的成立。

二、禁止错误的不可罚性:"不知法不免责"原则的例外

真正的禁止错误是指行为人没有认识到或者错误地认识了某项行为将会对法益造成侵害。严格意义上的"不知法不免责",正是就这一立场而言的。但是,从逻辑上说,如果行为人真的不知道其行为具有法益侵害性,那么,便是存在禁止错误不可罚的可能性的,因为处罚这类行为与规范责任论所承认的相对意志自由明显不符,也难以说是在奉行责任主义立场。

从实践层面来看,尽管"不知法不免责"是任何国家都不得不承认的传统,也是罗马法上的至理名言,但是,就是这个被认为是理所当然的信条,在现代社会发生了一些动摇。譬如,在众多国家的刑法文本中,出现了"不知法不免责"原则的例外。德国、法国、奥地利、西班牙、葡萄牙、韩国等大陆法系国家均通过总则性的立法修正,明文规定不知法或者法律错误不可避免时,行为人不承担责任。[2] 譬如,德国现行《刑法》第 17 条规定,"行为人行为时没有认识其违法性,如该错误认识不可避免,则对其行为不负责任。如该错误认识可以避免,则依第 49 条第 1 款减轻处罚"。

同时,普通法国家也通过立法和案例表明法律错误可以成立抗辩

---

[1] 参见熊樟林:《行政违法真的不需要危害结果吗?》,载《行政法学研究》2017 年第 3 期。

[2] 参见劳东燕:《"不知法不免责"准则的历史考察》,载《政法论坛》2007 年第 4 期。

事由,①如《美国模范刑法典》第2.04(3)规定:"当存在下列情形时,对行为在法律上并不成立犯罪的确信,构成针对基于该行为的犯罪之指控的抗辩事由:(a)界定犯罪的制定法或其他法令并不为行为人所知,并且在实施被指控的行为之前尚未公布或者不能被合理地知悉;(b)行为人基于对相关法律的官方声明的合理信赖而实施行为,而该官方声明事后被认定为无效或者错误。所谓的官方声明包括:(i)制定法或其他法令;(ii)司法性的判决、意见或裁判;(iii)行政命令或许可;或者(iv)对规定犯罪的法律负有解释、管理或实施职责的公职官员或公职机构所作出的官方解释。"同时,美国联邦最高法院在1957的"朗佩诉加利福尼亚州政府案"(Lampert v. California)中也直接指出,不知法不免责准则的适用受到正当程序的限制,在缺乏行为为法律所禁止的公平告知的场合不适用该准则。

可见,现代社会已经不将"不知法不免责"奉为圭臬,但这一原则也允许例外。归纳起来,这可能是基于如下考虑。

1."不知法不免责"并不是罗马法的传统,它只是国家权力兴起之后的产物。罗马法时代,人们之所以区分法律错误与事实错误,是因为"法律具有确定且能够被认定,而事实的确立甚至对于最慎重者也是困难的"②。罗马人从来没有根据法律错误与事实错误之间所划定的严格的分界线来进行思考。对罗马人而言,事实错误与法律错误之间的差别只是程度上的而不是种类上的。在罗马法时代,法律错误与事实错误的区分尚不具有今天所指称的意义,彼时两种错误之间并无性质上的差别。"不知法不免责"的现代意义与罗马法无关,而是绝对国家权力兴起后的产物,是国家权威扩张之故而引起的。③为了通过法律来控制社会,国家主义推定每个公民都必须知道法律。但是,现代社会是主张个人权利的时代,公民没有必须主动了解法律的天然义务,因而以国家主义为基础的"不知法不免责"立场,便应有所折中。

2."不知法不免责"在传统社会中之所以被奉为铁律,是传统违法

---

① 参见张明楷:《英美刑法中关于法律认识错误的处理原则》,载《法学家》1996年第3期。

② Keedy, *Ignorance and mistakes in the criminal law*, 22 Harvard Law Review 75 (1908).

③ 参见劳东燕:《"不知法不免责"准则的历史考察》,载《政法论坛》2007年第4期。

行为在造成法益侵害的同时,通常具有较强的反伦理色彩,而行为是否与伦理规范相吻合,公民只需在日常生活中便可以加以判断,并不需要借助禁止性规范的教化,禁止性规范也只是提供了一种司法适用的准则而已。因此,"不知法不免责"不会与经验主义产生较为明显的冲突。但是,19世纪中后期以后,法律调整范围开始发生扩张,行政国家的出现使得大部分具有规制性、管理性的法律所要规范的违法行为,在伦理上基本上是中立的,"人们不可能熟悉这个经常发生无法预见变化且很少以社会伦理为基础的领域"①,特别是信息与高科技领域。譬如,"天才少年具发明天分,自己制造了无线电的通信设备,与朋友通信,其不知无线电的使用,须经申请许可"②。但是,"不知法不免责"的成立,是需要以人们对法律具有现实的认识可能性为基础的。因此,在没有这一基础的情况下,一味予以苛责,要求公民付出更大的努力去了解法律,直至找出表明行为不合法的根据为止,这非但会使社会生活陷入瘫痪,也与法所期望的效果不符。因此,绝对地认为禁止错误具有可罚性的立场难以成立,应当允许这一原则有所例外。

三、禁止错误可罚与不可罚的标准

禁止错误既然并不都是可罚的,允许有所例外,在理论研究上便需出具其可罚与不可罚的具体标准。本书认为,这应当从前述"可避免的禁止错误"与"不可避免的禁止错误"的类型划分上加以确定。若属不可避免之禁止错误,由于欠缺作为可非难要素之一的不法意识,构成排除可非难之事由,行为人将不成立应受处罚之行为。然若系可避免之禁止错误,将仅能构成减轻可非难性之事由,并视个案情形得酌减其处罚。因此,行为人之禁止错误是否可避免,关涉到其行为是否应受处罚,影响十分重大。③ 从比较法上的经验来看,这种立场也为司法实务

---

① Claus Roxin, *StrafrechtAllgemeinerTei；l Grundlagen Aufbau derVerbrechenslehre*, Band I,3. Auf.1,C. H. BeckVerlag,1997. p.811.转引自劳东燕:《"不知法不免责"准则的历史考察》,载《政法论坛》2007年第4期。
② 李惠宗:《行政罚法之理论与案例》,台北,元照出版有限公司2005年版,第71页。
③ 参见洪家殷:《论行政罚之禁止错误——以行政罚第8条之评析为中心条》,载《东吴法律学报》2008年第4期。

者所认同。譬如,德国法院曾明确说道:"准此,错误系不可避免的,即当行为人依照事件之状况,本于其人格及生活与职业范围内可推测之良知之努力,而仍无法获得其行为是不法之认知时,……此要件,即其投入所有精神上之注意力,且已排除由于思考及获得必要咨询而显示出之怀疑……倘若行为人基于其良知之努力,得以知悉其行为是不法时,则其禁止错误为有责的。"①

当然,按照规范责任论的立场,区分可避免与不可避免的标准,并不是由行政相对人自己确定的,而是根据一定的参照因素综合得出的,"实务上应由行政机关本于职权,以具体个案审酌衡量,加以裁判"②。从现有的研究成果来看,一般认为,判断是否为可避免的禁止错误,应以行为人个人的状况为依据,并结合其社会地位、个人能力、学历背景等标准,判断行为人是否可以意识到违法性。譬如,某甲是个驾龄10年以上的老司机,如果其闯红灯之后辩称自己并不知道会造成公共交通秩序无序,便是无法让人理解的。

另外,从比较法上看,行为人必须出于善意,尽力去了解其行为是否为不法,若发生怀疑,将负有查询义务,亦即其必须去询问适当人员或机构,以厘清其不法疑义,不得自行判断。③ 而且,履行查询义务的方式还必须适当,必须向"有权限的、专业的、无偏见之人,其给予答复并不追求任何本身之利益,且保证所提供之答复是客观的、详细的、合义务的及负责人的"④。因此,是否可以被归为不可避免的禁止错误,从而阻却责任条件的成立,往往也可以从相对人是否适当履行了查询义务的角度加以确证,这也应当是主张禁止错误可免责的辩护焦点。

2021年修订的《行政处罚法》新增"无主观过错不罚"的规定,是对责任条件在定罚中的认可。但如前文所述,该条无法推理出禁止错误

---

① BGHSt. 21,18,20. 转引自洪家殷:《论行政罚之禁止错误——以行政罚第8条之评析为中心条》,载《东吴法律学报》2008年第4期。

② 黄俊杰:《行政罚法》,台北,翰芦图书出版有限公司2006年版,第43页。

③ See Jescheck/Weigend, Lehrbuch des Strafrechts, Allgemeiner Teil(zit. AT),5. Aufl.,1996,S.458f. 转引自洪家殷:《论行政罚之禁止错误——以行政罚第8条之评析为中心条》,载《东吴法律学报》2008年第4期。

④ BGHSt. 40,257,264. 转引自洪家殷:《论行政罚之禁止错误——以行政罚第8条之评析为中心条》,载《东吴法律学报》2008年第4期。

的相关规则。此次修法并未回应禁止错误的相关问题,但这并不意味着禁止错误不应出现在现行《行政处罚法》中。

第三节 "法盲"条款在我国《行政处罚法》上的增设

一、禁止错误在我国行政处罚中的实践状况

与《刑法》一样,新修订的《行政处罚法》并未明文规定"不知法不免责",禁止错误在《行政处罚法》上是一个明显的法律漏洞。并且,在部门行政处罚法上,我们同样找不到此类规范。因此,在行政处罚活动中,当行政相对人作禁止错误方面的辩解,并且,经行政机关事后查明这类辩解真实存在时,行政机关究竟该怎样说明理由以及究竟还要不要继续作出处罚,《行政处罚法》并没有给出明确答案,行政机关对此往往也束手无策。

不过,经过查阅我们发现,我国 1957 年原《治安管理处罚条例》第 20 条曾经作过如下规定:"违反治安管理行为有下列情形之一的,从轻或者免除处罚:一、确实不懂治安管理规则的……"从文义上来看,这已经是朴素的禁止错误规范,早期立法者实际上已经注意到了这一问题。但是,该法在 1986 年修改时,将这一规定予以删除,并且在后期的几次修改中,都没有再重新规定。

从对执法和司法实践的观察来看,禁止错误往往也并不会被纳入应受行政处罚行为成立要件中予以考量,实践中尽管存在与"禁止错误不免责"结果相同的行为决定,但并没有体现禁止错误不免责的说理和逻辑。譬如,在河北省雄县公安局作出的行政处罚决定书中,[1]被处罚人王某曾作出"其在不知道违法的前提下在雄县北沙中学门口燃放烟花爆竹"的抗辩,但是公安局在最后的处罚决定中并未予以回应,而是直接予以处罚。类似地,在"吴某民与南京市客运交通管理处其他(交通)行政处罚"案中,[2]原告提出"自己是老百姓,不知道违法"的抗

---

[1] 参见河北省雄县公安局 2015 年 8 月 4 日,雄公(北)行罚决字〔2015〕0207 号。
[2] 参见江苏省南京市中级人民法院行政判决书,(2018)苏 01 行终 18 号。

辩，但是，法院对此并未作任何回应，而是直接支持了原有的处罚决定。

可见，禁止错误在我国行政处罚实践中并没有被作为一项制度性议题予以关注，恰恰相反，不知法不免责是作为一个约定俗成的法则，被行政机关施加给行政相对人的。实践中，行政机关非但不会以法律认识错误减免处罚责任，同时也未作任何说理性回应，禁止错误这一法律问题未得到关注。

二、《行政处罚法》规范禁止错误的理由

大陆法系国家在行政处罚法中明确规定了禁止错误。譬如，奥地利《行政罚法》第5条第2款规定，"……（2）违反行政义务之行为人，不得以不谙行政法视为免罚之理由，但如能证明其无行为责任时，及行为人在不谙行政法规之情形下，不可能辨识为禁止行为时，不在为限"[①]；德国《违反秩序法》第11条规定，疏忽（Irrtum）:（1）实施行为时未意识到一种情形属于法定事实构成，不是故意行为。过失行为的可处罚性不受影响;（2）行为人在实施行为时未意识到其之所为系不允许之行为，尤其是因为其未意识到法律规定的存在或适用，并在其不能避免此种疏忽时，其行为不应受谴责。[②]

可见，在行政处罚法中规定禁止错误，并不是十分先进的立法技术，它在比较法上已司空见惯。那么，我国《行政处罚法》究竟要不要规范禁止错误呢？本书认为答案应该是肯定的，理由有三。

1. 行政违法的政策属性。诚然，我国《刑法》中确实也没有禁止错误的相关规定，但是刑法中没有规定，并不能推导出《行政处罚法》中也不需要加以规定。在刑法学上，有所谓"自然犯"和"行政犯"的划分，这有助于我们理解这一问题。刑法学理论认为，自然犯是自体恶，违反的是自然义务，而法定犯罪是禁止恶，违反的是法定义务。与刑法主要

---

① 《奥地利行政罚法》，载袁曙宏：《行政处罚的创设、实施和救济》，中国法制出版社1997年版，第136页。

② 参见郑冲：《德国违反秩序法》，载《行政法学研究》1995年第1期。

禁止"自体恶"（mala in se）不同,①行政处罚主要禁止的是"禁止恶"（mala prohibita）。

所谓自体恶,指的是对人类良心的违背,而良心是人人都有的,因此行为人对于是否可以作出"自体恶"的行为,是自然知晓的,它只需按照良心行事便可,自然义务所禁止的也只是良心需要谴责的事项。因此,刑法中即使不规定禁止错误,自然人其实从良心上也能够感知到,发生法律认识错误仍然具有可以避免的可能性。正如布莱克斯通所说,人类法律的约束力是建立在人类良知基础上的……早在人类法律存在之前,我们就受神启法和自然法的约束,要履行我们的自然义务并避免"本质上不合法"的行为的发生。但对那些只规定了法定义务,并不禁止实施 mala in se（本质上不合法）的行为,而仅仅禁止实施 mala prohibita（法律所禁止）的行为,并为每项违法行为确定相应的刑罚的法律而言,在此情况下,我认为,良知除了在我们违反人类法律时命令我们服从处罚措施外,就无须更多地被念及。②

但是,禁止恶则有所不同,禁止恶具有较强的政策性。所谓禁止恶,只是对行政法上禁止性规范的违背。在这类规范背后,并不存在内化于行为人生活之中的价值或伦理内容,而只是行政机关维持公共秩序的技术性政策,它不可能全部被相对人获知,相对人不通过一定的手段,也难以明确该类法律规范所要禁止的是何种义务。因而,对禁止恶的非难,必须要以相对人知晓禁止性规范为前提。举例而言,杀人是自体恶,即使实体法没有规定不能杀人,大多数人也知道不能杀人。但是,禁止恶则不一样,如随地吐痰是禁止恶,③但是,在实体法没有规定

---

① 实际上,行政犯在刑法中的比例也并不少,"我国近些年来制定了较多的行政法律,几乎所有的行政法律都设有刑事责任条款,这些刑事责任条款并不都是只重复刑法典的内容,有相当多的条款规定了新的罪状"。参见张明楷:《行政刑法辨析》,载《中国社会科学》1995 年第 3 期。

② 参见[英]威廉·布莱克斯通:《英国法释义》（第 1 卷）,游云庭、缪苗译,上海人民出版社 2006 年版,第 69 页。See also Francis Bowes Sayre, *Public Welfare Offenses*, 33 Columbia Law Review 55（1933）.

③ 譬如,日本 1973 年《轻犯罪法》第 1 条:"……(26)在街道、公园或者其他公共集合的场所,吐痰或大小便或者使他人做这些行为的……"参见郭布、罗润麒:《[日本]轻犯罪法》,载《环球法律评论》1979 年第 6 期。

之前,禁止随地吐痰,并不为每一个人所知悉。

而且,除此之外,"禁止恶"所触犯的公共政策,还具有较强的变动性,它们往往不能变成一种固定的状况,必须经常是一个憧憬的目标,因而行政不能是一种有关固定状况的确实结果,它是一个经常性的工作。国家为使公共福利达到理想状况而行政……其促进手段为经常性的行政行为,①也就是说,公共政策不具有法所固有的安定性,法可以被掌握,但变动不居的公共政策,却不可能为民众所掌握。在我国,按照《行政处罚法》第二章第 10 ~ 14 条的分配,能够设定行政处罚的禁止性规范,多到包括法律、行政法规、地方性法规、自治条例、单行条例、部门规章和地方政府规章 7 种类型,内容十分丰富,数量十分庞大,这在一定程度上会损害人们对法律明确性的知晓和掌控,发生禁止错误几乎是不可避免的,而这与刑法上的罪刑法定原则具有本质上的差异。因此,不能以刑法现状否定行政处罚法。

2. 说明理由制度的要求。我国《行政处罚法》第 62 条规定:"行政机关及其执法人员在作出行政处罚决定之前,未依照本法第四十四条、第四十五条的规定向当事人告知拟作出的行政处罚内容及事实、理由、依据,或者拒绝听取当事人的陈述、申辩,不得作出行政处罚决定;当事人明确放弃陈述或者申辩权利的除外。"同时,《行政处罚法》第 59 条第 1 款第 3 项规定:"行政机关依照本法第五十七条的规定给予行政处罚,应当制作行政处罚决定书。行政处罚决定书应当载明下列事项:(三)行政处罚的种类和依据。"因此,就行政程序的角度而言,在行政处罚活动中听取行政相对人的陈述和申辩,并作出相应的说明理由,是行政处罚程序正当的应有之义。实践中,当相对人收到处罚告知书,抗辩说没有意识到某一行为的违法性时,按照第 62 条的规定,行政机关自当应该对这一抗辩事由作出说明和回应。并且,根据第 59 条第 1 款第 3 项,说明理由的内容必须包括作出处罚决定的依据,这是用于支撑行政处罚合法性的法律要素,在理论研究中被称为"合法性理由"。一般来说,行政行为必须附有合法性理由,一个不附合法性理由的行政行

---

① 参见黄明儒:《行政犯比较研究——以行政犯的立法与性质为视点》,武汉大学 2002 年博士学位论文,第 85 页。

为,其内容可能是合法的,但形式却是专横的、不可接受的。①

但是,《行政处罚法》第38条规定:"行政处罚没有依据或者实施主体不具有行政主体资格的,行政处罚无效。违反法定程序构成重大且明显违法的,行政处罚无效。"第5条第3款规定:"对违法行为给予行政处罚的规定必须公布;未经公布的,不得作为行政处罚的依据。"因此,说明理由中的法律依据必须是事先公布的法律规范,而不能是被默认的"不知法不免责"的法律格言。

可见,即使是从继续施加处罚而不免责的目的出发,基于处罚法定原则的基本立场,行政机关也还是要告知相对人"不知法不免责"是法律上的已有规定,规范层面已经强加了公民知法推定的义务。只有这样,行政机关才算是在真正意义上完成了向当事人告知给予行政处罚的事实、理由和依据的义务。因此,从实践操作上来看,我们至少需要在《行政处罚法》上添加朴素的"不知法不免责"条款。

3. 减免处罚责任的需要。退一步说,即使"不知法不免责"并不需要在每一个部门法中加以罗列,它作为一个法律格言,早已深入人心,《行政处罚法》对此按下不表,也只是对这一法感情的默认,《行政处罚法》同样奉行的是"不知法不免责"。但是,正如前文所述,"不知法不免责"作为一个历史传统,仅仅在"历史上"被奉为圭臬,也只有在"传统社会"才行之有效。现代社会的违法性判断,与传统社会相比,并不具有相同的伦理基础。在传统社会,人们借助固有的伦理感情便可以作出正确的违法性认识,但在道德中性的行政管制性立法规范中,却并不具有这一基础,现代社会对行政立法充满了纯粹的技术判断,它或者是需要一定的知识基础才能为相对人所获知,或者是需要采用"付费"的方式才能获知。

从部门行政法的发展来看,制度上已经形成的"行政事前答复"制度,②可以很好地说明这一问题。为了更好地理解禁止性规范的真实含义,避免发生禁止错误,近年来,无论是在国外,还是在国内;无论是在理论界,还是在实务界,在建筑法、税法、环境法、公务员法、海关法等部

---

① 参见章剑生:《论行政行为说明理由》,载《法学研究》1998年第3期。
② 参见熊樟林:《论行政事前答复》,载《法制与社会发展》2019年第1期。

门行政法上,都出现了用以辅助行政相对人理解禁止性规范的、由行政机关作出的行政事前答复行为。① 并且,这一行为在德国《行政程序法》上,已经获得了总论化的布置。这再次印证了人们容易在法律认识上陷入无助的局面。

因此,无论我们是否愿意承认,在对待行政处罚性法律规范上,"不知法"是一个真实现象,是客观存在的。而且,按照道义责任论的理解,我们并没有权力去非难这样一个"无知"行为,因为在这类行为中,行为人没有任何意志活动,它并不具有有责性。对此类行为予以苛责,是一种国家权威主义的理念,是法律国家主义的意志体现,"隐含着否认人的认识的'可错性'"②。正因如此,即使我国《行政处罚法》默认了"不知法不免责",这一默认也是以偏概全的。在类型上,禁止错误可以分为"可避免的禁止错误"和"不可避免的禁止错误",对于不可避免的禁止错误,并不完全奉行的是"不知法不免责"原则,其实际上也存在例外。实践中,这种例外提供了一种"免罚"和"减罚"的路径,而默认肯定是无法指出这种例外情形的。相反,我们只有在立法文本中予以明确规定,方能指出原则与例外之间的差异化结果。

三、《行政处罚法》规范禁止错误的具体规则

因此,《行政处罚法》在规范禁止错误问题上,至少应当明确两点。其一,应对传统的"不知法不免责"予以明文规定。"不知法不免责"只是一个学术格言,它与整个社会的法感情没有任何关联,公民没有遵守一个学术格言的义务,也没有将其作为行为准则的可能性。若《行政处罚法》不加以列明,行政机关便不能证明行政处罚行为的合法性。其二,应该设定区分可罚的禁止错误与不可罚的禁止错误的基本标准。参照以上论述,这一标准应该以"禁止错误是否可以避免"为中心内容,按照行政相对人是否尽到了相应的查询义务,确定禁止错误是否可以为自己所获知,从而确定免除、减轻或从轻处罚的基本情形。

---

① 譬如,《海关法》第43条第1款:"海关可以根据对外贸易经营者提出的书面申请,对拟作进口或者出口的货物预先作出商品归类等行政裁定。"
② 周永坤:《法律国家主义评析》,载《云南法学》1997年第1期。

为此,结合德国、奥地利等国的立法经验,立法者可考虑在未来《行政处罚法》修订过程中,增设如下文本:"除有正当理由而无法避免的情况之外,行为人不得因不知法律规定而免除行政处罚责任,但行政机关应当按照行为人可以避免的具体情形,减轻或从轻处罚。"对此,需作如下解释。

1. 不可避免的禁止错误应当免除处罚。原则上,《行政处罚法》对于禁止错误奉行"不知法不免责",以不免责为原则,以免责为例外。实践中,打破这一原则的基本条件是存在"正当理由而无法避免"。从类型上来说,禁止错误可以被区分为可避免的禁止错误和不可避免的禁止错误。在《行政处罚法》上,不可避免的禁止错误的立法表述就是"正当理由而无法避免"。对于这一类错误,由于行为人主观上难以获知,欠缺应受行政处罚行为成立要件中的"有责性"要素,[①]不具有可非难性,不成立应受行政处罚行为,应当免除处罚责任。上述条文的前半句"除有正当理由而无法避免的情况之外,行为人不得因不知法律规定而免除行政处罚责任",整体上即这一含义。

2. 可避免的禁止错误可以减轻或从轻处罚。对于可避免的禁止错误,一般来说是满足有责性要素的,具有可非难性,成立应受行政处罚行为。因此,必须对此类行为予以苛责是一项基本原则。但是,这也并不意味着行政机关一定要施加满额的处罚责任。在具体的"量罚"过程中,仍然应当结合行政处罚的政策性属性,作出更为责任主义的考量。这是因为,每一项禁止性规范的性质和内容都不尽相同,而且不同行政相对人的认识水平和社会地位千差万别,律师、法务等法律工作者的法律认识能力大多是在其他人之上的。因此,当我们采用一个以牺牲多元化利益和个体化利益为代价的综合化标准划分可避免的禁止错误和不可避免的禁止错误以后,就必须在对可避免的禁止错误的苛责过程中,补偿那些被牺牲的多元化利益和个体化利益,从而作个案性(case

---

① 结合德国《违反秩序法》第 1 条以及刑法学上的犯罪成立要件理论,一般认为应受行政处罚行为的成立要件包括"构成要件的符合性""违法性""有责性"三个阶层。现在,这一判定标准正为德国、奥地利、希腊、荷兰、葡萄牙等国家所沿用。参见熊樟林:《行政处罚上的空白要件及其补充规则》,载《法学研究》2012 年第 6 期;熊樟林:《论〈行政处罚法〉修改的基本立场》,载《当代法学》2019 年第 1 期。

by case)的考量。实践中,应当结合行为人的个人状况、教育程度以及生活状态等具体情形,予以从轻或减轻处罚。上述条文的后半句"但行政机关应当按照行为人可以避免的具体情形,减轻或从轻处罚",即这一含义。

3. 证明责任的分配。需要注意的是,在《行政处罚法》上增设禁止错误规范,有可能会招致损害行政效率的诘难,尤其是在由谁来证明一项禁止错误究竟是否可以避免方面。现阶段,解决这一问题的可取方法是将禁止错误的证明责任交由行政相对人承担,行政机关只需作一些补充性证明。一般情况下,行政相对人可以从以下两方面加以证明。(1)认识能力:相对人可从其社会地位、教育程度、职业性质等方面,证明自己理解一项禁止性规范的资格与能力。在证明标准上,宜采用社会大众普遍认可的评价标准,而不能科以过高的注意义务。譬如,一般而言,税务师会比一般公民更加知悉税法上的禁止性规范;城镇人口会比农村人口更加了解城市交通规则等。(2)查询义务:行为人可从事前已经就其行为是否违法用尽各类咨询和查询手段入手,证明自己已经最大限度地尽到了注意义务。例如,已经咨询过专业律师,并有书面律师意见;又如,已经采用海关行政裁定、税收事先裁定等方式,书面征求过行政机关的事前答复等。

当然,对于行政机关来说,除了可以就上述事项提供相反的证据以外,其还可以从禁止性规范是否已经在官方网站、报纸杂志、自媒体、公开场所等媒介上予以公示方面提出相反证据,从而说明其事先已经让行政相对人知悉特定的禁止性规范。另外,行政机关还可以从是否在相对人所生活和工作区域开展过法治宣传方面予以相反证明。

第七章 《行政处罚法》行政没收条款的修订

行政没收,尤其是"没收违法所得"和"没收非法财物",如何在立法上予以安排,一直是我国行政法学界的棘手之事,也是《行政处罚法》没有正面回应的一个问题。现阶段,理论研究交出了两种认识相左的答卷。

一种观点认为,"没收违法所得"和"没收非法财物"涉及的是非法利益,与行政处罚"制裁性"标准不符。因此,应当回头从理论上修订行政处罚的判断标准,剔除"制裁性"要素,添加其他要素(如"恢复"),[1]从而和目前一样,仍然将行政没收置于《行政处罚法》中予以规范。[2] 另一种与此相反的观点认为,由于行政没收并不符合"制裁性"标准,应当从行政处罚阵营中予以剔除,只将其单独作为一种具体行政行为予以看待,不需要《行政处罚法》加以调整。[3]

这两种认识尽管看起来差别较大,但实际上殊途同归,它们都涉及了一个本质问题——行政没收的性质究

---

[1] 参见谭冰霖:《环境行政处罚规制功能之补强》,载《法学研究》2018年第4期。

[2] 参见陈鹏:《界定行政处罚行为的功能性考量路径》,载《法学研究》2015年第2期;谭冰霖:《环境行政处罚规制功能之补强》,载《法学研究》2018年第4期。

[3] 参见王青斌:《行政法中的没收违法所得》,载《法学评论》2019年第6期。

竟是什么？是不是行政处罚？对此，两种认识一致认为行政没收不是行政处罚。只是在最后的改革方案上，一种选择了更为根本的概念革新方案，认为要重塑行政处罚的概念标准；另一种选择了更为务实的法律修订方案，认为应当将行政没收从《行政处罚法》中予以剔除，另行立法。

在这两种认识之中，《行政处罚法》究竟应当如何选择？一直令人费解的是，比较法上似乎也没有解决这一问题。譬如，对于行政处罚的种类，德国《违反秩序法》第1条虽然只列了"罚款"一种，但是，立法者却在该法第五章中又专门规定了"没收"，并且设置了8个条文。[①] 这一立法上很明显的前后不协调法，究竟是基于什么理由？我们要不要从中参考经验？这些问题都尚待理论回应。因此，本书拟于此初步讨论，以供参考。

第一节 所有行政没收都具有制裁性

要回答上述问题，首先必须判断"行政没收是不是行政处罚"？目前，理论界通常的观点认为，最为关键的判断标准是制裁性，即"行政没收是否具有制裁性"？对此，现行理论尽管争议较大，但基本都是持否定立场的，认为行政没收不具有制裁性，因为"制裁性"的打击对象必须是合法利益，而没收"违法所得"和"非法财物"，恰恰是违法利益。[②]

目前来看，这是最为常见的理由，[③]也是最难反驳的点。对此，现行理论并未给出有效回应。虽有学者提出了没收违法所得"会对当事人产

[①] 德国《违反秩序法》第1条："违反秩序行为，是违法的、可责难的、符合处以罚款处罚构成要件的行为。"参见熊樟林编：《中外行政处罚法汇编》，北京大学出版社2021年版，第102页。
[②] 参见谭冰霖：《环境行政处罚规制功能之补强》，载《法学研究》2018年第4期；王青斌：《行政法中的没收违法所得》，载《法学评论》2019年第6期；陈鹏：《界定行政处罚行为的功能性考量路径》，载《法学研究》2015年第2期。
[③] 以制裁性为靶子，反驳行政没收是行政处罚的论述，参见应松年主编：《行政法学新论》，中国方正出版社2004年版，第261~262页；章剑生：《现代行政法基本理论》（第2版），法律出版社2014年版，第361页；谭冰霖：《环境行政处罚规制功能之补强》，载《法学研究》2018年第4期；王青斌：《行政法中的没收违法所得》，载《法学评论》2019年第6期。

生惩戒的心理和精神效果"的解释,①但遭到了批评和质疑,反对者指出,行政强制也会产生同样的心理和精神效果,②但行政强制恰恰不是行政处罚。另外,亦有研究者从没收违法所得"也使相对人从违法行为中获益的愿望成为泡影"的角度,③提出了类似的辩护。毋庸置疑,这同样也会陷入上述批评之中。因此,要想正面回应现行争议,必须重新回到"制裁性"标准上。

与现行主流认识不同,本书认为,所有行政没收都具有制裁性。理由如下。

一、制裁的标的是"利益"而非"权利"

所谓制裁,可被定义为"针对违反社会规范的行为,以否定或者促使行为人放弃此种行为为目的而启动的反作用力,其内容是剥夺一定的价值、利益或者赋科一定的负价值或者不利益"④。根据这一定义,制裁的对象是"利益",而不是"权利"。权利与利益之间是评价与被评价的关系。在权利哲学最受欢迎的"利益理论"中,利益虽然一直被奉为权利的核心内容,但并不是所有利益都属于权利,而只有合法的利益才能被认可为权利。⑤

诚然,在国家法秩序中,"违法所得"应当被评价为不值得加以保护的利益,对其加以限制,似无制裁之说。但是,这只是站在正义一方所作的评判。需要加以反思的命题是,是否必须要打击合法利益,才构成制裁,对非法利益的打击,就一定不是制裁。这是因为,利益本身是价值中立的,其只是指一种"好处",⑥或者说是"需要",⑦是"每一个人根

---

① 参见冯军:《行政处罚法新论》,中国检察出版社 2003 年版,第 120 页。
② 参见章剑生:《现代行政法基本理论》(上卷)(第 2 版),法律出版社 2014 年版,第 361 页;陈鹏:《界定行政处罚行为的功能性考量路径》,载《法学研究》2015 年第 2 期。
③ 参见王仰文:《行政没收的理论困境与现实出路》,载《行政与法》2007 年第 7 期。
④ 田中成明『法的空間:強制と合意の狭間で』(東京大学出版会,1993 年)141 页。转引自[日]佐伯仁志:《制裁论》,丁胜明译,北京大学出版社 2018 年版,第 6 页。
⑤ 参见彭诚信:《现代权利视域中利益理论的更新与发展》,载《东方法学》2018 年第 1 期。
⑥ 参见辞海编辑委员会编:《辞海》,上海辞书出版社 1989 年版,第 1955 页。
⑦ 参见周旺生:《论法律利益》,载《法律科学·西北政法学院学报》2004 年第 2 期;沈宗灵主编:《法理学》,北京大学出版社 1999 年版,第 64 页;张文显主编:《法理学》,高等教育出版社、北京大学出版社 1999 年版,第 215 页。

据自己的性情和思想使自身的幸福观与之联系起来的东西"①,是"一切能够使我们增进快乐,减少痛苦的事物"②,无所谓合法与非法之分。只是在我们对其添加了价值评判以后,它才分化为合法利益和非法利益。

因此,当我们说制裁是指"负价值或者不利益"时,制裁行为的发生对象也应该是价值中立的,无论是对非法利益的打击,还是对合法利益打击,都应当构成一种制裁。就没收违法所得而言,违法所得本身就是违法行为人所享有的利益,是一种"好处"和"需要",追求这一利益正是其主观上从事违法行为的动机。因此,没收违法所得其实就是"剥夺一定的价值、利益或者赋科一定的负价值或者不利益","对违法者的最有效打击应当是针对最能给其带来痛苦的地方,即对所获利益的剥夺"③。当质疑者说没收违法所得不构成制裁时,其实际上是混淆了利益和权利之间的关系,认为"违法所得"不是一种受到法律保护的权利。但实际上,这并不与我们将"违法所得"认定为违法行为人的"利益"相冲突,因为"并非所有的利益都是权利,只有为法律所承认和保障的利益才是权利"④。

实践中,如果否认利益的价值中立性,将会带来很多逻辑障碍。譬如,要认定"罚款"是行政处罚,就必须证明被罚金钱必须是合法的,而不是偷盗之财。对此,如果以"金钱系占用为合法"理由反驳,没收变卖违法所得的"价款",同样也具有制裁性。⑤ 又如,要认定"吊销营业执照"是行政处罚,被吊销的执照也必须是依法取得的,而不是通过贿赂获得的等。很显然,这并不现实,"没收的范围本身比较复杂,如果没收

---

① [法]霍尔巴赫:《自然的体系》,管士滨译,商务印书馆1964年版,第271页。
② 北京大学哲学系外国哲学史教研室编译:《十八世纪法国哲学》,商务印书馆1963年版,第457页。
③ 肖泽晟:《违法所得的构成要件与数额认定——以内幕交易为例》,载《行政法学研究》2013年第4期。
④ 张立伟:《利益抑或意志:权利本质理论的流变》,载《广州大学学报(社会科学版)》2009年第7期。
⑤ 如德国《违反秩序法》第25条(替代价值没收):(1)行为人行为时所有或者有权获得的物可能被没收,但没收决定做出前该物已被使用的,特别是已被变卖或者消费,或出于行为人的其他原因没收无法实现的,可以没收最高与该物价值相等的金钱。参见熊樟林编:《中外行政处罚法汇编》,北京大学出版社2021年版,第108页。

之前,还要对'财物'的合法性进行判断,那是行政机关无法胜任的,也有碍行政效能"①。

二、行政没收必然涉及合法利益

1. 没收"违法利益"的制裁性。没收违法行为人本人违法所得和非法财物,是最为典型的面向"违法利益"实施的行政没收,可简称为"违法没收"。从语义上看,此类没收似乎仅涉及违法利益,但实际上行政机关不可能只没收违法利益,而是将合法利益混杂在一起,原因有以下几个方面。

第一,实践中无法区分。这表现为:(1)合法利润和违法利润的混合。在违法行为中,当发生超出合法利益之外的违法利益时,合法利润与违法利润也难以界分,典型如超出合理价格的销售行为。对此,没收违法所得并不仅仅没收非法利润和回报,而应指的是总收入。这是因为,在技术层面,如何从总收入中区分非法收入有难度。与合法经营不同,违法经营不但不会保存客观准确的会计账簿,而且还有可能伪造记录来掩饰非法利润。要求行政机关只没收违法利润,无疑会加重行政机关无法完成的举证责任,不具有可操作性。(2)违法成本和违法利润的混合。除利润以外,没收违法所得还不可避免地会触及违法成本。违法成本是否应当剔除,非但在执法实务中做法不一,而且还存在一些成本根本无法剔除。譬如,在服务型违法行为中,违法者的主要成本投入是人力资源。实践中,这部分成本肯定不会而且也无法扣除,尤其是违法行为人自己投入的劳动时间。

第二,认识上允许合并。目前,非但各国行政处罚法并未强制要求"扣除成本",而且,恰恰相反,允许不扣除的立场反倒占据多数:(1)在制定法上,新《行政处罚法》第28条第2款中的"违法所得是指实施违法行为所取得的款项。法律、行政法规、部门规章对违法所得的计算另有规定的,从其规定",一般会被解释为"以不扣除成本为原则,扣除成

---

① 刘运毛:《论行政法上的没收——行政权和财产权相对化的产物》,载《公法研究》2005年第1期。

本为例外";(2)在行政执法中,尽管有不同规定,但不扣除成本是现行主流认识,包括全国人大常委会法工委①、国务院原法制办②、原国家土地管理局③、原卫生部④、原农业部⑤在内的多个中央部门,都曾发文予以确认;(3)从比较法上来看,刑事没收中较为常见的做法,也是不扣除成本。目前来看,美国、日本、德国、英国、比利时及瑞士都奉行这一立场。⑥ 在美国,绝大多数法院认为"违法所得"是指"总收入";⑦在德国,新近立法也已从先前扣除成本的"纯益主义",变换到了目前不扣除成本的"总体主义"(Bruttoprinzip)。⑧

从根本上来说,行政机关之所以更加愿意选择不扣除成本,主要是基于如下考虑:(1)扣除成本不方便计算,"涉及企业内部的会计事

---

① 全国人民代表大会常务委员会法制工作委员会《关于对违法建设进行行政处罚计算违法收入有关问题的函》(法工委发〔2011〕1号):"住房和城乡建设部:你部2010年12月3日'关于违法收入计算问题的请示'(建法函〔2010〕313号)收悉。经研究,原则同意你部的意见,根据城乡规划法第六十四条规定,违法建设工程不能拆除的,应当没收实物或者违法收入。没收的违法收入应当与应依法没收的实物价值相当。"住房和城乡建设部《关于违法收入计算问题的请示》中提出的意见是不扣除工程成本,以销售收入为违法所得。
② 国务院原法制办公室对商务部《关于请明确〈中华人民共和国导弹及相关物项和技术出口管制条例〉等行政法规中"违法所得"的函的复函》(国法函〔2003〕240号公布):"商务部:你部关于请明确《中华人民共和国导弹及相关物项和技术出口管制条例》等行政法规中'违法所得'的函(商法函〔2003〕29号)收悉。我们经研究认为,《中华人民共和国导弹及相关物项和技术出口管制条例》中的'违法所得'是指从事违法行为的全部实际收入。"
③ 原国家土地管理局《关于对"违法所得"含义的解释的函》(〔1999〕国土〔法规〕字第43号:"山东省土地管理局:你省招远县土地管理局1990年9月8日《关于没收招远五金造锁总厂非法所得土地的请示》收悉,现答复如下:《土地管理法》第四十七条所称'违法所得',应当理解为依照非法行为一方应当交付给另一方的钱或物。在买卖土地或者以其他形式非法转让的土地中,买方或受让方的非法所得即为土地。因此,土地管理机关在必要时,可将土地连同土地上建筑物一同没收。"
④ 原农业部办公厅《关于〈中华人民共和国动物防疫法〉违法所得问题的函》中指出:"经研究,我部认为,《中华人民共和国动物防疫法》(以下简称《动物防疫法》)第八十一、八十二条所规定的'违法所得',是指违反《动物防疫法》规定从事动物诊疗活动所取得的全部收入。"
⑤ 原《农药管理条例实施办法》第41条:"本《实施办法》所称'违法所得',是指违法生产、经营农药的销售收入。"
⑥ 参见吴天云:《论没收犯罪所得应否扣除成本》,载《月旦法学杂志》2006年第2期。
⑦ See United States v. Genova, 333 F. 3d, 750, 761 (2003).
⑧ 参见吴天云:《论没收犯罪所得应否扣除成本》,载《月旦法学杂志》2006年第2期。

项"①,既会产生执法风险,又会妨碍行政效率;(2)没收违法所得是一种惩罚措施,目的是对违法行为人施加报复和打击,而非使违法行为人恢复到原利益状态,将成本合并没收,本身就是为了达到制裁目的,与行政处罚的规制初衷并不违背;②(3)对于可能出现的"过量没收"问题,可经由"比例原则"加以限制,这也是比较法上的常见做法。③

2. 没收"非违法利益"的制裁性。实践中,还有面向"非违法利益"实施的行政没收,④可简称为"非违法没收",它们无疑都具有制裁性。目前来看,这主要有以下两种形态:

第一,面向"违法但不能苛责的人"实施的行政没收。《行政处罚法》第30条规定:"不满十四周岁的未成年人有违法行为的,不予行政处罚。"据此,对于不满14周岁的人不能予以行政处罚,但是,这并不意味着也不没收其行为所得,否则与维持公共秩序的基本价值相悖,典型如不满14周岁的人通过网络裸聊方式获得10万元打赏等。在这一情形中,这些财物无法经由行为被宣告违法,不是"违法利益",因此,对这一利益实施没收,很显然是具有制裁性的。

第二,面向"无辜的人"实施的行政没收。与上述所有没收类型迥异,此类没收对象完全没有违法元素,实属无辜,其常见情形有三类。(1)没收违禁品,如没收乘坐火车期间携带的管制刀具。此类物品只是在特定时段和特定空间才为法所禁止,多数情况下仍是"合法利益"。并且即使是违禁品,单纯携带管制刀具很难谓之违法,亦不能将其视为"违法利益"。(2)没收第三人所得,是指没收未参与违法但却基于他人违法行为而获得的利益,如证券从业人员违反从业规定,私下接受委

---

① 谭冰霖:《环境行政处罚规制功能之补强》,载《法学研究》2018年第4期。

② 有关行政处罚目的的讨论,参见熊樟林:《行政处罚的目的》,载《国家检察官学院学报》2020年第5期。

③ 如德国《违反秩序法》第24条(比例原则):"1. 于第22条第2款第1项和第23条情形,若其与违法行为的严重性和被没收人可责难的程度或第23条中第三人可责难的程序相较不成比例,则不得没收;2. 于第22条及第23条情形,若没收所达目的通过采取影响较小的措施也能实现,则可以决定保留没收措施而采取影响较小的措施。特别是下列决定可以考虑:(1)使该物品无法使用;(2)去除该物品的特定装置或标识或作其他改变;(3)使用特定方法利用该物。"参见熊樟林编:《中外行政处罚法汇编》,北京大学出版社2021年版,第108页。

④ 非违法利益并不等同于合法利益,尽管其中部分利益是合法正当的,但由于其仍然可被没收,不能称之为"合法利益"。

托使第三人股票增值。此时,增值利益同样有可能会被没收,①但很难说这是"违法利益"。(3)没收第三人所有物,是指没收未参与违法活动的第三人所有物,如没收实施违法活动的租借车辆等。② 在此三类行政没收中,由于被没收财物与违法行为无直接关联,不是"违法所得"或"非法财物",更接近"合法利益",这三类行政没收当然是具有制裁性的。

因此,无论是重释"制裁性"的概念内涵,还是解剖行政没收的实践运行,我们都得不出行政没收不具有制裁性的结论。恰恰相反,通过类型化分析,我们不难看出,几乎所有行政没收都具有制裁性。③

第二节 行政没收并不都是行政处罚

承认所有行政没收都具有制裁性,将会带来的问题是,所有行政没收都有可能会被认定为行政处罚。这是因为,按照行政处罚的概念标准,制裁性是行政处罚的核心要素。一旦满足制裁性标准,基本就可以被认定为行政处罚。但是,如此认定会造成多项逻辑障碍,尤其是前述面向"非违法利益"实施的行政没收。譬如:

第一,为什么可以没收不满14周岁违法行为人的违法所得?既然其行为不构成应受行政处罚行为,不能以行政处罚论处,其行为所得也就不是"违法所得",理应不能没收。④ 但是,这与当下执法实践完全不符。

第二,为什么可以没收"违禁品"和"第三人所有物",它们与违法

---

① 在理论界,有人认为此类情形可以没收,参见王青斌:《行政法中的没收违法所得》,载《法学评论》2019年第6期。对此,本书持否定立场,具体参见后文分析。

② 如公安部1986年12月20日颁布实施的原《关于没收、处理违反治安管理所得财物和使用工具的暂行规定》规定:"二、违反治安管理所得的一切财物,除下列应退还原主的以外,一律没收:(一)偷窃、骗取、抢夺、哄抢以及敲诈勒索的公私财物;(二)隐匿的他人邮件、电报;(三)公安机关认为其他应当退还原主的财物。"

③ 更好的解释方向是从概念表述上将"制裁性"变更为"不利益性"。参见熊樟林:《行政处罚的概念构造——新〈行政处罚法〉第2条解释》,载《中外法学》2021年第5期。

④ 参见王青斌:《行政法中的没收违法所得》,载《法学评论》2019年第6期。

行为并无直接关联,既不是"违法所得",又不是"非法财物",按理说也不能科处没收的行政处罚责任,但执法实践同样持相反立场。

目前来看,这些问题正是传统理论不愿承认行政没收具有制裁性的最大担忧。传统理论认为,一旦承认行政没收具有制裁性,就等同于承认行政没收是行政处罚。但是,这一结论无法解释和回应行政没收的所有类型,尤其是上述两个问题。

本书认为,上述的顾虑是多余的。实际上,并非所有的行政没收都是行政处罚。行政没收存在两种不同的行为性质,一种是行政处罚,另一种是保安处分。

一、作为行政处罚的行政没收

在我国,行政没收的性质之所以难以确定,与行政处罚的概念标准存在关联。对于行政处罚的概念,国内主流认识是"实质性判断标准"。该标准由胡建淼提出,他认为行政处罚的判断标准由如下六个要素构成:行政性、具体性、外部性、最终性、制裁性、一次性。[1] 这其中,最具识别意义的是"制裁性"。长期以来,"制裁性"也一直被认为是行政处罚的核心属性,[2]其非但获得了行政法学界的广泛认同,也是较为常见的司法裁判准则。[3]

但是,问题在于,以"实质性判断标准"为工具,无法解释行政没收的性质问题,其至少存在两项障碍。第一,"实质性判断标准"主张"制裁性"是行政处罚的核心要素,只有限制合法利益才是制裁。但是,违法所得和非法财物恰恰是违法利益,难谓有制裁性。第二,除制裁性之外,几乎所有的行政没收都符合"实质性判断标准"中的其他五项要素

---

[1] 参见胡建淼:《"其他行政处罚"若干问题研究》,载《法学研究》2005年第1期。

[2] 参见冯军:《行政处罚法新论》,中国检察出版社2003年版,第36页;杨小君:《行政处罚研究》,法律出版社2002年版,第6页;杨解君:《秩序·权力与法律控制——行政处罚法研究》(增补本),四川大学出版社1995年版,第39页;应松年主编:《行政处罚法教程》,法律出版社2012年版,第7页。

[3] 譬如,姜某春诉武汉市公安局江岸区分局公安行政管理案,湖北省高级人民法院(2018)鄂行申17号行政裁定书;苍南县灵溪镇上垟村第三村民小组诉苍南县人民政府复议案,浙江省温州市中级人民法院(2012)浙温行初字第57号行政判决书;陈某兴与莆田市城厢区人民政府行政处罚案,福建省高级人民法院(2014)闽行终字第157号行政判决书等。

（行政性、具体性、外部性、最终性、一次性）。因此，一旦认为行政没收都具有"制裁性"，就都可以认定为行政处罚，这显然是荒谬的，至少无法解释面向"非违法利益"实施的行政没收。在这类没收中，被没收的财物与违法行为毫无关联，将其认定为行政处罚，无从说起。

因此，意欲准确认定行政没收的性质，必须重新界定行政处罚的概念标准。本书认为，所谓行政处罚，是指行政机关基于报应目的而对自然人、法人或者其他组织的违法行为施加的制裁行为。在这一概念中，具有界分功能的词组有三项："制裁性""违法行为"以及"基于报应目的"。[①] 它们共同决定了行政处罚的概念内涵和外延，搭建了包含"制裁性（'不利益性'）""违法性""报应性"的概念体系。所谓"违法性"，是指行政处罚的制裁标的是违法行为，不包括合法行为和准违法行为，这可以用以排除"行政收费""行政强制措施"等同样具有"制裁性"的行为；所谓"报应性"，是指行政处罚的行为目的是打击或者报复，而不是恢复和预防，这可以用以排除"责令限期改正"等同样具有"制裁性"和"违法性"的行为。因此，所有行政没收都具有"制裁性"，并不意味着所有行政没收都是行政处罚。"制裁性"只是行政处罚的要素之一，除此之外，行政处罚还需要面向违法行为实施（违法性），并且是为了打击或报复（报应性）。[②]

综上所述，行政没收的种类繁多，可将其划分为两种类型：（1）违法没收，主要是没收违法行为人的违法所得和非法财物；（2）非违法没收，主要是没收"违禁品""未参与违法活动的第三人的违法所得"和"未参与违法活动的第三人所有物"。根据上述概念标准，二者性质迥异。

第一，对于"违法没收"，由于我们已经确认其具有制裁性，并且也有违法行为发生，是基于打击和报复的目的，兼具"违法性"和"报应性"，可以以行政处罚论处。根据这一结论，《行政处罚法》第9条将"没收违法所得"和"没收非法财物"列为行政处罚的一个种类，并无不

[①] 参见熊樟林：《行政处罚的种类多元化及其防控——兼论我国〈行政处罚法〉第8条的修改方案》，载《政治与法律》2020年第3期；另有一种表述为"不利益性""违法性""报应性"。参见熊樟林：《行政处罚的概念构造——新〈行政处罚法〉第2条解释》，载《中外法学》2021年第5期。

[②] 参见熊樟林：《行政处罚的目的》，载《国家检察官学院学报》2020年第5期。

妥。但是,必须作限缩解释。应当明确,该条中"没收违法所得"和"没收非法财物"仅指违法行为人本人违法所得和非法财物,不包括第三人。对象不同,行为性质迥异。①

第二,对于"非违法没收",尽管其同样具有"制裁性",但由于缺少"违法行为"要素,并非基于应受行政处罚行为而发生,没收此类财物也不是为了"打击"和"报复",而只是为了"预防"违法行为发生,其并不符合"违法性"和"报应性",不宜被认定为行政处罚。根据这一结论,对于"非违法没收",从行政处罚的概念通道中加以解释非但是徒劳的,也与行政处罚的概念内涵完全背离。

二、作为保安处分的行政没收

"非违法没收"不是行政处罚,那是什么呢?这一问题仍然有待回应,否则我们很难解释为什么没有违法行为,还会被没收?

为此,传统理论出具过两套方案。

第一,行政强制措施说。这一认识最早可以追溯到刑法学上。长期以来,刑法学对没收违法所得的性质认定争议颇大。早年曾有认识主张,将刑事没收违法所得和违法财物认定为行政强制措施。② 行政法上早年也有人认为:"从《行诉法》第 11 条第(二)项规定列举的行政强制措施看,治安没收与对财产的查封、扣押、冻结三种措施有着限制流通、强制保全的共性和类似目的。"③ 目前来看,这一认识较为普遍。④

第二,行政强制执行说。这一认识建立在行政强制执行和行政没

---

① 需要说明的是,作为行政处罚性质的"违法没收",与罚款之间的区别在于:(1)违法没收有可能完全不涉及成本,此时违法没收的制裁标的只是违法行为人的一种"实际利益",不包括其他"合法利益"。这与罚款之间存在本质差异,罚款的制裁标的一般都是违法行为人的合法财产。(2)对于涉及成本的违法没收,在制裁性上有可能与罚款存在重叠,都会涉及合法利益。区分二者的关键在于,罚款的制裁标的是单一的合法利益,而违法没收的制裁标的则是一个混合利益,既包括"合法利益(成本)",又包括"实际利益(违法所得)"。并且,这一混合利益中的"合法利益"应当是附属性的,居于次要位置,不能超量,必须符合比例原则。
② 参见高铭暄主编:《刑法学原理》,中国人民大学出版社 1994 年版,第 190、195 页。
③ 叶军:《治安没收的性质及其行政诉讼》,载《法学杂志》1992 年第 5 期。
④ 参见熊文钊:《现代行政法原理》,法律出版社 2000 年版,第 415 页;许兰玉、张诗河:《浅谈行政性保安措施》,载《行政法学研究》1997 年第 3 期;刘运毛:《论行政法上的没收——行政权和财产权相对化的产物》,载《公法研究》2005 年第 1 期。

收都会改变物的权利状态这一共同特征之上。比如章剑生认为:"如果没收违法所得不具有惩罚性,那么它就失去了行政处罚的应有功能……与其如此,不如把它当作一种'追缴'的行政强制执行方式更加妥当。"①

本书认为,这两种认识并不妥当。

第一,"行政强制措施说"的错误在于:(1)行政强制措施并未改变物的所有权,只是"暂时性控制行为"。② 但是,非违法没收却会改变物的所有权,国家取得所有权是一种"继受取得"。③ (2)以行为是否违法为标准,可以把行政强制措施划分为对违法行为人采取的强制措施,如强制戒毒等;对有违法嫌疑的人采取的强制措施,如查封、扣押嫌疑人的财产等;对没有违法的人实施的强制措施,如强制封锁染疫人等。④ 因此,行政强制措施有可能会面向"违法行为"实施,这与非违法没收中完全没有违法行为的事实不符。

第二,"行政强制执行说"的错误在于:行政强制执行往往需要一个前置性决定,一般是行政处罚,是"对不履行行政决定的公民、法人或者其他组织,依法强制履行义务的行为"⑤。因此,在多数情况下,行政强制执行也是针对违法行为实施的,仍然与非违法没收完全没有违法行为的事实不符。

本书认为,非违法没收应被定性为"行政保安处分"。所谓行政保安处分,是指行政机关根据法律规定,对于具有社会危险性的特殊对象,旨在预防违法与保护社会而采取的,与被实施者社会危险性相当的矫治、改善和预防措施。这一概念可以追溯到刑法学上。在刑法学领域,为了对具有社会危害性但却无法苛责的不法行为(如不具有刑事责任能力)予以惩戒,刑法学理论提出了保安处分的概念,与刑罚形成了

---

① 章剑生:《现代行政法基本理论》(第2版),法律出版社2014年版,第361页。
② 《行政强制法》第2条第2款:"行政强制措施,是指行政机关在行政管理过程中,为制止违法行为、防止证据损毁、避免危害发生、控制危险扩大等情形,依法对公民的人身自由实施暂时性限制,或者对公民、法人或者其他组织的财物实施暂时性控制的行为。"
③ 参见洪家殷:《论行政罚法上没入之性质》,载《东吴法律学报》第29卷第3期。
④ 参见沈开举:《论行政强制措施》,载《法学研究》1993年第2期。
⑤ 《行政强制法》第2条第3款:"行政强制执行,是指行政机关或者行政机关申请人民法院,对不履行行政决定的公民、法人或者其他组织,依法强制履行义务的行为。"

所谓的"双轨制"。① 与刑罚不同的是,刑罚针对的是过去已经发生的犯罪行为或者已经造成的法益侵害,需要考量的是犯罪人的罪过及其程度,但保安处分关注的却是行为人本身所具有的人身危险性,是为了防范将来发生侵害法益的犯罪行为。刑罚的目的在于镇压已实施的犯罪,但保安处分却是为了防止将来的其他犯罪。② "刑罚以过去的行为罪责为前提,保安处分则与行为人之罪责无关,而以行为人未来的危险性为基础。行为人的危险性是面向'未来'的概念,罪责则面向'过去',是指已犯下的罪行。"③

从某种程度上来说,非违法没收与保安处分的价值取向相同,其同样不是为了报复或打击违法行为,而只是为了预防,是具有防卫性质且系纯粹的保安处置。④ 在刑法学上,"是否带来痛苦、是否具有威慑性或伦理非难性,并非区分刑罚与保安处分的基本界限"⑤。在行政法学上,这一认识同样成立。行政处罚和保安处分的区别,不在于是否具有"制裁性",二者都会剥夺相对人利益,会科以一定的负价值或不利益。二者的区分标准是是否具有"违法性"和"报应性"。非违法没收无论是面向"违法但不能苛责的人",还是"无辜的第三人",都不存在实施或参与违法行为的行为事实,此类没收也不是为了打击和报复,而只是为了预防违法行为的未来发生。

因此,将非违法没收认定为行政保安处分,较为妥当。也只有如此,我们才能理解,为什么可以对"不满十四周岁的人""未参与违法活动的受益第三人""违禁品所有权人"作出没收决定。这是因为,此时的没收不是行政处罚意义上的"没收违法所得"和"没收非法财物",而只

---

① 参见赵冠男:《德国保安处分制度研究》,湖南师范大学 2011 年硕士学位论文,第 59~61 页。
② 参见[意]杜里奥·帕多瓦尼:《意大利刑法学原理(注评版)》,陈忠林译评,中国人民大学出版社 2004 年版,第 307 页以下。
③ 参见[德]Armin Fruehauf:《德国的刑罚与保安处分》,施智仁译,《月旦法学杂志》2009 年第 6 期。
④ Vgl. Eser, aaO. (Fn. 34), S. 91; Rebmann/Roth/Hermann, OWiG, Vor §22 Rn. 4. 转引自洪家殷:《论行政罚法上没入之性质》,载《东吴法律学报》第 29 卷第 3 期。
⑤ 时延安:《隐性双轨制:刑法中保安处分的教义学阐释》,载《法学研究》2013 年第 3 期。

是一种保安处分。"保安处分的程度与期限并不受到责任原则的限制"①,它既不需要具有"违法行为",因此我们可以对"未参与违法活动的受益第三人""违禁品所有权人"实施没收,同时它又不需要符合"有责性"(具有责任年龄和责任能力),因此我们可以对"不满十四周岁的人"实施没收。

当然,以"预防"为目的,并不意味着行政机关可以随意启动行政保安处分。恰恰相反,启动行政保安处分至少需要满足如下两个要件:(1)事实要件:某人已经实施了社会危害行为,或者其物具有社会危害性;(2)假定要件:将来可能会危害或继续危害他人利益。

实践中,套用这两个要件,我们可以很好地理解,为什么可以没收"第三人所有物"和"违禁品",因为这些财物是具有一定的社会危害性的,并且这一危害性还有可能会进一步扩大。同时,我们也可以以这两个要件去理解,为什么公安部在原《关于没收、处理违反治安管理所得财物和使用工具的暂行规定》中虽然承认了"非违法没收",但却豁免了部分违法所得。② 这同样是因为,这些违法所得并不满足上述两个要件,不具有社会危害性。

但是,在将这两个要件运用到"不满十四周岁的未成年人"时,仍然存在疑问,原因有以下两个方面。

第一,在"没收第三人所有物"中,第三人尽管没有实施或参与违法行为,却存在已被确认的由他人实施的应受行政处罚行为。正是因为第三人所有物与这一应受行政处罚行为密切关联(如违法工具),所以才具有一定的社会危害性。但是,"不满十四周岁的人"的财物所得完全不同,由于不符合行政处罚责任年龄,其并不存在一个已被确认的应受行政处罚行为。那么,我们如何确认其财物所得具有社会危害性呢?

第二,在"没收违禁品"中,违禁品因其自身物理特征,自带社会危

---

① [韩]金日秀、[韩]徐辅鹤:《韩国刑法总论》,郑军男译,武汉大学出版社2008年版,第780页。

② 原《关于没收、处理违反治安管理所得财物和使用工具的暂行规定》(公安部1986年12月20日):"二、违反治安管理所得的一切财物,除下列应退还原主的以外,一律没收:(一)偷窃、骗取、抢夺、哄抢以及敲诈勒索的公私财物;(二)隐匿的他人邮件、电报;(三)公安机关认为其他应当退还原主的财物。"

害性(如枪支弹药),对其予以没收并无问题。但是,"不满十四周岁的未成年人"的违法所得,非但有可能不是违禁品,而且还有可能是所有人心向往之的事物(如黄金),很难说其具有社会危害性。

很明显,如果无法回答这两个问题,将无法解释面向"不满十四周岁的人"实施非违法没收的正当性与合法性。本书认为,这需要借助"应受行政处罚行为的成立要件"的理论工具。所谓"应受行政处罚行为的成立要件",是指行政机关在判断行政相对人行为是否构成违法时,所要遵循的一套体系严谨、逻辑自洽的理论模型。参照德国《违反秩序法》第1条之规定,应受行政处罚行为的成立要件包括构成要件的该当性、违法性以及有责性三个判定标准。① 第一个阶段,构成要件的该当性判断是行政处罚上的涵(函)摄过程,②"这个过程就是将已确定的事实,看看是否能套进经过解释的法律,套进去与否,即一般所称'Subsumition'的过程,目前常翻作'涵摄'作用"③。比对符合之后的第二个阶段判断是违法性判断,即要确定符合法律规范所描述的客观行为,是否侵犯了其所要保护的行政法益。第三个阶段,是要检查行政相对人是否具有可非难性(有责性),譬如核实相对人是否具有主观上的过错等。这大致是应受行政处罚行为成立要件的基本轮廓,与刑法学中犯罪成立要件理论如出一辙。目前,这一判定标准正为德国、奥地利、希腊、荷兰、葡萄牙等国家所沿用。④ 在我国,《行政处罚法》虽然没有直接规定应受行政处罚行为的成立要件,但是对每一个要件其实都有规范,尤其是在"有责性"上,⑤典型如《行政处罚法》第30条规定:"不满十四周岁的未成年人有违法行为的,不予行政处罚。"

---

① 参见熊樟林:《行政处罚上的空白要件及其补充规则》,载《法学研究》2012年第6期;熊樟林:《应受行政处罚行为模型论》,载《法律科学(西北政法大学学报)》2021年第5期。

② 参见[德]哈特穆特·毛雷尔:《行政法学总论》,高家伟译,法律出版社2000年版,第123页。

③ Vgl. H. Maurer, aaO., S. 106 u. 120.

④ 参见王世洲:《罪与非罪之间的理论与实践——关于德国违反秩序法的几点考察》,载《比较法研究》2000年第2期。

⑤ 参见熊樟林:《判断行政处罚责任能力的基本规则》,载《江苏行政学院学报》2016年第6期。

实践中,由于只有三项标准同时符合才成立应受行政处罚行为,且三个要件的判断是依次开展的,因此必然会产生四种行为形态:(1)三要件都不符合;(2)符合该当性但不具有违法性和有责性;(3)符合该当性和违法性但不具有有责性;(4)三要件都符合。这其中,(1)和(2)由于没有违法性,未侵害任何法益,没有启动行政没收的可能;(4)由于是完整的应受行政处罚行为,就是违法没收。对此,前文已析,此处不赘。现在唯一剩下的就是(3)"符合该当性和违法性但不具有有责性的行为",其亦可被简称为"违法但不能苛责的行为"。① 实践中,"不满十四周岁的人实施的违法行为"正是其中典型。

对于此类行为,由于不具有"有责性",不能处以行政处罚责任。但是,在三项要件中,其只是不符合最后一个要件,仍然符合"该当性"和"违法性"。实践中,"该当性"和"违法性"是用以确认行为危害性的。"该当性"是形式违法性判断,即判断行为是否该当法律规定的禁止性义务;"违法性"是实质违法性判断,即在形式违法性的基础之上,进一步判断行为是否具有实质危害性,是否侵害了国家、社会或他人合法权益。"不满十四周岁的人的违法行为"既在形式上违反了禁止性义务,同时在实质上又侵害了他人合法权益,具有社会危害性。该行为既是违反法律规定的行为,又是侵害法益的行为,甚至更为直接地说,其就是一个"不法行为"。实践中,我们显然不能说不满14周岁的人开车闯红灯,没有侵害交通管理秩序;也不能说不满14周岁的人致人轻微伤,没有侵害他人生命健康。对于这一部分的不法评价,结论仍然应当是肯定的。

因此,对于此类行为,尽管不能科以行政处罚责任,但仍然要予以一定的否定性法律评价。否则,这既是不公平的,又无法杜绝其他未成年人效仿。目前来看,在现有的国家制裁体系中,可以采用的制裁工具并不多见。但是,保安处分是流行的做法。近年来,诸如"照看老年人""志愿者服务""指挥交通""清扫马路"等这些无法从行政处罚概念通道加以解释的制裁行为,其实都是保安处分概念外延的多元化表现。

---

① 因为符合"该当性"以后,一般就推定具有形式违法性,该当性评价有时候会与违法性评价重合。

类似地，没收"不满十四周岁的人"基于"不法行为"获得的财物，也是保安处分的一种。这些不法财物因为符合"该当性"和"违法性"，同样具有社会危害性。因此，基于预防目的，仍然应当将其没收。

第三节　行政没收的立法设计

如前所述，在行政法上，我们可以看到两条十分清晰的行政没收轨迹：其一，行政处罚性没收，在我国《行政处罚法》上获得了较好的制度布置；其二，保安处分性没收，目前来看，这仍是我国立法空白。现阶段，无论是在权力行使的正当性上，还是在具体的制度安排上，我们都没有从《行政处罚法》上承认此类权力，但在实践中其得到了广泛应用。因此，我们必须重新考虑行政没收的立法安排，并将其作为未来《行政处罚法》修改的重要方向。

一、行政没收的立法模式

首先，需要考虑的是采用何种立法模式。究竟是将所有行政没收都放在一部法中规范（合并立法），还是采用双轨制，《行政处罚法》只规定违法没收，非违法没收由其他法另行规定（分别立法）？

从功能上来看，合并立法和分别立法各有优势。合并立法方便记忆和传播，能够减少区别二者的认识成本，避免执法与司法争议。分别立法更加契合行政没收"行政处罚"和"保安处分"的双元属性，方便设计不同的实体与程序规则。因此，如何选择，其实只是立法政策问题。目前来看，在行政处罚得以单独立法的国家和地区，合并立法和分别立法都不乏实例。合并立法的典型代表是德国《违反秩序法》和奥地利《行政罚法》。德国《违反秩序法》虽然只规定了"罚款"一个处罚种类，但却在第五章中专门规定了没收，并且设置了8个条文，同时规定了违法没收和非违法没收两个种类。① 奥地利《行政罚法》在总则章第17条、第

---

① 如德国《违反秩序法》第22条第3款："于本条第2款第2项情形，即使行为人不受责难，也允许没收该物。"参见熊樟林编：《中外行政处罚法汇编》，北京大学出版社2021年版，第107页。

18条中专门设置了"没收"（Forfeiture）单元,与该法第11条、第12条的自由罚、第13条、第14条的财产罚、第16条的代替罚一起,共同组成了四种处罚类型。其中,第17条规定了"没入之基本原则"、第18条规定了"没入之物"。① 在第17条第2项中,非违法没收亦被明确规定。②

目前来看,分别立法的典型代表应是我国《行政处罚法》。我国《行政处罚法》除了在第9条中规定了"没收违法所得"和"没收非法财物"之外,全篇含有"没收"字眼的还有第28条、第63条、第74条、第77条、第78条、第79条6个条文。但是,这些条文并未直接规定"非违法没收"。在我国,非违法没收需要从单行法上另行规范。所谓"分别立法"中的"分别",也正是此意。实践中,前述公安部1986年12月20日颁布实施的原《关于没收、处理违反治安管理所得财物和使用工具的暂行规定》,就是其中典型。现阶段,诸如此类的单行法在我国并不多见,且位阶和内容尚无定式。也正因如此,理论界与实务界才会有"没收违法所得是否包括成本""是否可以扩及第三人"的争论。

本书认为,合并立法更为可取,理由如下:

第一,合并立法的最大好处在于,其可以通过《行政处罚法》明确非违法没收的正当性。在比较法上,往往会专门以一个条文加以明确非违法没收的成立要件。这也是合并立法和分别立法的最大区别。这意味着,只要符合成立要件,行政机关实施非违法没收就是合法正当的,典型如德国《违反秩序法》第22条第2项规定:"（2）仅于下列情形,始允许没入:1.物于裁决时属于行为人或行为人有权拥有。2.物,依其性质及情况会危及公众或有将其用以实施会受刑罚或罚金制裁行为之危险。"

就我国非违法没收而言,这是目前最为欠缺的。长期以来,针对"第三人""不满十四周岁的人"的非违法没收,我们往往只能从对《行政处罚法》第8条"没收违法所得""没收非法财物"的扩大解释甚至类

---

① 参见城仲模:《奥国行政罚制度析论》,载《台大法学论丛》1977年第2期。
② 奥地利《行政罚法》第17条第2款:"2.根据第1款应没收之物品,如由并非作为行为人或共同责任人而参与可罚行为之他人证明其享有质权或取回权,只有在该他人有过失地促成该物品被用于可罚行为,或他在获得权利时知道或必定知道导致没收之可罚行为的实施之前提下,方可被宣布没收。"参见熊樟林编:《中外行政处罚法汇编》,北京大学出版社2021年版,第236页。

推解释中,寻找正当性和合法性。尽管这确实可以做到自圆其说,但无论如何,都无法否认非违法没收的保安处分性质与"没收违法所得"的行政处罚性质之间的本质差异。因此,从非违法没收的正当性需求上而言,当下其实是需要合并立法的。

第二,从立法技术上来说,当然也可以以单行法形式为非违法没收出具正当依据,甚至是再单独制定一部"行政没收法"。但是,如下三个原因决定了这可能并不妥当。

其一,目前看来,除了一些特殊领域之外,①公法上较多的做法,还是将没收与刑罚、行政处罚合并立法。在行政处罚法上,前述德国、奥地利都采用的是合并立法模式;在刑法上,意大利尽管是较早规定"保安处分"的国家,但其仍然是将保安处分放在《刑法典》中加以规定。② 2017 年 7 月 1 日,作为近年来刑事没收最大立法动作的德国《刑法财产剥夺改革法案》(Gesetz zur Reform der strafrechtlichen Vermögensabschöpfung),③尽管也添加了更多具有保安处分性质的刑事没收,④但是,《刑法财产剥夺改革法案》本身并不是法律,而只是改革方案,真正落实这一方案的仍是德国《刑法典》。改革后,具有保安处分性质的刑事没收仍然是被安排在德国《刑法典》之中的。⑤

其二,非违法没收尽管不具有"违法性"和"报应性",但是具有"制裁性",仍然属于行政制裁体系的重要组成部分。在我国行政制裁立法体系中,《行政处罚法》仍然是最能集中布置制裁法则的规则载体和展示平台。作为行政制裁的总则性立法,⑥其非常适宜对非违法没收的正

---

① 目前反腐领域居多,如新加坡 1989 年制定的《贪污所得利益没收法》。参见代山:《英国与新加坡的反腐败立法》,载《人民论坛》2014 年第 11 期。
② 参见《意大利刑法典》,黄风译,中国政法大学出版社 1998 年版,第 75 页。
③ 参见王士帆:《2017 年德国犯罪所得没收新法:扩大没收与第三人没收》,载《刑事政策与犯罪研究论文集》2018 年,第 3 页。
④ 参见王士帆:《2017 年德国关于犯罪所得没收的新法——刑法基础规定综览》,载《刑事法前沿》2019 年第 00 期。
⑤ 目前,德国《刑法典》中没收条款主要是第 73~76 条。参见王士帆:《2017 年德国关于犯罪所得没收的新法——刑法基础规定综览》,载《刑事法前沿》2019 年第 00 期。
⑥ 关于《行政处罚法》总则角色的论证,参见熊樟林:《论〈行政处罚法〉修改的基本立场》,载《当代法学》2019 年第 1 期;熊樟林:《行政处罚的种类多元化及其防控——兼论我国〈行政处罚法〉第 8 条的修改方案》,载《政治与法律》2020 年第 3 期。

当性和运行法则加以规范。

其三,在多数情况下,被非违法没收的"第三人所有物""不满十四周岁的行为所得物",尽管其所有权人确实没有实施或参与应受行政处罚行为,但是,他们或者已经集齐了应收行政处罚行为的"客观要件"(如不满14周岁的违法行为),或者就是与一个已被苛责的应受行政处罚行为之间有密切联系(如第三人所有物)。整体而言,上述"非违法没收"与《行政处罚法》所要打击的"应受行政处罚行为"之间关联密切,不宜"割裂使用"。① 因此,置于《行政处罚法》中加以调整,实际上最符合社会大众朴素的法感情,更加有利于法的传播和接受。

二、行政没收的立法位置

采用合并立法模式,需要修改《行政处罚法》。其中,行政没收条款究竟应该置于哪个位置,关系重大。这主要涉及如下两个问题:第一,行政没收究竟要不要写入行政处罚种类条款中?更为具体地说,新《行政处罚法》第9条中的"没收违法所得"和"没收非法财物",是保持现状,还是予以删除?第二,由于非违法性没收不是行政处罚,只是保安处分,其显然不能置于第9条中予以规定,那么它应当被写在何处?

1. 不写入处罚种类条款(第9条)。对于第一个问题,本书认为应当删除,理由如下。

第一,从已有立法例来看,一般都选择不将没收写入处罚种类条款中。如前所述,德国《违反秩序法》第1条是处罚种类条款,只规定了"罚款"一个种类,未提及行政没收。从根本上来说,立法者之所以如此选择,是因为行政没收并不单单具有行政处罚性质,而是同时含有行政处罚和保安处分两类性质。没收"非仅具有制裁或保安处分之性质,并可同时兼具"②。在《行政处罚法》中,处罚种类条款恰恰是用来界定行政处罚的概念外延的,是对新《行政处罚法》第2条"行政处罚概念条款"的具体列举。倘若将非违法性没收写入处罚种类条款,肯定会打乱行政处罚的概念体系,无法厘清与新《行政处罚法》第2条之间的关系。

---

① 参见洪家殷:《论行政罚法上没入之性质》,载《东吴法律学报》第29卷第3期。
② 洪家殷:《论行政罚法上没入之性质》,载《东吴法律学报》第29卷第3期。

第二,在文义上,《行政处罚法》第9条中的"没收违法所得"和"没收非法财物",并不单单具有违法没收的表意,既可能是行政处罚类没收,又可能是保安处分类没收。譬如,就没收违法所得而言,既可能是指"没收违法行为人本身的违法所得"(行政处罚),又有可能是指"没收第三人的违法所得"(保安处分)。主体不同,行为性质迥异。当没收的是第三人违法所得和非法财物时,其行为就是保安处分,而非行政处罚,当然不能被列入处罚种类条款中。

第三,在立法技术上,也不宜在第9条中加上"本人"的限定词,修改为"没收本人的违法所得"和"没收本人的非法财物",从而只在第9条中规范行政处罚类没收。这是因为:其一,"没收不满十四周岁的行为所得"将无法处理,其很容易会被理解为"没收本人的违法所得",但实际上二者性质完全不同,前者是保安处分,后者是行政处罚;其二,加上"本人"二字,意味着非违法没收另需单列,需增设"没收第三人的违法所得"和"没收第三人的非法财物"条款。毋庸置疑,这非但会提高立法成本,也会破坏法的整体性。

第四,在法解释上,即使不删除,我们也无法将第9条中的"没收违法所得"和"没收非法财物",解释成既包括违法没收,又包括非违法没收。这涉及违背事物本质,是被公法禁止的扩大解释甚至类推解释。"没收违法所得"和"没收非法财物"一旦被列入《行政处罚法》处罚种类条款中,其就仅具有行政处罚性质,不能被解释成保安处分。

2.另设没收专章。当行政没收从处罚种类条款中删除之后,较好的立法策略是另设专章或专门条款,原因有以下几个方面。

第一,在《行政处罚法》中,除了处罚种类条款,其他条款都不适宜增置行政没收。一方面,其他条款在立法角色和立法功能上都不涉及行为类型,而是其他实体性规则(如管辖权、执法依据等),但行政没收目前最需要的立法供给,就是明确自己的行为角色;另一方面,其他条款布置的都是行政处罚权的运行通则,而不包括保安处分的运行通则。如果不另设专章,保安处分类行政没收将无法得到规范化。

第二,行政没收需要的并不单单是一个身份或角色,还包括当下急缺的非违法没收的正当性、成立要件、法律效力等内容,这是一个规则群,显然不是增修改一个条文就能够处理的。因此,从立法篇幅上来看,同样需要另设专章。

第三,从立法例上来看,另设没收专章或专门条款,也较为常见。譬如,德国《违反秩序法》第五章为"没入",整体属于第一篇"总则"。奥地利《行政罚法》没有"章"的设计,但是"没收"同样获得了专门条款的对待,共计 2 个条文,也属于"第一部分总则篇"(Part I: General provisions of the administrative penal law)。

就我国《行政处罚法》而言,该法共计 8 章,①唯一可能收留行政没收的只有第一章"总则"。但是,我国《行政处罚法》中的"总则",并非真正意义上的总则,只规定了一些原则性和宣誓性内容。如果将行政没收纳入总则,会显得极不协调。因此,我们真正能够选择的立法策略,只能是另设专章。在具体位置上,建议置于第六章"行政处罚的执行"之后,取名为"第七章 行政没收"。原因有以下两个方面。

第一,在逻辑上,《行政处罚法》第一章到第六章,是有关行政处罚的一整套运行规则,不宜直接从中割裂插入。

第二,在"行政没收"章节中,由于违法没收需要遵守处罚规则,非违法没收需要另设新规则,在结构上,该章需要承上启下。置于第六章之后,正好可以满足这一要求。一方面,我们无须另行规定处罚规则,违法没收可直接适用前六章规定;另一方面,亦可在该章内部为非违法没收设立独立法则。这些独立法则既没有打破《行政处罚法》全法结构,同时又可对非违法没收予以单独规范。

三、行政没收的立法内容

在具体内容上,第七章"行政没收"至少需要回应如下两个问题。

1. 适用范围。所谓适用范围,主要是要回答第七章"行政没收"适用于哪些行政没收?如前所述,我们主张采用合并立法的主流模式。因此,该章理应面向所有行政没收类型,既包括违法没收,又包括非违法没收。立法者可考虑增设如下条文:

---

① 分别为"第一章总则""第二章行政处罚的种类和设定""第三章行政处罚的实施机关""第四章行政处罚的管辖和适用""第五章行政处罚的决定""第六章行政处罚的执行""第七章法律责任""第八章附则"。

第×条　行政没收的设定和实施,适用本法。

2.没收对象。所谓没收对象,是指行政机关究竟可以没收哪些财物?实践中,和其他制裁行为有别,行政没收的对象十分复杂,既在物理形态上包括违法所得、非法财物、违禁品等多个品种,同时在法律形态上又存在"违法没收与非违法没收""本物没收与他物没收"等多个权属。因此,立法上如何处理有一定的难度。目前来看,可供采纳的方案有两种:其一,以是否构成应受行政处罚行为为区分标准,分别撰写"违法没收"和"非违法没收"两个条款;其二,以财物是否为行为人所有为区分标准,分别撰写"本物没收(没收行为人所有物)"和"他物没收(没收第三人所有物)"两个条款。二者之中,本书认为后者更为可取,理由有二。

第一,目前来看,主流做法是后者,德国《违反秩序法》采用的是此类方法。德国《违反秩序法》第 22 条是本物没收,第 23 条是他物没收。[1]

第二,相较而言,违法没收和非违法没收的区分标准,没有本物没收和他物没收的区分标准清晰、固定。虽然从逻辑上来说,我们确实也可以从"违法性"和"报应性"上区分违法没收和非违法没收,但是,诸如"第三人违法所得""第三人非法财物"等情形,实际上都与已被认定的违法行为有密切关联,很难完全区分。相比之下,以所有权为标准,区分本物没收和他物没收,较为容易,立法层次感更为明显。

当然,两套方案并不完全是孤立的。无论最后采用哪一套方案,实际上都需要将另一套方案拟要解决的问题,一并纳入考虑。在行政没收中,本物没收和他物没收的区分标准只不过表现在立法中轴上而已。在本物没收内部,同样也会写入"非违法没收"的成立要件问题。因此,立法者可考虑增设如下条文:

第×条(本物没收)有下列情形之一的,应当予以没收:

(一)属于行为人所有的违法所得;

(二)属于行为人所有的用以实施违法行为的非法财物;

---

[1] 参见熊樟林编:《中外行政处罚法汇编》,北京大学出版社 2021 年版,第 26 页。

(三)属于违禁品,或者虽然不属于违禁品,但是依其性质会危及公民、法人或其他组织的安全和健康。

前款规定,不以行为人是否能被行政处罚为必备要件,行为人不能被处罚,同样可以没收。

第×条(他物没收)不属于违法行为人所有的第三人财物,具有下列情形之一的,可以没收:

(一)因故意或重大过失,致使该物成为实施违法行为的工具的;

(二)明知该物应当被没收,仍通过买卖、置换等方式故意取得的。

对于这两个条款,需作如下解释。

第一,在"本物没收"条款中,既有违法没收,又有非违法没收。其中:(1)违法没收:对象是指第1项和第2项中基于一个完整的应受行政处罚行为而产生的违法所得和非法财物,典型如甲非法经营香烟,没收其买卖香烟的收入和剩余香烟。在性质上,此类没收是典型的行政处罚行为。(2)非违法没收。其对象有两种:其一,第1项和第2项中基于一个不具有"有责性"但却有"该当性"和"违法性"的行为而产生的违法所得和非法财物,典型如未满14周岁的未成年人的违法所得和非法财物;其二,违禁品和危险品。其中,危险品另需附加具有社会危害性的限定条件,典型如没收非法枪支和管制刀具。在性质上,此类没收不是行政处罚,而是保安处分。

在这两类没收中,"应受行政处罚行为"是否成立,并不影响没收结论。如果财物是基于"应受行政处罚行为"而产生,按照第1项和第2项中的违法没收予以制裁;如果财物并非基于"应受行政处罚行为"而产生,按照第1项和第2项中的非违法没收以及第3项中的非违法没收予以制裁。因此,该条第2款特别指出,"本物没收"不以行为人能够被处罚为必备要件,行为人不能被处罚,同样可以没收。

第二,在"他物没收"条款中,全部是非违法没收,主要是指"第三人所有物"和"第三人所得物"。由于在制度布置上,非违法没收最为紧缺的是权力正当性,该条主要是对非违法没收的成立要件予以明确。参考比较法的做法,①此处被固定的一个要件是:主观上必须存在故意或过失。这意味着,行政机关实施他物没收,必须以第三人主观上具备故意或重大过失为前提。

第三,在"他物没收"条款中,对于未实施或参与违法行为但却因他人违法行为而获益的第三人,未被纳入。实践中,典型如证券交易所工作人员违法操作使第三人股票增值的行为。本书认为,行政机关不能对此类行为实施保安处分。如前所述,保安处分的启动,必须满足两个要件:(1)事实要件:某人已经实施了社会危害行为,或者某物具有社会危害性;(2)假定要件:将来可能会危害或继续危害他人利益。经仔细比对,第三人纯粹获益行为并不符合这两个要件。我们既无法判定该获利具有社会危害性,又很难判定这一财产将会危害他人。

综上所述,所有行政没收都具有制裁性,但并非所有行政没收都是行政处罚。行政没收包括行政处罚和保安处分两种类型。前者面向违法行为实施,后者面向非违法行为实施。因此,将行政没收从《行政处罚法》中全部予以删除并不合适。但是,将行政没收全部写入《行政处罚法》的处罚种类条款中,同样也不合适。目前来看,较好的立法策略是为其另设一章,置于现行《行政处罚法》第六章之后,命名为"第七章　行政没收"。在本书主题范围内,该章至少需要撰写如下3个条文:②

第×条　行政没收的设定和实施,适用本法。

第×条(本物没收)有下列情形之一的,应当予以没收:

(一)属于行为人所有的违法所得;

(二)属于行为人所有的用以实施违法行为的非法财物;

(三)属于违禁品,或者虽然不属于违禁品,但是依其性质会危及公

---

① 如德国《违反秩序法》第23条(没收条件的扩大):"法律可援引本条款规定,于下列情形,在决定作出时对行为人有所有权或者有权获得的物,不同于第22条第2款第1项的规定予以没收:(1)行为人至少出于过失以该物或该权利作为行为的手段、客体或准备;(2)明知该物会被没收,仍以可责难的方式获取了该物。"参见熊樟林编:《中外行政处罚法汇编》,北京大学出版社2021年版,第107页。

② 从实践操作上来看,行政没收需要布置的制度规范还有很多。譬如,"行政没收是否需要符合比例原则?""财物被违法行为人变卖如何没收?""没收使第三人合法权益受损如何补偿?"等。限于主题与篇幅,本书仅讨论行政没收的性质与对象问题。

民、法人或其他组织的安全和健康。

前款规定,不以行为人是否能被行政处罚为必备要件,行为人不能被处罚,同样可以没收。

第 × 条(他物没收)不属于违法行为人所有的第三人财物,具有下列情形之一的,可以没收:

(一)因故意或重大过失,致使该物成为实施违法行为的工具的;

(二)明知该物应当被没收,仍通过买卖、置换等方式故意取得的。

第八章 《行政处罚法》地域管辖条款的修订

2021年新版《行政处罚法》第22条至第25条完善了行政处罚的地域管辖规范,是立法的一大进步。对此,既有理论已有部分涉及,①学者围绕旧版《行政处罚法》第20条,②从部门行政法尤其是网络行政执法上开展了较为充分的检讨。③ 这些讨论为旧版《行政处罚法》修订提供了理论参考,意义重大。但是,仍然存在如下不足:其一,主题较为小众,较多是从部门行政法上展开的,④缺乏总论层面的提炼,多数结论只能适用在特定领域,既无法指导全局,又难以被立法吸收;其二,时间较为久远,多数讨论发生在2010年之前,观点较为陈旧,发表的刊物多是大众读物,内容较为浅显,专业性和理论性不足;其三,视角较为单一,多数讨论停留在对现有规则的描述和批评上,缺少深层次的理论解读,尤

---

① 在中国知网上,以"行政处罚管辖"为篇名,共计28篇研究成果。其中,硕士学位论文4篇,报纸1篇,期刊23篇。

② 旧版《行政处罚法》第20条:"行政处罚由违法行为发生地的县级以上地方人民政府具有行政处罚权的行政机关管辖。法律、行政法规另有规定的除外。"

③ 参见孟珂:《公安机关行政处罚地域管辖研究》,郑州大学2019年硕士学位论文;陈生辉:《网络行政处罚管辖权研究》,西南政法大学2018年硕士学位论文。

④ 参见蒋卫荣:《论档案行政处罚的主体及管辖权问题》,载《档案学通讯》2003年第4期。

其缺乏对比较法的关照。因此,本书拟对此专门讨论,将主要解释新法修订地域管辖权条款的缘由与存在的不足之处,并提出完善对策。

第一节 旧版《行政处罚法》地域管辖规则

所谓地域管辖,是指同级但所属不同地域的行政机关之间受理行政处罚案件的分工和权限。自《行政处罚法》1996年颁布实施以来,地域管辖一直争议颇大。旧版《行政处罚法》第20条规定:"行政处罚由违法行为发生地的县级以上地方人民政府具有行政处罚权的行政机关管辖。法律、行政法规另有规定的除外。"据此,判断地域管辖的中心规则是"违法行为发生地"。

对于何为"违法行为发生地",早期立法人士倾向于将其解释为一种唯一管辖权,这往往被称为狭义解释,他们"认为违法行为发生地仅指违法行为实施地,而不包括其他地方,特别是违法行为经过地不应属于违法行为发生地之列"[1]。据考证,这主要是基于如下两个方面的考虑。

第一,"发生地"是核心要素。尽管在违法行为发生中,有"准备地""着手地""发生地""结果地"等多个阶段,但行为"发生地"绝对是违法行为的核心要素,是所有违法行为必不可少的环节,因此应以其为判断标准。汪永清认为:"行为地包括违法行为着手地、经过地、实施(发生)地和危害结果发生地,但考虑到受处罚行为的核心要件是违法,其他要素如主观要件、准备情况和危害结果等往往可以推定包括在违法之中(除非法律有明确规定),因此,只要行为人在哪个地方实施了违法行为,就应该由哪个地方的行政机关依职权实施处罚,也就是说,行为地的核心是行为发生(实施)地。"[2]

第二,兼顾行政执法效率。地域管辖关系到执法效率,基于效率原则,地域管辖应当确定唯一准则,追求固定化,而非多元化,从而避免多头执法、相互推诿。在理论研究中,这往往被称为"行政主体独占行使

---

[1] 秦涛、张旭东:《论法治视野下网络违法经营案件的行政管辖权》,载《上海市经济管理干部学院学报》2016年第4期。

[2] 汪永清编著:《行政处罚法适用手册》,中国方正出版社1996年版,第87页。

管辖权原则",是指"某一行政事务所确定的管辖权只能归属于一个行政主体,一般不能确定为两个以上行政主体共同管辖"[①]。因此,尽管违法行为有"准备地""着手地""发生地""结果地"多个维度,但也只能选择其中一个。李岳德认为:"以行为发生地作为确定地域管辖的一般标准,是讲求行政效率的基本要求。根据行政效率原则,确定行政处罚管辖时,必须有利于行政机关或者其他组织及时、准确地发现并制裁违法行为,同时还应当尽可能地减少调查取证以及执行处罚等方面的费用,以降低行政成本。具体而言,就是要便于人民群众检举、揭发违法分子,便于处罚主体调查取证、查明违法事实。"[②]

从对过往的观察来看,上述立法安排确实为行政执法带来了便利,也有利于规则统一。但是,随着经济和社会不断发展,尤其是互联网对传统社会关系的影响,"违法行为发生地"的规则不足愈加凸显。实践中,违法行为发生并不都是单线的,在"准备地""着手地""结果地"上,可能呈现出多地并发情况。其中,网络执法是典型领域。在网络行政处罚中,行政机关面临"网络无界"和"行政有界"的矛盾,违法行为单凭互联网设备就可以"自由穿行"于不同的行政管辖区域。网络行为能够以虚拟形式作为传输信息的手段,具有阶段性和可复制性,其包括多个阶段和环节,会在多个网络设备中产生影响,而每一阶段均有可能在不同区域甚至在域外完成。因此,一个简单的违法行为非但会横跨大江南北,而且也无法严格区分其"准备地""着手地""发生地""结果地",任何区域都似乎是违法行为发生地。很显然,这已经完全超出了旧版《行政处罚法》第 20 条的调控范围。旧版《行政处罚法》第 20 条确定的地域管辖权规则,是一种"现实空间定位规则"。但是,网络行政违法却发生在网络空间中,以 IP 地址锁定位置,遵循的是"网络空间定位规则",二者存在本质差别,"网络空间定位规则"切断了案件法律事实发生地与行政处罚管辖区间的直接关联。[③]

因此,人们越来越倾向于对"发生"的语义作多元化理解,认为既可以

[①] 章剑生:《行政管辖制度探索》,载《法学》2002 年第 7 期。
[②] 李岳德主编:《〈中华人民共和国行政处罚法〉释义》,中国法制出版社 1996 年版,第 80~81 页。
[③] 参见于海防:《涉网络案件民事诉讼地域管辖问题的一般性研究——以法律事实发生地的空间定位为基础》,载《法律科学(西北政法大学学报)》2010 年第 5 期。

是"准备地"和"着手地",又可以理解成"结果地"。旧版《行政处罚法》第20条看似确定了一个固定的地域管辖规则,但其实并非如此。实践中也更加倾向于作多元化解释,如在行政诉讼中,有法院认为,违法行为发生地包括"着手地、经过地,实施地、危害后果发生地",[1]而不仅仅是唯一的。在部门立法上,公安部早在2003年颁布的《公安机关办理行政案件程序规定》中,就设定了与《行政处罚法》不一样的管辖规则,[2]增设了"违法行为发现地公安机关管辖更为适宜的,可以由违法行为发现地公安机关管辖"的规则。[3] 并且,该规定在获得《治安管理处罚法》授权以后,[4]更是对"违法行为发生地"作了扩大解释,认为"违法行为地包括违法行为发生地和违法结果发生地。违法行为发生地,包括违法行为的实施地以及开始地、途经地、结束地等与违法行为有关的地点;违法行为有连续、持续或者继续状态的,违法行为连续、持续或者继续实施的地方都属于违法行为发生地。违法结果发生地,包括违法对象被侵害地、违法所得的实际取得地、藏匿地、转移地、使用地、销售地"[5]。

---

[1] 参见临沂市兴田化肥有限公司诉徐州市工商行政管理局贾汪分局扣财产行政强制措施案,江苏省徐州市贾汪区人民法院(2002)贾行初字第49号行政判决书;万某森要求武汉市工商行政管理局江岸分局履行查处违法行为法定职责案,湖北省武汉市中级人民法院,[法宝引证码]CLI.C.1778575(北大法宝未提供案号)。

[2] 《公安机关办理行政案件程序规定》只是部门规章,不是旧版《行政处罚法》第20条规定的"法律和行政法规",其无权设立与旧版《行政处罚法》不同的管辖规则。直到2005年,新出台的《治安管理处罚法》第7条第2款明确规定:"治安案件的管辖由国务院公安部门规定。"这看似给公安部作了明确授权,但其实仍然存在正当性瑕疵。从根本上来说,《治安管理处罚法》只是《行政处罚法》的特别法,需要遵守《行政处罚法》的一般规定。既然《行政处罚法》规定地域管辖只能由法律和行政法规另行规定,《治安管理处罚法》就不能超越这个限制。严格来说,《治安管理处罚法》第7条第2款仍然是一个典型的转授权或二次授权。2021年,新版《行政处罚法》第22条明确规定部门规章可以设立不同的管辖规则,前述转授权及部门规章设定的管辖权因而完全具有了正当性。

[3] 2003年《公安机关办理行政案件程序规定》第9条:"行政案件由违法行为发生地的公安机关管辖。如果由违法行为发现地公安机关管辖更为适宜的,可以由违法行为发现地公安机关管辖。"

[4] 2005年《治安管理处罚法》第7条第2款:"治安案件的管辖由国务院公安部门规定。"

[5] 参见《公安机关办理行政案件程序规定》(2020年修正)第10条第2款。

第二节 新法的回应与不足

在修法过程中，立法者对于上述问题予以了一定程度的回应。新法第 22 条在地域管辖上作了大幅度修改，①修法者在先前的例外通道"法律、行政法规"中，加入了"部门规章"。修改后的地域管辖规则是"以违法行为发生地为原则，允许法律、行政法规、部门规章另行设定"。

这一修改无疑是值得肯定的，立法工作者显然注意到了旧版《行政处罚法》第 20 条存在的问题，在一定程度上放开了地域管辖权的设定权限，认为"行政法规""部门规章"同样享有话语权。

坦诚而言，这已经极大程度地注入了多元化管辖立场，可以在一定程度上改善目前地域管辖存在的问题，尤其是在应对网络行政处罚问题上。但是，这仍然算不上是最好的修法策略。新法第 22 条有可能存在如下不足。

第一，总的来说，"违法行为发生地"这一固定表述并没有修改，原则上地域管辖还是原来的单一思路。从法律解释上来看，"违法行为发生地"所能解释的方向是仍然是有限的。虽然全国人大常委会法工委曾将其解释为既包括实施违法行为地又包括危害结果发生地，②但是，严格来说，"违法行为发生地"只能围绕"行为"展开解释，其最大的解释空间也只能被扩大到行为所包含的"准备地""着手地"等多个阶段，而不能包括"违法结果发生地"。与"违法行为发生地"以"行为"为解释中心不同，"违法结果发生地"侧重的是"结果"，以"结果"为解释中轴，二者不能直接等同。因此，实践中，当出现违法行为发生地和违法结果发生地不一致时，按照新法的文义，"违法结果发生地"的行政机关是不具有管辖权的，否则就涉嫌公法上明令禁止的类推解释。

第二，即使可以将"违法行为发生地"扩大解释为"违法结果发生

---

① 《行政处罚法（修订草案）》第 21 条："行政处罚由违法行为发生地的行政机关管辖。法律、行政法规、部门规章另有规定的除外。"

② 参见全国人大常委会法制工作委员会国家法、行政法室编著：《〈中华人民共和国行政处罚法〉释义》，法律出版社 1996 年版，第 54 页。

地",我们也不能将其他可能与地域管辖相关的连接点一并纳入。譬如,违法行为人的"住所地"、违法行为"被发现地"等。这些连接点都不在新法第 22 条的范围之内,与"违法行为发生地"毫无关联,无法被纳入解释。

但是,问题在于,在执法实践中,上述连接点极有可能也是阻止违法行为最为快捷地确定地域管辖权的空间定位点。《行政处罚法》是否可以直接将它们排除在地域管辖权之外,不能一概而论。典型如广西南宁市民甲,在呼和浩特旅游期间因违法理应被行政拘留 10 日,但违法行为被发现时,甲已经回到南宁,并且将于 1 小时后乘飞机出国定居。此时,确定地域管辖权的最好连接点不是"违法行为发生地",也不是"违法结果发生地",而是"违法行为人住所地",但这在新法中并没有规定。

第三,当然,按照修法方案,我们也可以通过"法律、行政法规、部门规章"的另外通道,突破"违法行为发生地"解释瓶颈,实现地域管辖的多元化。但是,这极有可能会产生如下五个问题:(1)意欲实现地域管辖的多元化,就必须另外立法。但是,任何立法都需要成本。为了一项地域管辖权而单独立法,非但需要机会成本,同时也需要耗费大量的人力、物力和财力成本。这一问题本来通过修订《行政处罚法》一个立法动作就可以完成,仅通过各部门单独立法实现,很显然是不经济的。(2)按照新法,在地域管辖权上,部门规章也享有自由判断权,这意味着地域管辖权会出现来源多元的情况,这一方面可能会导致部门立法之间的重复,另一方面可能会导致部门立法之间存在冲突。这既会增加普法和守法成本,又不利于法制统一,还可能使行政处罚执法工作面临争议和冲突。(3)新法第 22 条并没有为部门立法设定基本的参考标准,从文义上来看,部门规章可以自行设置。这实际上已经不是地域管辖权的多元化,而是部门化。在欠缺具体规则的情况下,将地域管辖交由各部门定夺,可能会造成差异和矛盾,新法第 22 条可能被架空,而这最终也会不利于《行政处罚法》发挥总则功能。(4)在民主程度上,地方性法规是地方人民代表大会及其常委会制定的,民主程度高于部门规章,并且各地方基于经济、文化方面的差异,在地方治理中也更加需要多元化规则。授权"部门规章"但未授权"地方性法规"与常理不符。为

2005年《治安管理处罚法》第7条第2款出具正当性。[1] (5)"组织法规则授予行政机关管辖权"[2],地域管辖权如何确定,实际上是一个组织法问题。地域管辖权会直接产生行政授权的效果,会直接决定一个行政机关有没有行政处罚权,包括"行政拘留权"在内。因此,部门规章包括行政法规实际上是不具有设定权限的,新法第22条与《立法法》以及新法其他恪守法律保留原则的条款之间,存在冲突。

第三节 行政处罚地域管辖多元化与修法建议

基于上述分析,新法第22条仍需进一步完善。具体来说,这包括宏观和微观两个层面。

一、多元化:行政处罚地域管辖权的基本立场

在修订法律之前,我们需要明确行政处罚地域管辖权的基本立场究竟是什么。如前所述,在1996年《行政处罚法》制定时,立法者之所以会将行政处罚地域管辖权的确立规则限定在"违法行为发生地"上,并且只允许"法律和行政法规"另设规则,是因为他们认为地域管辖权应当被"固定化"。"固定化"既可以避免管辖权冲突,又可以提高执法效率。

但是,事实证明,这与实践不符。实际上,恰恰相反,地域管辖权应当朝着多元化方向加以解释,多元化应被确立为基本立场。对此,可以从比较法上加以佐证。从对立法文本的阅读来看,域外法治国家并不像旧版《行政处罚法》第20条一样,确定类似"违法行为发生地"之类的固定准则,而更多的是一种多元化立场。

首先,从学科对比上来看,在其他部门法上,《民事诉讼法》第29条规定,"因侵权行为提起的诉讼,由侵权行为地或者被告住所地人民法

---

[1] 2005年《治安管理处罚法》第7条第2款:"治安案件的管辖由国务院公安部门规定。"

[2] 杨登峰:《行政行为撤销要件的修订》,载《法学研究》2011年第3期。

院管辖",地域管辖可以顺延"侵权行为地"和"被告住所地"两个方向加以解释;类似的立法在德国《民事诉讼法》[1]、法国《民事诉讼法》[2]、日本《民事诉讼法》中也都有体现,[3]追求的是地域管辖的灵活性。[4] 类似地,《刑法》第6条第3款也规定:"犯罪的行为或者结果有一项发生在中华人民共和国领域内的,就认为是在中华人民共和国领域内犯罪。"据此,刑罚在地域管辖上采用的也是多元化立场。在刑法学上,这往往被称为"遍在说"。根据该学说,犯罪预备行为实施地、行为人希望、放任结果发生地、可能发生结果地,都是确定地域管辖的准则,[5]地域管辖同样未被"固定化"。

其次,从中外对比来看,域外法同样采取的是开放、多元的立场。在德国,《违反秩序法》第37条规定:"(1)下列辖区之行政机关有土地管辖权:1.违反秩序发生或被发觉者;2.利害关系人于开始罚金程序时有住所者。"[6]据此,"违法发生地""违法发觉地""利害关系人住所地"都是确定地域管辖的连接点,并且三者都具有十分宽泛的解释空间。[7]在德国,"对于无管辖权导致无效采取的是相对宽松的态度。"[8]

因此,本书认为,多元化应是确定地域管辖权的基本立场。对此,除了上述可供参考的立法例之外,还有如下两处理由。

---

[1] 参见《德国民事诉讼法》,丁启明译,厦门大学出版社2016年版,第6页。
[2] 法国《民事诉讼法》第46条:"对侵权行为、违警罪行为或准侵权行为造成的损害请求赔偿的诉讼案件,除了被告居住地法院之外,原告可以向损害事实发生地或者受到的损害发生(地)在其辖区内的法院提起诉讼。"参见[法]让·文森、[法]塞尔日·金沙尔:《法国民事诉讼法要义》,罗结珍译,中国法制出版社2001年版,第406页。
[3] 日本《民事诉讼法》第5条第9项:"如下各项所列的诉讼,可以向管辖各项所规定地的法院提起……。"参见白绿铉编译:《日本新民事诉讼法》,中国法制出版社2000年版,第34页。
[4] 参见[法]让·文森、[法]塞尔日·金沙尔:《法国民事诉讼法要义》,罗结珍译,中国法制出版社2001年版,第407页。
[5] 参见张明楷:《刑法学》(第5版),法律出版社2016年版,第71页。
[6] 吴绮云译:《德国违反秩序法》,2005年8月12日发布,https://www.judicial.gov.tw/tw/cp-1910-22-dfce6-1.html。
[7] 譬如,"违法发生地",既可以解释成"违法行为发生地",又可以解释成"违法结果发生地";"利害关系人住所地"既可以解释成违法行为人住所地,又可以解释成受害人住所地等。
[8] 赵宏:《法治国下的目的性创设——德国行政行为理论与制度实践研究》,法律出版社2012年版,第146~147页。

第一，根据《行政处罚法》第 1 条，《行政处罚法》存在两种立法目的：一种是"维护公共利益和社会秩序，保护公民、法人或者其他组织的合法权益"，可理解为"打击违法行为"；另一种是"保障和监督行政机关有效实施行政管理"，可理解为"保证执法效率"。① 在"打击违法行为"目的下，地域管辖权应当尽量多元化，因为这可以保证打击力量的丰富。但是，在"保证执法效率"目的下，地域管辖权却会被理解成需要固定化，因为只有固定化，才能将处罚任务落实到具体部门，避免推诿。实践中，"打击违法行为"和"保证执法效率"确实可以共存，在管辖权唯一情形下，避免管辖争议既能"保证执法效率"，又有利于行政机关在最短时间内"打击违法行为"。但是，二者也会发生冲突，如管辖权唯一情形下，被排除管辖权的行政机关即使发现了违法行为，也会因不享有管辖权而放弃监管，"打击违法行为"往往会被牺牲。很显然，这是本末倒置的。在地域管辖上，"打击违法行为"应当被奉为首要任务，"保证执法效率"非但应当让位于"打击违法行为"，也应当朝着"打击违法行为"的方向加以解释。所谓执法效率，其实就是要在第一时间阻止违法行为。阻止违法行为的快速与否，是检验执法效率的根本准则。在行政处罚过程中，其实并没有真正意义上的"保证执法效率"的目的，其和"打击违法行为"是一体的，是后者的手段和表现。因此，确定地域管辖权，应当以如何最好地实现"打击违法行为"为目的而展开。目前来看，将地域管辖权多元化，是第一时间避免违法行为发生和扩大的良策。

第二，需要区分的是，确定地域管辖权不单单是在确定权力，也是为了确定义务。在行政组织法上，权力与义务往往是统一的。地域管辖权既是权力，又是职责，是一种积极打击行政违法的义务。对于目前我国行政机关普遍不作为的大环境来说，将确定地域管辖权的空间连接点予以多元化，无疑是有利的。被"义务化"理解后的地域管辖权，一旦实现了多元化，就意味着更多行政机关有义务参与到打击违法行为之中。并且，作为一项义务，享有地域管辖权的行政机关实际上也要明

---

① 《行政处罚法》第 1 条："为了规范行政处罚的设定和实施，保障和监督行政机关有效实施行政管理，维护公共利益和社会秩序，保护公民、法人或者其他组织的合法权益，根据宪法，制定本法。"

确,地域管辖权不能自由处分,不能随意放弃或转让,否则就会构成行政不作为,会被提起行政不作为诉讼或者行政公益诉讼。

二、法律化:行政处罚地域管辖权的规范形式

与事务管辖、时间管辖等其他管辖权一样,地域管辖权本身是一种权力划分,具有一定的组织法意义。在日本,盐野宏教授认为,地域管辖权包括组织法和行为法两方面的意义。行政机关没有地域管辖权,相对人可以提起撤销之诉。[①] 在法国,也十分类似,违反地域管辖权,个人也可以提起撤销之诉。[②]

因此,从立法上规定某一个行政机关是否享有行政处罚地域管辖权,其实是一种授权行为,将直接决定行政机关是否可以实施国家制裁权,与《行政诉讼法》第70条合法性审查标准中的"超越职权"标准直接关联。[③] 因此,地域管辖权的设定,必须要遵守组织法上的职权法定原则。所谓职权法定原则,是指行政机关的职权和管辖必须有明确的法律依据,其来源于"人民是权力的唯一合法泉源"和"原始权威"的简单逻辑。[④] 在行政法上,"行政职权必须合法产生,行政主体行政职权或由法律、法规设定,或由有权机关依法授予,否则权力来源就没有法律依据,而没有法律依据的行政权从根本上来说是一种非法的权力"[⑤]。这是对权力来源的要求,是对职权法定原则最为朴素的理解。一般来说,职权法定原则包含两个层面的操作要求:其一,行政职权来源法定,主要是指行政权力必须通过立法方式加以设定,"只有通过立法设定和赋予的职权才是合法的职权,立法以外的其他途径不能产生行政职权"[⑥];其

---

① 参见[日]盐野宏:《行政组织法》,杨建顺译,北京大学出版社2008年版,第13页。
② 参见[法]让·里韦罗、[法]让·瓦利纳:《法国行政法》,鲁仁译,商务印书馆2008年版,第806页。
③ 《行政诉讼法》第70条:"行政行为有下列情形之一的,人民法院判决撤销或者部分撤销,并可以判决被告重新作出行政行为:(一)主要证据不足的;(二)适用法律、法规错误的;(三)违反法定程序的;(四)超越职权的;(五)滥用职权的;(六)明显不当的。"
④ 参见[美]汉密尔顿、[美]杰伊、[美]麦迪逊:《联邦党人文集——关于美国宪法的论述》,程逢如、在汉、舒逊译,商务印书馆1980年版,第257页。
⑤ 周佑勇:《行政法基本原则研究》,武汉大学出版社2005年版,第167页。
⑥ 杨小君:《契约对行政职权法定原则的影响及其正当规则》,载《中国法学》2007年第5期。

二,行政职权范围法定,主要是指行政职权的适用对象和范围也必须由立法加以确定,否则就会超越职权。

现阶段,职权法定原则已经成为行政组织法上的基本原则,在一些国家已成为行政法治的应有之义①。譬如,在德国,"管辖权规则通常由法律规定和调整"②。在日本,"行政官厅的权限范围,当有关权限的行使存在法律的根据时,限于该根据法律所规定事项的范围。即使在不需要作用法上的根据的情况下,也必须是组织规范所规定的所掌事务的范围内。其所掌事务的范围,在国家层面,以各省设置法规定;在地方公共团体层面,根据《地方自治法》及条例规定"③。

相应地,在我国,职权法定原则也有基本的制度布置:首先,在宪法层面,《宪法》第 89 条、第 107 条分别对国务院和地方政府的权力来源作了列举和概括式的规定,其中第 107 条更是采用了"法律规定的权限"之类的表述,这是对职权法定原则的最高立法规划;④其次,在部门法层面,职权法定原则也一直被作为管控行政权的主要抓手,其典型立法例是《行政处罚法》《行政许可法》《行政强制法》有关行政处罚、行政许可以及行政强制设定权划分的规定。⑤

可见,无论是在国外还是国内,职权法定原则都不是一个纯粹的学术概念,它作为公法领域中的一项基本准则,已经深入依法行政的各个角落。根据职权法定原则的要求,各个行政机关的具体任务、主管事项、权限以及内部机构的设置和编制,都应该以法律为准,而不是某一个行政机构或规范性文件。

因此,决定一个行政机关享有多少权力内容,不是由政府内部决定的,它往往需要由立法机关敲定,而这当然也包括地域管辖权在内,尤

---

① 参见应松年、薛刚凌:《行政组织法研究》,法律出版社 2002 年版,第 57 页。
② [德]汉斯·J.沃尔夫、[德]奥托·巴霍夫、[德]罗尔夫·施托贝尔:《行政法》(第 3 卷),高家伟译,商务印书馆 2002 年版,第 161 页。
③ [日]盐野宏:《行政组织法》,杨建顺译,北京大学出版社 2008 年版,第 23 页。
④ 《宪法》第 107 条第 1 款:"县级以上地方各级人民政府依照法律规定的权限,管理本行政区域内的经济、教育、科学、文化、卫生、体育事业、城乡建设事业和财政、民政、公安、民族事务、司法行政、计划生育等行政工作,发布决定和命令,任免、培训、考核和奖惩行政工作人员。"
⑤ 依次参见《行政处罚法》第 10~16 条,《行政许可法》第 14~17 条,《行政强制法》第 10~11、13 条。

其是作为侵益行政行为的行政处罚的地域管辖权,理应更加严格地遵守。实际上,这也是职权法定原则的应有之义,"职权法定主要表现为管辖权的法定,包括职能管辖、地域管辖和级别管辖"①。

因此,行政处罚地域管辖权的规范形式只能是"法律化",必须由法律加以设定,而不能被"法规化"或"规章化"。在立法例上,综观全世界行政处罚法得以单列的国家,基本也都遵循的是这一要求。譬如,在德国,《违反秩序法》第 37 条是有关地域管辖权的相关规定,但全文并没有设定单独的"授权条款",地域管辖权只能依据《违反秩序法》这一个唯一的规范形式。

因此,无论是旧版《行政处罚法》第 20 条中规定的"法律、行政法规另有规定的除外",还是新法第 22 条中规定的"法律、行政法规、部门规章另有规定的除外",其实都是有欠妥当的。行政处罚的地域管辖权应当被多元化,但是不能通过"行政法规"和"部门规章"实现多元化,否则多元化可能异化为"行政化"和"部门化"。

三、新法修改建议

综上所述,行政处罚地域管辖权应当坚持"多元化"立场,但这一立场只能通过"法律化"形式加以实现,立法者应尽可能在《行政处罚法》中就完成地域管辖权的多元化布置,形成统一的地域管辖权规则。

根据这一要求,本书建议,新法第 22 条应当修改如下:行政处罚由违法发生地、发现地以及行为人住所地的行政机关管辖,法律另有规定的除外。对此,需作如下解释。

第一,将"违法行为地"改为"违法发生地",是因为这可以避免以"行为"为中心的解释限制。实践中,"违法发生地"应作扩大解释,包括"违法行为发生地"和"违法结果发生地"。"违法行为发生地"包括违法行为的实施地以及开始地、途经地、结束地等与违法行为有关的地点;违法行为有连续、持续或者继续状态的,违法行为连续、持续或者继续实施的地方都属于违法行为发生地;"违法结果发生地",包括违法对象被侵害地、

---

① 张渝田、熊宇:《论依法行政的逻辑结构》,载《四川师范大学学报(社会科学版)》2015 年第 4 期。

违法所得的实际取得地、藏匿地、转移地、使用地、销售地等。

第二,添加"发现地",是因为:其一,应秉持地域管辖权多元化立场,尽可能实现"打击违法行为"的首要目的,避免出现发现违法行为却无法处罚的情形,避免行政不作为。在比较法上,德国《违反秩序法》第37条亦有类似规定。① 其二,授权"发现地"行政机关具有地域管辖权,并不意味着所有行政机关都可以管辖。地域管辖权并不是论定行政处罚管辖权的唯一规则,地域管辖权确定以后,仍然需要遵守事务管辖的基本规定。发现地真正能够行使行政处罚权的,仍然应当是违法行为所涉及的行政事务主管部门。

第三,添加"行为人住所地",同样是为了实现地域管辖权的多元化。类似立法例,如德国《违反秩序法》第37条。"行为人住所地"同样应作扩大解释,是指自然人的户籍所在地、法人或者其他组织的主要办事机构所在地。自然人的户籍所在地一般是以其户口簿或者居民身份证上登记的地址为准,法人或者其他组织的主要办事机构所在地一般是以营业执照上登记的地址为准。

第四,删除授权条款中的"行政法规、部门规章",因为它们与职权法定原则不符。参照上文分析结论,能够规定行政处罚地域管辖权的,只能是法律。

---

① 德国《违反秩序法》第37条:"(1)下列辖区之行政机关有土地管辖权:1. 违反秩序发生或被发觉者;2. 利害关系人于开始罚金程序时有住所者。"参见吴绮云译:《德国违反秩序法》,2005年8月12日发布,https://www.judicial.gov.tw/tw/cp-1910-22-dfce6-1.html。

第九章 《行政处罚法》违法阻却条款的增设

基于功利主义违法观的观点,违法性判断主要有两项任务:"一是法律禁止何种法益侵害？二是在法益之间发生冲突时,法律允许什么优先？"[1]前者是积极的违法性判断,后者是消极的违法性判断。现实中,行政相对人行为在侵害某个法益时,可能是为了保护另一个同等的甚至更为优越的法益,此时,如果将法益侵害仅限于单一的法益评价框架中,只作积极的违法性判断,必然会与功利主义违法观所追求的实质正义有所冲突。因此,为了更为公正地评价这类行为的违法性,必须添加可以对法益进行横向比较的"消极违法性评价"环节。

因此,从类型上来说,行政机关对相对人违法行为的评价,分为"积极的违法性评价"和"消极的违法性评价"两个面向。"积极的违法性评价"是要从正面确定行政相对人的行为是否具有违法性,而"消极的违法性评价"则是要从反面确定是否不具有违法性。消极违法性评价的主要作用是排除违法性。在刑法学中,其被称为"违法阻却事由"。参考比较法经验,在

---

[1] 张明楷:《刑法学》(第3版),法律出版社2007年版,第172页。

行政处罚规范中,我们同样沿用这一称谓。① 实践中,正当防卫和紧急避险是其常见类型。

应受行政处罚行为成立要件包括构成要件该当性、违法性以及有责性三个判定标准。② 在这三个要件的判断过程中,构成要件一旦该当,便具有违法性推定功能或指示功能。但是,这一推定效力只停留在拟制阶段,并不代表违法性一定能够成立。即使经过积极的违法性判断之后,已经能够确定相对人行为的确造成了法益损害,同样也并不代表违法性必然成立,因为还有消极的违法性评价。如果在消极违法性判断中,发现该行为是为了保护另外一个法益,则违法性应当排除。这是消极违法性判断的基本逻辑与大概功用。

上述认识在刑法学上已经获得普遍承认,但是在行政法上并非如此,尤其是在执法实践中,如宁波市综合行政执法局并不认可紧急避险具有阻却违法的功能,认为宁波正晟建设有限公司在处置宁波轨道交通 5 号线一期工程 TJ5121 标的建筑垃圾时,紧急避险车辆倾斜导致车上建筑垃圾(工程渣土)遗撒路面,污染城市道路 11 平方米。当事人按要求限期进行了改正。上述行为违反了《宁波市市政设施管理条例》第 22 条第 11 项的规定……对当事人宁波正晟建设有限公司处以罚款 1500 元的行政处罚。③ 但是,在"钟某某与广东省开发区分局濠头派出所案"中,中山市开发区分局濠头派出所却持相反立场,认为"钟某某偷开机动车,属于紧急避险,其违法事实不成立,对钟某某偷开机动车的行为作出不予处罚决定"。④

可见,从行政法上对违法性阻却事由开展检讨,仍有必要。本章将

---

① 我国台湾地区学者同样采用这一认识,只是采用了"阻却违法事由"的表述。参见林锡尧:《行政罚法》,台北,元照出版有限公司 2006 年版,第 80~82 页;李惠宗:《行政罚法之理论与案例》,台北,元照出版有限公司 2007 年版,第 86~90 页;黄俊杰:《行政罚法》,台北,翰芦图书出版有限公司 2006 年版,第 46~48 页;廖义男:《行政罚法》,台北,元照出版有限公司 2008 年版,第 85~88 页;洪家殷:《行政罚法论》,台北,五南图书出版股份有限公司 2006 年版,第 214~219 页。

② 参见熊樟林:《行政处罚上的空白要件及其补充规则》,载《法学研究》2012 年第 6 期;熊樟林:《应受行政处罚行为模型论》,载《法律科学(西北政法大学学报)》2021 年第 5 期;熊樟林:《应受行政处罚行为的构成要件》,载《南京大学法律评论》2015 年第 2 期。

③ 宁波市综合行政执法局行政处罚决定书,高新综执〔2020〕罚决字第 03-0086 号。

④ 中山市开发区分局濠头派出所行政处罚决定书,山公行罚决〔2019〕22816 号。

主要讨论如下三个问题:其一,行政处罚法确立消极的违法性判断的必要性;其二,行政处罚法上法定的违法性阻却事由及其内容;其三,行政处罚法上超法规的阻却事由及其内容。

第一节 行政处罚违法性阻却事由的必要性论证

一、反对违法性阻却事由的理由

现阶段,理论界有人认为行政处罚法不应该承认违法性阻却事由,理由如下:

第一,我国《行政处罚法》并没有设置诸如正当防卫、紧急避险等违法性阻却事由的条款。在传统的四要件体系下,立法上所规定的类似"违法性阻却事由"的"不予处罚"情形,并不包括正当防卫和紧急避险。1996年《行政处罚法》第27条第2款只是规定,"违法行为轻微并及时纠正,没有造成危害后果的,不予行政处罚";2021年《行政处罚法》第33条第1款同样只是规定:"违法行为轻微并及时改正,没有造成危害后果的,不予行政处罚。初次违法且危害后果轻微并及时改正的,可以不予行政处罚。"同时,《治安管理处罚法》第19条也只是规定:"违反治安管理有下列情形之一的,减轻处罚或者不予处罚:(一)情节特别轻微的;(二)主动消除或者减轻违法后果,并取得被侵害人谅解的;(三)出于他人胁迫或者诱骗的;(四)主动投案,向公安机关如实陈述自己的违法行为的;(五)有立功表现的。"可见,立法上规定的"不予处罚"情形,并不包括违法性阻却事由。并且,即使在"不予处罚"中添加"违法性阻却事由",也并不当然能够得出我国行政处罚实践承认违法性阻却事由的结论,因为"违法性阻却事由"和"不予处罚"是两个完全不同的概念。理论界有人认为,"不予处罚"是指行政机关考虑到某些法定情形对应受行政处罚的人不适用行政处罚的情况,[1]并不否认有责性,只是在法律效果上不予追究,应受行政处罚行为依然成立。

---

[1] 参见梁仕成:《从轻、减轻或免予处罚必须具备法定条件——从〈该免予处罚,还是从轻处罚〉一文说开去》,载《中国工商报》2012年4月17日。

第二,行政处罚法所涉领域异常复杂,很多案件需要当场处罚和及时处罚。如果每个案件既要作积极的违法性判断,又要作消极的违法性判断,不仅时间上不允许,而且取证和认定上也有很大的困难。行政机关将疲于奔命,行政效率难以保证。同时,相比刑罚而言,行政处罚对行政相对人的侵益性较为轻微,即使刑法理论中存在违法性阻却事由的主张,刑事立法上也有具体规定,也不意味着行政处罚必须要牵强比附。

第三,即使承认甚至通过修法方式确立了违法性阻却事由,实践中也难以实施。这其中比较棘手的问题在于,由谁来举证证明具有违法性阻却事由情形?《行政处罚法》第40条规定:"公民、法人或者其他组织违反行政管理秩序的行为,依法应当给予行政处罚的,行政机关必须查明事实;违法事实不清、证据不足的,不得给予行政处罚。"据此,行政处罚中的举证责任由行政机关承担,"行政管理相对人有举证的权力,有权力提出证据,但行政管理相对人并不承担证明责任,不能因为相对人提不出自己未违法的证据,就认定其实施了行政违法行为,而给予行政处罚"①。因此,如果由行政相对人举证说明违法性阻却事由,则与此有所违背。但问题在于,换由行政机关举证说明,有违常识。一方面,历史上乃至现今,行政机关从来都没有主动协助行政相对人消除违法性的习惯。另一方面,我们也不得不承认,同时操作定罚与出罚两个性质完全不同的价值判断,任何主体都难以做到公平与公正。

二、对上述理由的反驳

上述认识尽管存在一定的合理性,但并不完全妥当,理由如下。

第一,现行《行政处罚法》确实没有规定违法性阻却事由,但这不能成为行政处罚不需要违法性阻却事由的理由。违法性阻却事由作为行政处罚违法性判断难以避免的逻辑结果,并不是从立法文本中推导而出的,更不是对刑法学理论的牵强比附。实际上,古今中外行政处罚规定都对规定违法性阻却事由不容置辩。以我国为例,早在清朝末期的治安管理规范中就承认了违法性阻却事由,如1908年《违警律》第17

---

① 徐继敏主编:《行政处罚法的理论与实务》,法律出版社1997年版,第157~158页。

条规定:"凡为人所迫无力抗拒致犯本律各款者不论。"清政府在《违警律施行办法》中,将该条解释为:"仅载为人所迫,若为水火灾变所迫,应否论罪？查本条载为人所迫不论,由于人力者尚且无罪,则由天灾者更不待言,律文从略者乃举轻省重之意,此节所谓当然解释也。"①

  北洋政府期间,立法者非但延续了上述立场,并且规定得更为明确、具体。1915 年《违警罚法》第 5 条规定:"因救护自己或他人紧急危难,出于不得已之行为之违警者,不处罚;但其行为过当时,减一等处罚或二等处罚。"第 6 条规定:"凡有人力或天然力所迫,无力抗拒,致违警者不处罚。"②该法不但就正当防卫与紧急避险的阻却违法功效予以了详细说明,还出具了消极违法性评价在法益衡量上的基本准则,即"不过当",否则"减一等处罚或二等处罚"。

  民国时期,1928 年《违警罚法》几乎照搬了 1915 年的《违警罚法》,③只是认定准则稍有变动。该法第 5 条规定:"因救护自己或他人紧急危难,出于不得已之行为之违警者,不处罚;但其行为过当时,得减本罚四分之一或二分之一处罚。"第 6 条规定:"凡有人力或天然力所迫,无力抗拒致违警者,不处罚。"④随后,这一立场在 1943 年、1946 年以及 1947 年的 3 次修订中都得以保留。1947 年《违警罚法》第 13 条规定:"因避免自己或他人之紧急危难,而出于不得已之行为,致违警者,不罚;但其行为过当者,得减轻或免除其处罚。"⑤可见,从清末兴法伊始,直至民国政府终结,文本形态中的违法性阻却事由一直历历在目。

  与此同时,这一立场即使在中华人民共和国成立初期,也并没有遭到否定。1957 年原《治安管理处罚条例》第 25 条同样规定:"由于不能抗拒的原因而违反治安管理的,不予处罚。"该规定虽然与 1908 年的《违警律》一样,略显抽象与单薄,但不可否认的是,它为消极的违法性评价提供了法律依据。

---

 ① 熊樟林编:《中外行政处罚法汇编》,北京大学出版社 2021 年版,第 36、45 页。
 ② 熊樟林编:《中外行政处罚法汇编》,北京大学出版社 2021 年版,第 56 页。
 ③ "1915 年和 1928 年的《违警罚法》比清末的违警律条文稍有增加,总体改动不大。"参见沈岚:《新生活运动与中国近代的治安处罚法——以妨害风俗类治安处罚的立法演变为视角》,载《比较法研究》2012 年第 1 期。
 ④ 熊樟林编:《中外行政处罚法汇编》,北京大学出版社 2021 年版,第 67 页。
 ⑤ 熊樟林编:《中外行政处罚法汇编》,北京大学出版社 2021 年版,第 80 页。

实际上，在中国历史上，第一次在行政处罚性法律规范中直接删去违法性阻却事由的，是1986年原《治安管理处罚条例》。该法对违法性阻却事由只字未提，同时，在次年公安部颁布实施的原《关于执行〈治安管理处罚条例〉若干问题的解释》中，也未见正当防卫、紧急避险等问题的任何规定。自此以后，在对应受行政处罚行为的违法性评价上，是否需要同时兼顾"积极的违法性评价"和"消极的违法性评价"两个面向，便从一项历时约80年的传统义务转变为行政机关的自由裁量权。《治安管理处罚条例》1994年的第2次修改以及建基于该条例基础之上的1996年颁布实施的《行政处罚法》和2005年颁布实施的《治安管理处罚法》，奉行的都是一脉相承的立场。

与此同时，我们还可以从横向的比较法层面补充说明。例如，几乎同时期的德国《违反秩序法》第15条规定："正当防卫：(1)基于正当防卫实施的行为不属于违法行为；(2)正当防卫，是指为阻止正在对自己或他人实施的不法侵害而作出的必要行为；(3)行为人出于慌乱、恐惧或惊吓，作出超越正当防卫界限行为的，该行为不受处罚。"第16条规定："紧急避险：为制止正在进行的、无法通过其他方法制止的威胁自己或他人生命、健康、身体、自由、名誉、财产或其他权益的危险而作出的行为，若相冲突的法益，即所设计的权益和遭受危险的程度相较，被保护利益的重要程度明显超出因避险行为而损害的利益，该行为不属违法行为。本规定仅限于避险行为手段适当时适用。"① 又如，时间更早的全球第一部行政处罚法——奥地利1926年《行政罚法》第6条也规定："由紧急状态免责的行为，或者虽然符合行政违法行为之事实构成，但系由法律所要求或允许的行为，不罚。"②

第二，认为违法性阻却事由会影响行政效率，实际上是在主张牺牲行政相对人的利益。的确，行政效率在20世纪末期直至今日获得了越来越多的尊重。美国公法理论曾试图借助芝加哥学派的经济学原理，进一步提高行政规制的实际效果。凯斯·R.桑斯坦（Cass R. Sunstein）曾反复重温规制行政给福利国家带来的好处，"旗帜鲜明地为规制国的

---

① 熊樟林编：《中外行政处罚法汇编》，北京大学出版社2021年版，第105页。
② 熊樟林编：《中外行政处罚法汇编》，北京大学出版社2021年版，第234页。

兴起进行辩护"①。布雷耶(Stephen Breyer)也曾为行政规制的技术优势做过辩护。② 但是,这并不意味着行政效率就一定要凌驾于自由与正义之上。相反,美国公法学界重提规制行政是因为"二战"之后的规制措施,在效率与正义的背反命题上出现了价值观偏离。我们所要纠正的就是这种错误认识。公法学者的任务就是要在一个确定的正义基础之上,全面展现规制行政的效益。"规制国悖论"(Paradoxes of the Regulatory State)问题的实质,③并不仅仅在于规制本身的效益问题。如果只追求效率目标,几乎很少会出现目标偏差和失误,尤其是建基于公权力基础之上的行政规制。但是,一旦要求在正义的基础之上追求行政效率,则变得十分棘手。

因此,以行政效率牺牲消极的违法性评价,并不成立。消极违法性评价追求的是实质正义。在形式上,它是与效率对立的价值追求,但二者并非水火不容。相反,任何行政效率都应建立在正义的价值基础之上,非正义的行政是专权,而处罚没有违法性的相对人行为,就是非正义。因此,"行政效率"并非偏袒行政主体的"效率",它其实是实质正义,保护的是公共利益。行政处罚是为了保护法益,而承认违法性阻却事由也是为了保护法益。二者实际上是殊途同归的。从本质上来说,消极的违法性评价的运作逻辑是法益衡量,包括"利益阙如的原理"和"优越利益的原理"。④ 根据前者,当不存在值得保护的法益(缺乏法益保护的必要性)时,行为就没有侵害法益,不成立违法性,如"被害人的同意和承诺"。⑤ 根据后者,当出现某种法益的损害是为了保护另一法益,且所保护法益与所损害法益相等或更为优越时,违法性便应加以否定,如正当防卫和紧急避险。

---

① 李洪雷:《规制法理学的初步建构》,载[美]凯斯·R. 桑斯坦:《权利革命之后:重塑规制国》,钟瑞华译,中国人民大学出版社2008年版,第3页(代译序)。
② 参见[美]斯蒂芬·布雷耶:《积极自由——美国宪法的民主解释论》,田雷译,中国政法大学出版社2011年版,第21页。
③ See Cass R. Sunstein, *Paradoxes of the Regulatory State*, 56 The University of Chicago Law Review 407(1990).
④ 参见张明楷:《刑法学》(第3版),法律出版社2007年版,第173页。
⑤ 参见李惠宗:《行政罚法之理论与案例》,台北,元照出版有限公司2007年版,第88页。

可见，消极的违法性评价并不是要放纵从积极的违法性评价中已经得出肯定结论的违法行为，而是为了保护另一种法益或指出根本就不存在的法益。因此，即使将"行政效率"理解为保护公共利益的效率，同样不能否认违法性阻却事由。消极的违法性评价虽然是为了出罚，但其更为深层的目的，却是保护法益，其与追求保护公共利益行政效率的目标实际上是一致的。

此外，从与刑罚的比较视角，以侵益性较小为托词，回避消极的违法性评价，则显得更为荒谬。罚则只是违法行为的法律效果，违法行为的侵益性并不仅体现在法律效果上，而是由行为本身所侵害的法益类型与程度决定的，如侵害公民生命法益往往比侵害财产法益更为严重。但是，若从法律效果上比较，结论却恰恰相反，如高达数百万元的行政罚款并不比几万元刑事罚金的责难程度低。因此，以行政处罚侵益性较小否认消极的违法性阻却事由，难以成立。同时，这一理由还存在一个逻辑错误。反对者既然承认，不作消极违法性判断的处罚决定确实会给相对人造成法益侵害，只是由于其侵害程度较小，才加以忽略，那么，存在的问题是，何种法律会容忍一项必然会造成法益侵害的违法性判断呢？当明知一种认识或判断会造成法益侵害，还执意采用，这实际上就已经不具有正当性了。

第三，无论是在可行性上，还是在证明效果上，行政机关都不宜承担说明违法性阻却事由的举证责任。强制要求行政机关同时作出定罚与出罚两个性质完全相反的价值判断，从根本上存在"既想马儿跑，又想马儿不吃草"的逻辑悖论。在举证责任分配上，违法性阻却事由应由行政相对人举证证明。① 《行政处罚法》第40条只是证明"具有违法性"的举证责任分配，而不是证明"不具有违法性"的举证责任分配。举证责任分配的经典表述是"谁主张，谁举证"。② 行政机关主张行政相对人行为具有违法性，应承担"具有违法性"的举证责任；行政相对人主

---

① 从对刑法学的观察来看，违法性阻却事由的举证责任也是由被告承担的。参见陈瑞华：《刑事审判原理论》，北京大学出版社1997年版，第371页。

② 它的另外表达是"举证义务存于主张之人，不存于否认之人""举证义务存于主张肯定事实之人，不存于否定事实之人"。参见毕玉谦：《举证责任分配体系之构建》，载《法学研究》1999年第2期。

张不具有违法性,则应承担"不具有违法性"的举证责任。这正是罗森贝克所说的"每一方当事人均必须对于其有利的法律规范的前提条件加以证明"的基本要义。①

综上所述,消极的违法性评价中的违法性阻却事由,与功利主义违法观保护法益的终极目的是一脉相承的,它不能因为诸如技术上的阻隔、倒退的立法文本等说辞,便在违法性评价中按下不表。这既是学术认识上的幼稚,又是行政法治上的宿敌。在未来《行政处罚法》修订过程中,应考虑将违法性阻却事由法定化,减少理论与实践争议。

第二节 法定违法性阻却事由的基本种类与判断规则

按照有关见解,违法性阻却事由可以分为法定的违法性阻却事由和超法规的违法性阻却事由两种类型。② 一般来说,区分两者的标准是行政处罚性法律规范中有无明确规定。因此,倘若按照反对者的认识,我国便没有真正意义上的法定的违法性阻却事由,因为在主导违法性评价的《行政处罚法》与《治安管理处罚法》中并不存在这方面的规定。

不过,本书并不赞同这一分类。在实质法治的背景之下,"行政处罚性法律规范"的含义并不单单是指严格意义上的法律,它还包括部门规章、地方政府规章等其他的规范性文件,甚至法的精神。因此,区分法定与超法规的标准应作更为宽泛的考察。

我们通过检索发现,在我国,在一些位阶较低的行政处罚性法律规范中,规范消极的违法性评价的法律文本依然不胜枚举。在本书中,我们拟将以其作为法定的违法性阻却事由的评价依据。从我们梳理的内容来看,这大致包括如下两个部分。

---

① 参见[德]莱奥·罗森贝克:《证明责任论——以德国民法典和民事诉讼法典为基础撰写》(第4版),庄敬华译,中国法制出版社2002年版,第173页。
② 参见李惠宗:《行政罚法之理论与案例》,台北,元照出版有限公司2007年版,第88页;林锡尧:《行政罚之超法定阻却违法事由》,载《中华法学》2009年第13期。

一、正当防卫

例如,公安部在 2007 年公布的《公安机关执行〈中华人民共和国治安管理处罚法〉有关问题的解释(二)》第 1 条规定:"为了免受正在进行的违反治安管理行为的侵害而采取的制止违法侵害行为,不属于违反治安管理行为。但对事先挑拨、故意挑逗他人对自己进行侵害,然后以制止违法侵害为名对他人加以侵害的行为,以及互相斗殴的行为,应当予以治安管理处罚。"①又如,原《黑龙江省酗酒滋事处罚暂行规定》第 10 条规定:"公民受到醉酒人严重不法侵害时,可以采取正当防卫行为,使正在进行不法侵害行为的人丧失侵害能力或者中止侵害行为。"②《山西省社会治安防范管理暂行规定》(1998 年修正)第 6 条规定:"一切单位和个人,均有维护社会治安的义务。对违反社会治安的行为应当制止和举报。公民应发扬见义勇为的精神,勇于同各种违法犯罪活动进行斗争。提倡公民在遭到非法侵害时,行使正当防卫的权利。"③《贵州省社会治安综合治理工作规定》第 4 条规定:"任何单位或个人,都有参加社会治安综合治理的义务。鼓励公民见义勇为,同一切危害社会治安的违法犯罪行为作斗争。国家、集体利益和公民的人身、财产权利正在遭受不法侵害时,公民有权制止和行使正当防卫。"④

对于是否构成正当防卫的判断规则,行政法学界的一致意见是参照刑法学上的相关认识。有学者认为:"(正当防卫)的解释可参考刑法相关见解。"⑤对此,本书予以认同。简言之,正当防卫的准则是"存在正当防卫的情境(Notwehrlage),即必须对行为人或他人存在现在不法之侵害,且防卫者只是基于防卫的意志(Verteidigungswille)而采取的必要手段"⑥。在具体理解上,这个前提包括四项标准:第一,"现在"。现

---

① 《公安机关执行〈中华人民共和国治安管理处罚法〉有关问题的解释(二)》,公安部 2007 年 1 月 26 日颁布。
② 原《黑龙江省酗酒滋事处罚暂行规定》,黑龙江省公安厅 1988 年 9 月 25 日颁布。
③ 《山西省社会治安防范管理暂行规定》(1998 年修正),山西省人民政府 1998 年 1 月 4 日颁布。
④ 《贵州省社会治安综合治理工作规定》,贵州省人民政府 1991 年 5 月 17 日颁布。
⑤ 林锡尧:《行政罚法》,台北,元照出版有限公司 2006 年版,第 82 页。
⑥ 廖义男:《行政罚法》,台北,元照出版有限公司 2008 年版,第 87~88 页。

在是指即将发生、已经发生或还在持续中。没有发生或如果已经发生完毕,便不符合。① 第二,"不法侵害"是指行为对法益可能或已经造成一种破坏,被侵害者对此并无容忍的义务。第三,必须只是基于防卫的意志。② 第四,防卫手段选取以必要性为原则,否则亦要处罚③。不过,也有学者对此不予认同,认为防卫行为对于侵害者所造成的法益损害,和防卫行为所要保护的法益之间的衡平关系,并不是成立正当防卫所必须考虑的事项。④

二、紧急避险

类似地,立法文本上的紧急避险规范也并不鲜见,如《渔业港航监督行政处罚规定》第 5 条规定:"有下列行为之一的,可免予处罚:(一)因不可抗力或以紧急避险为目的的行为;(二)渔业港航违法行为显著轻微并及时纠正,没有造成危害性后果。"⑤《道路交通安全违法行为处理程序规定》第 22 条规定:"交通技术监控设备记录或者录入道路交通违法信息管理系统的违法行为信息,违法行为发生地或者机动车登记地公安机关交通管理部门应当自核实之日起三日内予以消除:(一)警车、消防救援车辆、救护车、工程救险车执行紧急任务期间交通技术监控设备记录的违法行为;(二)机动车所有人或者管理人提供报案记录证明机动车被盗抢期间、机动车号牌被他人冒用期间交通技术监控设备记录

---

① 我国台湾地区所谓"最高行政法院"相关判决也指出:"然所谓正当防卫系对现在不法之侵害而处于防卫自己或他人权利之行为而言,如侵害已过,而非现在之不法侵害,不得主张正当防卫。上诉人之私有道路纵令遭他人擅自铺设柏油沥青路面,在铺设后,自应依法诉请除去,焉有在系争土地上挖路筑墙而不先报准之理,所谓正当防卫,不应受罚之词,尚不足采。"

② 实践中,行政机关对治安管理中相互斗殴行为的处理,便不适用正当防卫。参见"苏明明不服三明市公安局梅列分局对其治安行政处罚决定案",载北大法宝 2003 年 10 月 17 日,http://www.pkulaw.cn/case/pfnl_a25051f3312b07f3562db93bf30e6887827fbf129cec8679bdfb.html? keywords=苏明明不服三明市公安局梅列分局对其治安行政处罚决定案&match=Exact。

③ 需要注意的是,在行政处罚法上,正当防卫的必要性原则也有类似于刑法对暴力犯罪能够豁免的规定(防卫不过当)。譬如,德国《违反秩序法》第 15 条第 3 项便规定:"行为人出于慌乱、恐惧或惊吓,作出超越正当防卫界限行为的,该行为不受处罚。"参见《德国违反秩序法》,查云飞译,载熊樟林编:《中外行政处罚法汇编》,北京大学出版社 2021 年版,第 234 页。

④ 参见蔡震荣、郑善印:《行政罚法逐条释义》,台北,新学林出版股份有限公司 2006 年版,第 223 页。

⑤ 《渔业港航监督行政处罚规定》,原农业部 2000 年 6 月 13 日颁布。

的违法行为;(三)违法行为人或者机动车所有人、管理人提供证据证明机动车因救助危难或者紧急避险造成的违法行为……"①《山东省沿海船舶边防治安管理条例》第 16 条规定:未经有关部门批准,出海船舶和人员不得进入国家禁止或者限制进入的海域、岛屿以及临时性警戒区域,不得擅自搭靠外国籍或者我国香港、澳门特别行政区以及台湾地区的船舶。因紧急避险或者不可抗力发生前款规定情形的,应当在原因消除后立即离开,并在 24 小时内向公安边防机关报告。② 可见,在我国,将紧急避险列为法定的违法性阻却事由并不为过。

　　亦如正当防卫一样,紧急避险的判断大体上也可参考刑法理论,但需要特别指出如下三点。

　　第一,在必要性原则上,紧急避险所要保护的另外一个法益,必须要大于或等于所牺牲的法益,否则,该当行为即属避难过当。③ 在这一点上,和正当防卫不同的是,理论界对此基本已经达成了共识,立法上也有类似的"但书"规定。譬如,德国《违反秩序法》第 16 条明确指出:"紧急避险:为制止正在进行的、无法通过其他方法制止的威胁自己或他人生命、健康、身体、自由、名誉、财产或其他权益的危险而作出的行为,若相冲突的法益,即所设计的权益和遭受危险的程度相较,被保护利益的重要程度明显超出因避险行为而损害的利益,该行为不属违法行为。本规定仅限于避险行为手段适当时适用。"④

　　第二,在具体的法益比较上,紧急避险常常会涉及个人法益与超个人法益之间的权衡。⑤ 这里容易出现的问题是,是否允许行政相对人以维护公共利益为名主张紧急避险? 比如甲认为乙的自行车占用了正常车道,容易酿成车祸,便将自行车销毁了。在该案中,如果甲关于容易造成超个人法益损害的评估(必然会发生交通事故)是正确的,那么,这

---

① 《道路交通安全违法行为处理程序规定》,公安部 2020 年 4 月 7 日颁布。
② 参见《山东省沿海船舶边防治安管理条例》,山东省人大常委会 2011 年 1 月 14 日颁布。
③ 参见蔡震荣、郑善印:《行政罚法逐条释义》,台北,新学林出版股份有限公司 2006 年版,第 230~231 页。
④ 熊樟林编:《中外行政处罚法汇编》,北京大学出版社 2021 年版,第 105 页。
⑤ 当然,在正当防卫中同样存在这种情况,下文分析结果,也同样适用于正当防卫。

是否意味着构成紧急避险呢？这在理论界存在争议。本书认为，此类以保护超个人法益为目的的紧急避险行为，并不是真正意义上的紧急避险。实践中，"紧急避难者应不得其系为避免'超个人法益'之危难，否则即有滥用紧急避险之危险"，因为"维护公共秩序是国家机关的专责职务，倘若任由民众扮演警察角色，不但无助于公益，反而成为公共秩序的乱源"①。

第三，从比较法上的规定来看，行政处罚法上紧急避险所要保护的法益类型并不限于生命、身体以及财产，同样包括姓名权、隐私权等"名誉"型法益。② 比如德国《违反秩序法》第16条规定："紧急避险：为制止正在进行的、无法通过其他方法制止的威胁自己或他人生命、健康、身体、自由、名誉、财产或其他权益的危险而作出的行为，若相冲突的法益，即所设计的权益和遭受危险的程度相较……。"其中"其他权利客体"的兜底条款，使紧急避险所要保护的法益类型更为开放。③

三、职务行为

对于职务行为究竟是否为法定的违法性阻却事由，各国行政处罚法的处理不尽相同，因而认识并不一致。肯定者如奥地利《行政罚法》第6条规定："由紧急状态免责的行为，或者虽然符合行政违法行为之事实构成，但系由法律所要求或允许的行为，不罚。"④而德国《违反秩序法》对此却只字未提。

本书认为，职务行为是法定的违法性阻却事由。职务行为的义务来源分为两种：其一，法律规范规定的义务，即法令行为；其二，上级分配的任务，即服从行为。就前者而言，法律规范规定某项义务，本身就是为了保护某种法益，如《人民警察法》第2条规定人民警察有保护公

---

① 蔡震荣、郑善印：《行政罚法逐条释义》，台北，新学林出版股份有限公司2006年版，第230、221页。

② 参见林锡尧：《行政罚法》，台北，元照出版有限公司2006年版，第82页；黄俊杰：《行政罚法》，台北，翰芦图书出版有限公司2006年版，第48页；廖义男：《行政罚法》，台北，元照出版有限公司2008年版，第89页；洪家殷：《行政罚法论》，台北，五南图书出版股份有限公司2006年版，第218页。

③ 熊樟林编：《中外行政处罚法汇编》，北京大学出版社2021年版，第105页。

④ 熊樟林编：《中外行政处罚法汇编》，北京大学出版社2021年版，第234页。

民、法人和其他组织合法权益的义务。① 因此,其和消极违法性评价的基本原理并无二致,和立法上设置正当防卫、紧急避险的初衷也不谋而合。同时,就后者而言,其也主要是由公务行为本身所要求的首长负责制所决定的。在我国台湾地区,它的根本依据是所谓"公务员服务法"第2条,其规定:"长官就其监督范围以内所发命令,属官有服从之义务。"在我国大陆,其根本依据是《公务员法》第14条第4项之规定:"公务员应当履行下列义务:……(四)忠于职守,勤勉尽责,服从和执行上级依法作出的决定和命令,按照规定的权限和程序履行职责,努力提高工作质量和效率……。"可见,职务行为尽管并没有在行政处罚性法律规范上被归为违法性阻却事由,但这并不意味着它就不是法定的违法性阻却事由,从其他法规范中我们同样可以间接得出答案。

当然,需要指出的是,并非所有的职务行为都属于法定的违法性阻却事由,典型如以下两种情形应加以排除。

第一,"法令行为"所依据的规范性文件本身存在重大瑕疵。尽管我们一般并不否认法令行为的依据的非固定性,它可以"包括法律、法规命令、行政规则等一般性、抽象性质规范,亦即包括内部法、外部法等有法拘束力者"②,但是,如果该法令按照社会大众的判断,存在程序与实体上的重大瑕疵,自当排斥违法性阻却事由的适用。

第二,"服从行为"所服从的上级命令存在重大瑕疵。我国《公务员法》第60条规定:"公务员执行公务时,认为上级的决定或者命令有错误的,可以向上级提出改正或者撤销该决定或者命令的意见;上级不改变该决定或者命令,或者要求立即执行的,公务员应当执行该决定或命令,执行的后果由上级负责,公务员不承担责任;但是,公务员执行明显违法的决定或者命令的,应当依法承担相应的责任。"可见,服从明显错误的行为在本质上已经不是真正意义上的服从行为了,其当然也不可成为违法性阻却事由。

---

① 《人民警察法》第2条:"人民警察的任务是维护国家安全,维护社会治安秩序,保护公民的人身安全、人身自由和合法财产,保护公共财产,预防、制止和惩治违法犯罪活动。人民警察包括公安机关、国家安全机关、监狱、劳动教养管理机关的人民警察和人民法院、人民检察院的司法警察。"

② 廖义男:《行政罚法》,台北,元照出版有限公司2008年版,第86页。

第三节　超法规违法性阻却事由的基本类型与判断规则

"如同刑法理论所发展的,在行政罚法之领域内,亦当承认可依法理作为阻却违法事由,称之为'超法定之阻却违法性事由'"①,"刑法相对于行政罚系属较重之规定,刑法尚有超法规阻却违法事由,依举重以明轻之法理,行政不法行为亦应有超法规阻却违法事由"②。一般来说,超法规违法性阻却事由包括以下类型。

一、行政许可行为

行政许可的功能在于,它可以使行政相对人及第三人对行政机关所认可的行为产生一定信赖,因而相对人依许可所为之行为,自当不可以被评价为违法行为。例如,依法取得资质的拖车公司,强行带走违章停车的车辆,便不可被认为是侵害财产法益的行为;又如,依法取得资质的保安公司,对超市购物人员实施安全检查,也不宜被认为是侵害自由法益的行为。实践中,基于行政许可所为之行为,大多不会产生太大的违法性争议。存在较大争议的问题,主要如下。

第一,是否所有的行政许可都可以产生阻却违法的效果？对此,目前主流认识持否定态度。多数人认为,并非所有许可都属于违法性阻却事由,这要根据所许可的行为性质而定。"如果必须经许可之行为具有社会相当性或价值中立性且因而言缺禁止之价值,仅系因行为人未尊重应经许可之规定而予处罚,则可认定行政机关之许可系使行为人之行为不符合处罚构成要件,而非阻却违法事由。反之,必须经许可之行为本身即具有法益侵害性、无价值或违反社会相当性,因而具有禁止与处罚之价值者,则可认定行政机关之许可系阻却违法事由,盖于具体个案,构成不法之行为与消除不法之原因互相冲突,而许可该行为之意义比禁止该行为之利益更为重要,故行政机关之许可消除该行为之不

---

① 林锡尧:《行政罚之超法定阻却违法事由》,载《中华法学》2009 年第 13 期。
② 李惠宗:《行政罚法之理论与案例》,台北,元照出版有限公司 2007 年版,第 88 页。

法性,而构成阻却违法事由。"①

简言之,决定行政许可是否能够成为违法性阻却事由的根本因素,是被许可的行为本身是否具有侵益性。如果该行为本身是价值中立的,不具有侵益性,那么许可行为也应是价值中立的,不成立违法阻却。但如果该行为是无价值的,具有侵益性,那么许可行为便是价值肯定举措,因而成立违法阻却。举例而言,正常的驾驶行为本身是价值中立的,不具有侵益性,因而颁发驾照的行政许可行为,不能成为违法性阻却事由。实践中,我们显然不能以自己已经取得驾照为由,而对闯红灯、违章停车等不法行为主张违法阻却。但是,"法律上禁止赛车,但另设某些例外准许赛车之要件规定,则行政机关之许可构成阻却违法事由"②,这是因为赛车本身具有侵益性质,和正常的驾驶行为截然不同。

第二,行政许可撤销之后,其之前的违法阻却效力是否也要撤销?《行政许可法》第69条规定了行政许可的撤销制度。③ 一般认为,"行政许可之撤销的法律效果是行政相对人在撤销前因行政许可行为所形成的法律上的权利义务关系自始无效,亦即其法律效力溯及既往"④。这其中存在的问题是,如果被撤销的恰好是具有违法阻却效果的行政许可行为,那么,这种溯及既往的撤销效力,是否及于其之前阻却违法的效果呢? 在理论上,这是一个容易产生两种极端认识的问题。一方面,由于我们早已达成撤销行为可以溯及既往的共识,一旦行政许可撤销,之前依照该许可所为之行为,自当无法再借由该许可而主张违法性阻却;另一方面,基于公共秩序安定的考量,一旦撤销效力及于前行为

---

① Wolfgang Mitsch, a. a. O. (Fn. 4). § 9 Rn. 21ff. 转引自林锡尧:《行政罚之超法定阻却违法事由》,载《中华法学》2009年第13期。

② Rudolf Rengier, a. a. O. (Fn. 4), Einleitung Vor §§ 15,16. Rn, 18.; Wolfgang Mitsch, a. a. O. (Fn. 4), § 9 Rn. 23f. 转引自林锡尧:《行政罚之超法定阻却违法事由》,载《中华法学》2009年第13期。

③ 《行政许可法》第69条:"有下列情形之一的,作出行政许可决定的行政机关或者其上级行政机关,根据利害关系人的请求或者依据职权,可以撤销行政许可:(一)行政机关工作人员滥用职权、玩忽职守作出准予行政许可决定的;(二)超越法定职权作出准予行政许可决定的;(三)违反法定程序作出准予行政许可决定的;(四)对不具备申请资格或者不符合法定条件的申请人准予行政许可的;(五)依法可以撤销行政许可的其他情形。被许可人以欺骗、贿赂等不正当手段取得行政许可的,应当予以撤销……"

④ 李孝猛:《行政许可撤销行为的法律属性》,载《华东政法学院学报》2005年第3期。

的违法性评价,必将会使原有的合法行为非法化,这容易影响公共秩序,而且在某些情况下(如超过2年),也有违时效制度。① 因而,也有学者主张,"如许可处分系经原处分机关依法废止者,不论废止之效力是否溯及既往,亦不影响其原作为阻却违法事由之效力"②。

对此,本书认为,应针对《行政许可法》第69条所规定的不同情形,分采不同立场。

首先,如果只是第69条第3项规定的程序瑕疵而导致的行政许可的撤销,其不应溯及阻却违法事由之效力。行政行为违反了法定程序,但实体内容正确,该如何处理? 方法有多种,并没有说此类行为就一定要撤销。从我国近年来的研究情况来看,补正作为解决这一问题的方法之一,为理论界所热衷。③ 同时,在一些地方性行政程序法中也有类似规定。④ 可见,行政许可法上的撤销制度并不是唯一方法。程序违法可能面临的命运,要么是撤销,要么是补正。即使是就撤销而言,按照《行政诉讼法》第71条之规定,⑤它也会按照法定的程序重做,而被许可的行为也有可能因为是重做的行政许可而再次获得阻却违法的效力。因此,程序瑕疵而致使许可被撤销,并不应该被认为可以否定许可的违法性阻却效力。

其次,对于《行政许可法》第69条规定的其他导致行政许可撤销的情形,可以溯及阻却违法事由之效力,理由有三。

---

① 《行政处罚法》第36条第1款:"违法行为在二年内未被发现的,不再给予行政处罚;涉及公民生命健康安全、金融安全且有危害后果的,上述期限延长至五年。法律另有规定的除外。"

② Rudolf Rengier, a. a. O. (Fn. 4), Einleitung Vor §§ 15,16. Rn,22bf. 转引自林锡尧:《行政罚之超法定阻却违法事由》,载《中华法学》2009年第13期。

③ 参见杨登峰:《程序违法行政行为的补正》,载《法学研究》2009年第6期。

④ 如《湖南省行政程序规定》第164条:"具有下列情形之一的,行政执法行为应当予以补正或者更正:(一)未说明理由且事后补充说明理由,当事人、利害关系人没有异议的;(二)文字表述错误或者计算错误的;(三)未载明决定作出日期的;(四)程序上存在其他轻微瑕疵或者遗漏,未侵犯公民、法人或者其他组织合法权利的。补正应当以书面决定的方式作出。"

⑤ 最高人民法院《关于适用〈中华人民共和国行政诉讼法〉的解释》第90条第2款:"人民法院以违反法定程序为由,判决撤销被诉行政行为的,行政机关重新作出行政行为不受行政诉讼法第七十一条规定的限制。"《行政诉讼法》第71条规定:"人民法院判决被告重新作出行政行为的,被告不得以同一的事实和理由作出与原行政行为基本相同的行政行为。"

其一，行政许可之所以能够产生阻却违法的效力，是因为许可本身的正当性基础是合法的国家权力，并相应伴随公民对此类公权行为的信赖。但是，基于滥用职权、欺骗、贿赂等不当手段取得的资质，并不具有这种正当性基础。我们也很难说，行为人通过欺诈、贿赂等手段获得许可资质而后作出应受行政处罚行为，是因为其对许可本身的信赖，而不是其本身就具有侵害法益的主观认识。

其二，违法性评价应该保持应有的非政治立场。依照可撤销的行政许可所作出的行为，侵害了某一类法益，在消极的违法性评价并不成立的情况下，它是具有违法性的。这是一个法律事实，是客观存在的，并不会发生改变，我们没有任何理由将此类超个人法益置于个人法益之上，个人法益也没有必要因此而被牺牲。

其三，试图用行政处罚时效制度否定行政许可撤销的溯及力，也并不妥当。《行政处罚法》第36条非但规定了2年的处罚时效，同时第2款还规定："前款规定的期限，从违法行为发生之日起计算；违法行为有连续或者继续状态的，从行为终了之日起计算。"严格来说，我们应该将行政许可具备可撤销要件的发现之日，解释为"违法行为发生之日"，或者将该条中的"发生"理解为"发现"。在这里，处罚时效不能从原行为发生之日起开始计算。原行为由于在行政许可未被撤销之前，具有推定合法的行政许可的效力支持，自然不会也不可能会被认为是违法行为，而应是形式合法的行为。真正打破这一形式合法的事件，是行政许可被撤销的事件。因此，二者之间的关系应理解为：行政许可被撤销，才导致违法行为发生。[①] 违法行为的时效应当从行政许可被撤销之日起算。

二、义务冲突

"所谓义务冲突，指当事人负有相互矛盾之多数义务，如履行其中

[①] 为了方便理解，这里只是囿于《行政处罚法》第36条所作的并不十分恰当的解释。严格来说，《行政处罚法》第36条采用"发生"的表述，是有问题的，如果违法行为的处罚时效从发生之日起计算，无疑会纵容应受行政处罚行为，更好的立法表述，应将该条中的"发生"，改为"发现"。

一项义务必然会违反另一项义务。"①就目前而言,义务冲突主要是刑法学者的研究主题,但是,现实中的法律义务冲突并不仅仅存在于刑法中,在行政法、民法领域和包含民法的所谓私法领域以及其他法学分支领域中,法律义务冲突也比比皆是,只不过这个领域中的法律义务冲突,或是已被法律事先规范,或是在生活中被人们解决而没有凸显出来,但是不能因此就认为这些领域中没有法律义务冲突及其情形表现。②

由于义务冲突也是同时存在两个需要保护的法益,它和紧急避险之间具有一定的相似性。一般认为,二者之间的区别在于,在紧急避险的场合,如果面临危险者忍受危险损害,可以不施行避险行为,如为了避让行人而闯红灯;而在义务冲突的场合,却不存在这种可能性,行为人履行义务是法律的要求,如甲同时要避让行人和防止后车追尾,不得已只能违反交通法规紧急刹车,造成后车遭受较大的财产损失。在义务冲突中,只要行为人决定选择保护某一项法益,便必然意味着会侵害另一项法益。"必须同时保护两项法益"是产生义务冲突的根本原因。

刑法学界多位学者认为,义务冲突对法益的侵害是一种不作为形式。在义务冲突中,一种法益遭受侵害主要是因为行为人选择保护了另外一种法益。③ 本书认为,这种观点并不正确,至少其在行政处罚法上难以成立。实际上,义务冲突中的法益保护义务,有作为义务之间的冲突,也有不作为义务之间的冲突,这和行为概念的正反两面性如出一辙。因此,相应地,侵害法益的方式也应包括作为与不作为两种方式,而并不是单一的。实践中,此类情形并不难找,如因驾驶车辆逆向行驶,驾驶人为摆脱该违规状态,必须再度违规行驶(如继续行驶、违规停车或违规掉头等)。此时,义务冲突类型便是多数不作为义务之间的冲突。④

---

① 林锡尧:《行政罚之超法定阻却违法事由》,载《中华法学》2009年第13期。
② 参见钱大军、张新:《法律义务冲突初论》,载《法制与社会发展》2009年第3期。
③ 参见张明楷:《刑法学》(第3版),法律出版社2007年版,第201页;王充:《义务冲突三论》,载《当代法学》2010年第2期。
④ 参见林锡尧:《行政罚之超法定阻却违法事由》,载《中华法学》2009年第13期。

三、承诺

"得承诺的行为不违法"（Volenti non fit injuria；Scienti et co nsentienti non fit injur ia），是罗马法上的至理格言，它的理论基础是被害人的自主决定权（Selbstbestimmungsrecht）。"行政处罚虽然通常涉及公益之保障，惟以学者之见解，就个别条文规定意旨，如具一定条件，尚有以承诺作为阻却违法事由之可能。"① 具体而言，此处的"个别条文规定"所指的就是保护个人法益的法规范，如《治安管理处罚法》第三章第三节之"侵犯人身权利、财产权利的行为和处罚"。同时，"一定的条件"主要是指必须满足以下条件。（1）必须是个人法益。超个人法益不存在承诺的违法性阻却问题，譬如，"即使农地容许倾倒事业废弃物，仍属法所不许，因维持农地的农用状态系属所有人之状态责任"②。（2）被侵害人具有处分权。原则上，被害法益系承诺人所享有，承诺人才享有处分权限；如被害法益系他人所享有，承诺人必须对之享有特殊的处分权。但无论如何，公益是不能被处分的。（3）被害人无意思表示瑕疵，亦即承诺人并非以受到恐吓、胁迫等非自由的意思表示而作出承诺，同时，也不得以欺诈、违反法律规范等非真实的意思表示而作出承诺。

需要注意的是，行政处罚法也容许有"推测的承诺"（Mutmaßlicheeinwilligung），即权利人虽因不知其情而为承诺，但经合理评估其利益状态，权利人如知其情，将会承诺。换言之，"推测的承诺"是否构成阻却违法事由，必须就权利人之性格、生活环境、生活习惯作客观环境观察与推测。如其推测无误，即使权利人事后否认，亦不影响其阻却违法事由之成立。③ 例如，甲由于工作繁忙，一直委托乙代取杂志社相关信件，乙出于好奇经常私拆信件，但对甲并不隐瞒，并以此夸赞甲才华横溢。甲由于喜欢受人表扬，对此虽心有芥蒂，但一直未表示反对。某日，由

---

① Rudolf Rengier, a. a. O. （Fn. 4），Einleitung Vor § § 15, 16. Rn, 13；Joachim Bomhnert, a. a. O. （Fn. 4），§ 15 Rn. 22ff.；Erich Göhler, a. a. O. （Fn. 4）, Vor § 1 Rn. 22. 转引自林锡尧：《行政罚之超法定阻却违法事由》，载《中华法学》2009 年第 13 期。

② 李惠宗：《行政罚法之理论与案例》，台北，元照出版有限公司 2007 年版，第 89 页。

③ Rudolf Rengier, a. a. O. （Fn. 4），Einleitung Vor § § 15, 16. Rn, 14；Joachim Bomhnert, a. a. O. （Fn. 4），§ 15 Rn. 28ff. 转引自林锡尧：《行政罚之超法定阻却违法事由》，载《中华法学》2009 年第 13 期。

于一次言语不合,二人反目,甲要求公安机关以《治安管理处罚法》第48条之规定,①对乙处以罚款。如上所述,在该案中,乙的行为由于享有甲"推测的承诺"的超法规阻却事由,是不具有违法性的。

---

① 《治安管理处罚法》第48条:"冒领、隐匿、毁弃、私自开拆或者非法检查他人邮件的,处五日以下拘留或者五百元以下罚款。"

第十章 《行政处罚法》处罚决定公开条款的增设

此次《行政处罚法》修改,多数问题得到了理论界的关注与讨论。但是,也有一些问题并未引起足够的讨论。这其中,最为典型的是行政处罚决定的公开。2020年7月3日,全国人大常委会对外公布了《行政处罚法(修订草案)》一审稿,其中第45条第1款规定:"行政处罚决定应当依法公开。"据此,所有行政处罚决定都必须对外公开,立法者奉行的是全部公开的绝对立场。2020年10月21日,《行政处罚法(修订草案)》二审稿公布,其中第46条第1款规定:"行政处罚决定应当按照政府信息公开的有关规定予以公开。"立法者的态度发生了变化,只是要求一部分行政处罚决定对外公开。这一立场在最后通过的《行政处罚法》审议稿中,同样作了较大调整。新法第48条第1款最终规定:"具有一定社会影响的行政处罚决定应当依法公开。"

第48条是此次修法的新增条文,得到了较多肯定,多被认为是推进"阳光政府"的善举,充分利用了信息社会的现代化规制手段。但是,也有人持相反观点,认为行政处罚决定应当全部对外公开。[1] 同时,从对比较

---

[1] 依次参见杨寅:《行政处罚类政府信息公开中的法律问题》,载《法学评论》2010年第2期;墨帅:《处罚结果公开与曝光不能混同》,载《检察日报》2009年12月2日,第6版。

法的观察来看,我们也很难在域外行政处罚法中找到类似条款。因此,新法第48条是如何被写入《行政处罚法》的?行政处罚决定真的不需要全部对外公开吗?

第一节 行政处罚决定公开的制度由来

目前,我们无法准确获知要求公开行政处罚决定的最早时间。但是,从立法文本上来看,1996年的《行政处罚法》并没有从总则上提出公开行政处罚决定的要求。1996年《行政处罚法》第4条第3款只是规定,"对违法行为给予行政处罚的规定必须公布;未经公布的,不得作为行政处罚的依据",没有提及行政处罚决定。因此,可以断定的是,在1996年《行政处罚法》制定过程中,是否需要公开行政处罚决定,并未被作为一项正式议题加以考虑。[1] 并且,在早期行政法理论研究中,所谓行政处罚决定的"公开",也仅仅是指将行政处罚决定告知行政相对人,是面向特定对象的"公开",[2]与行政处罚决定的"公开"含义完全不同。

历史上,尽管一些特殊行业也会要求公开行政处罚决定,[3]但公开行政处罚决定主要是从部门行政法上催生的,是伴随政府信息公开的法治化进程不断被制度化的。在本书中,我们可以将这一过程称为"信息公开路径"。通过追踪,我们查阅到了一些较早规定行政处罚决定公开的规章和规范性文件。譬如,在中央部委中,早在2000年,国家税务总局就在《税务稽查业务公开制度(试行)》(国税发〔2000〕163号)(已

---

[1] "有些代表提出,行政机关进行行政处罚的规定必须公布,事先让公众知道,以具体体现草案第四条规定的'公开'原则。因此,建议在草案第四条中增加规定:'对违法行为给予行政处罚的规定必须公布;未经公布的,不得作为行政处罚的依据'。"参见《全国人大法律委员会关于〈中华人民共和国行政处罚法(草案)〉审议结果的报告》,载中国人大网1996年3月16日,http://www.npc.gov.cn/zgrdw/huiyi/lfzt/xsssfxg/2004 - 02/25/content_1666667.htm。

[2] 参见罗文燕:《论行政处罚法的基本原则》,载《浙江省政法管理干部学院学报》1998年第1期。

[3] 如在证券行政处罚中,早在1998年制定的《证券法》第172条第2款就规定:"国务院证券监督管理机构依据调查结果,对证券违法行为作出的处罚决定,应当公开。"

失效)第3条第8项中明确规定:"税务处理(包括处罚)结果均可公开;案件税务处理结果应当按照规定公告。"并且,原国家工商总局早在2005年就已经利用各分局对外网页,建立了行政处罚决定公开查询系统。同时,在地方,上海市早在2004年就启动了行政处罚类政府信息公开工作,曾于2007年①、2008年连续两年将行政处罚决定公开列为重要内容之一,②并于2009年将其写入《上海市人民政府关于进一步加强政府信息公开工作的若干意见》(沪府发〔2009〕20号)之中,明确要求"在公安、工商、卫生、环保、质量技监、食品药品监管、安全生产、交通、水务、城管等领域积极开展行政处罚类信息公开实践,逐步形成有效运作机制"。

从成效上来看,早期"信息公开路径"所取得的阶段性成果,就是在部门行政法上实现了行政处罚决定公开的制度化布置。公开被作为一项组织法上的义务,写入更多的立法文本之中,典型如2008年12月15日,工业和信息化部在《工业和信息化部政府信息公开工作办法》(工信厅办〔2008〕81号)(已失效)第7条第9项中明确规定:"符合下列要求之一的政府信息,主办司局应当主动公开:(九)执法检查事项的结果及行政处罚决定。"2020年4月16日,住房和城乡建设部在《住房和城乡建设部政府信息公开实施办法(修订)》(建办〔2020〕35号)第15条第6项中明确规定:"部机关应当根据本办法第十四条的规定,主动公开下列政府信息:……(六)行政执法类:行政处罚、行政强制、行政许可、行政检查等执法行为主体、职责、权限、依据、程序、救济渠道及执法决定的执法机关、对象、结论,涉敏感信息的除外……"

但需要指出的是,早期的"信息公开路径"最终并没有获得总则化。国务院在2007年4月5日公布的《政府信息公开条例》中,并未提及行政处罚决定必须公开。立法者认为,行政处罚决定不是《政府信息公

---

① 《2007年上海市政府信息公开工作要点》"三、主要任务"之(一)第3点规定:"有行政处罚职能的政府机关要加大行政处罚结果信息的公开力度,其中工商、质量技监、食品药品、卫生、环保等部门,重点做好对涉及公共安全和严重影响人身健康的违法行为的行政处罚结果信息公开;通过课题研究,逐步形成行政处罚结果信息公开的制度安排。"

② 《2008年上海市政府信息公开工作意见》"二、主要任务"之(一)第5点规定:"进一步推进行政处罚结果信息公开。在工商、质监、环保、卫生等领域探索行政处罚结果信息公开的基础上,结合相关理论研究和试点成果,研究形成行政处罚决定信息公开属性审核机制。"

条例》中应当主动公开的政府信息。在 2019 年《政府信息公开条例》修改之前,国内立法基本是维持这一面貌的。但是,公开行政处罚决定的总则化进程,仍在高速推进,尤其是在如下两个方面。

第一,在立法数量上,部门行政法上的规定变得越来越多,并且相较而言,法律位阶也日趋升高,已有零星几部"法律"开始设定公开义务。譬如,2014 年修订的《环境保护法》第 54 条第 2 款规定:"县级以上人民政府环境保护主管部门和其他负有环境保护监督管理职责的部门,应当依法公开环境质量、环境监测、突发环境事件以及环境行政许可、行政处罚、排污费的征收和使用情况等信息。"

第二,在缺乏总则性法律支撑的情况下,政策先行,公开行政处罚决定的全国性政策不断推出。例如,早在 1999 年就开始推行的行政违法事实公布制度,和行政处罚决定公开几乎没有差别。[1] 这一制度曾受到了学术界的广泛批评,但现在看来,立法者仍然认为其具有一定功效。《行政处罚法(修订草案)》一审稿的绝对立场,也似乎是要给这一制度背书。又如,2014 年中共中央在十八届四中全会做出的《中共中央关于全面推进依法治国若干重大问题的决定》中明确提出:建立执法全过程记录制度,严格执行重大执法决定法制审核制度,推行行政执法公示制度。这一被称为"行政执法三项制度"的高层部署,为公开行政处罚决定出具了国家战略层面的宏观背景,被写入了《法治政府建设实施纲要(2015 - 2020 年)》,成为地方各级政府必须重点落实的任务。这其中,行政执法公示制度要求必须公开所有行政处罚决定。

在上述各类力量的促使下,立法上最终形成的成果是 2019 年修订后的《政府信息公开条例》。新条例第 20 条第 6 项规定:"行政机关应当依照本条例第十九条的规定,主动公开本行政机关的下列政府信息:……(六)实施行政处罚、行政强制的依据、条件、程序以及本行政机关认为具有一定社会影响的行政处罚决定。"这是行政处罚决定公开义务首次被写入总则性立法文本。这意味着,是否公开行政处罚决定,已

---

[1] 如原国家发展计划委员会 1999 年颁布实施,2010 年经国务院修订并发布的《价格违法行为行政处罚规定》第 22 条规定:"任何单位和个人有本规定所列价格违法行为,情节严重,拒不改正的,政府价格主管部门除依照本规定给予处罚外,可以公告其价格违法行为,直至其改正。"

经不再是地方事务,也不再是部门事务,而是一项全国性义务,需要各地各部门恪守、落实。因此,从某种程度上来说,新法第48条并不是空穴来风,而是有着长期的实践积累以及自上而下的战略布局,是对部门和地方立法经验的总结,是对党中央、国务院相关精神和政策的制度化,是对《政府信息公开条例》的再次升华。

第二节　行政处罚决定公开面临的争论

无论是《行政处罚法(修订草案)》一审稿还是最终审议稿,公开行政处罚决定制度都存在较大争议。概括来说,这主要分为如下两个方面。

一、肯定论及其理由

由于公开行政处罚决定与"行政公开""公民知情权"等议题关联密切,在《行政处罚法》修订过程中,主流立场认为所有行政处罚决定都必须对外公开。持这一认识的研究者认为,公民"有权利知道行政处罚信息……这是公民民主权利的一个重要方面,属于宪法的范畴"[1],公开行政处罚决定可以满足公民知情权。并且,在实施效果上,行政机关"借助了舆论宣传的作用,起到了广而告之的效果"[2]。具体到合法性上,有如下三种解释可供参考。

第一,遵守公开、公正原则。有人认为,《行政处罚法》第5条规定,"行政处罚遵循公正、公开的原则",根据这一规定,行政处罚应当遵循公开、公正原则,公开原则应当贯穿行政处罚全过程,非但行政处罚的规定和依据应当公开,并且,行政处罚决定也应当对外公开。

第二,行政处罚决定是政府信息。有人认为,公开行政处罚决定,是政府信息公开中的一种类型。[3] 对此,可直接从《政府信息公开条

---

[1] 王军:《行政处罚信息公开与隐私权保护》,载《北京行政学院学报》2011年第1期。
[2] 佘正:《交通违章记录见报:社会效果很好》,载《新闻记者》2000年第3期。
[3] 参见后向东:《论"信息公开"的五种基本类型》,载《中国行政管理》2015年第1期。

例》中加以推演。首先,在概念内涵上,根据 2007 年《政府信息公开条例》第 2 条规定,①行政处罚决定完全符合政府信息的概念内涵,是行政机关在履职过程中制作的信息;其次,根据 2019 年《政府信息公开条例》第 20 条第 6 项的规定,②行政处罚决定属于主动公开的政府信息种类。并且,即使在《政府信息公开条例》2019 年修订之前,根据 2007 年《政府信息公开条例》第 10 条第 11 项的规定,③行政处罚决定也应当公开,因为"监督检察情况必然包含了监督检查结果的案件行政处罚决定信息"④。

第三,公开行政处罚决定是声誉罚。有人认为,可以尝试从声誉罚的角度,解释公开行政处罚决定的合法性。持此类认识的研究者,较常引用我国台湾地区所谓"行政罚法"第 2 条加以说理。该条规定:"'本法'所称其他种类之行政罚,指下列裁罚性之不利处分:……三、影响名誉之处分:公布姓名或名称、公布照片或其他相类似之处分……"据此,公开行政处罚决定也是行政处罚的一种类型。因此,立法者通过《行政处罚法》设定公开行政处罚决定,并没有什么不妥。⑤

二、反对论及其理由

反对论者认为,对于一般的行政处罚案件,原则上无须主动公开。如果给予公开,则可能侵犯被处罚当事人的合法权益,并可能给行政机关带来过重的负担。⑥ 目前来看,反对论的理由主要有如下几个方面。

---

① 2007 年《政府信息公开条例》第 2 条:"本条例所称政府信息,是指行政机关在履行职责过程中制作或者获取的,以一定形式记录、保存的信息。"

② 2019 年《政府信息公开条例》第 20 条第 6 项:"行政机关应当依照本条例第十九条的规定,主动公开本行政机关的下列政府信息:……(六)实施行政处罚、行政强制的依据、条件、程序以及本行政机关认为具有一定社会影响的行政处罚决定。"

③ 2007 年《政府信息公开条例》第 10 条第 11 项:"县级以上各级人民政府及其部门应当依照本条例第九条的规定,在各自职责范围内确定主动公开的政府信息的具体内容,并重点公开下列政府信息:……(十一)环境保护、公共卫生、安全生产、食品药品、产品质量的监督检查情况。"

④ 刘健:《工商行政处罚决定信息公开研究》,载《中国工商管理研究》2012 年第 7 期。

⑤ 参见后向东:《论"信息公开"的五种基本类型》,载《中国行政管理》2015 年第 1 期。

⑥ 参见莫于川、林鸿潮主编:《政府信息公开条例实施指南》,中国法制出版社 2008 年版,第 72~73 页。

第一,行政处罚涉及隐私和个人信息。如同判决书一样,一份完整的行政处罚决定中有被处罚人的隐私和个人信息。现代法律保护个人隐私并无疑问,但为什么也要保护个人信息呢？这是因为,个人信息尽管并不是隐私,但是一旦将其与某些特定违法行为放在一起,与个人隐私并没有本质上的差别,这也是《民法典》同时保护隐私和个人信息的基本逻辑。实践中,对酒驾、嫖娼、赌博等违法行为的公开,就是其中的典型。目前来看,在已有的处罚决定公开实践中,含有大量的个人隐私和个人信息。① 在这些案件中,公共利益是压倒一切的,个人隐私和个人信息往往会被暴露。因此,公开行政处罚决定,无疑会给"相对人带来不可修复的深远影响,在这种不可逆转的信息公开中,私人利益以及群体利益的人格尊严以及名誉权均受到最大程度的打击"②,"若政府毫无约束地公布该类信息,可能给相对人的诸如隐私权等权利造成难以弥补的损害"③,"带来所谓'二次伤害'"④。

第二,不具有法律依据。从解释论的角度来看,公开行政处罚决定的法律依据,并不充足。2019年《政府信息公开条例》第20条第6项并没有要求所有行政处罚决定都必须公开,而只是"具有一定社会影响的行政处罚决定"。并且,《政府信息公开条例》第15条还明确规定:"涉及商业秘密、个人隐私等公开会对第三方合法权益造成损害的政府信息,行政机关不得公开。"实践中,由于行政处罚决定是具体行政行为,会与某一特定的自然人、法人或其他组织发生直接关联,几乎所有的行政处罚决定都会涉及个人隐私。因此,如果严格按照《政府信息公开条例》第15条,能够公开的行政处罚决定是十分有限的,而非《行政处罚法(修订草案)》一审稿第45条规定的所有行政处罚决定都必须对外

---

① 譬如,浙江政府服务网上设有行政处罚结果信息公开的查询系统。在该系统中,可以查到"酒驾""赌博"等违法行为的完整信息,包括当事人姓名在内。参见 http://www.zjzwfw.gov.cn/zjzw/punish/frontpunish/showadmins.do?webId=10。

② 张飞:《处罚信息公开岂能任性？——以公益与私益衡量为视角》,载《中国人权评论》2015年第1期。

③ 徐信贵、康勇:《行政处罚中政府信息公开义务与限制》,载《重庆邮电大学学报(社会科学版)》2015年第4期。

④ 朱兵强、陈指挥:《行政处罚信息公开中知情权与隐私权的平衡》,载《电子政务》2015年第4期。

公开。

第三,行政处罚决定是特殊类型的政府信息。的确,仅从定义上来看,行政处罚决定符合《政府信息公开条例》第2条规定的概念内涵,属于政府信息范畴。但是,与一般意义上的政府信息不同,行政处罚决定具有一定的特殊性。概括来说,这表现为三个方面:其一,行政处罚决定具有惩戒性,属于惩戒行政相对人的政府信息,包含大量不利益内容,是对相对人权利和利益的否定。这意味着,被公开的行政处罚决定尽管是政府信息,但也是相对人的"丑闻","是将行政法上对相对人不利的、消极的处置信息予以公开"[1],这和一般意义上的政府信息完全不同。政府信息多是价值中立的,在具体的个案评价之前,并不涉及对某一个体的否定和打击。其二,《政府信息公开条例》中要求行政机关主动公开的信息多是抽象行政行为,并不具体指向某一个体,不会对相对人产生较大影响。但是,行政处罚决定则恰恰相反,行政处罚决定是一个具体行政行为,包含大量个人隐私和个人信息,一旦公开,会对相对人生活和工作产生严重影响。其三,与一般的政府信息不同,行政处罚决定具有较高的个人属性,包含大量个人信息,其所有权不在国家与社会,实际上只是行政机关掌握和保管的信息,行政机关对信息"不享有所有权","不具有完全的处分权"[2]。

第三节 "以不公开为原则,公开为例外"的正当性

正如现在我们所看到的,《行政处罚法》第48条最终选择的立场是否定论,以不公开为原则,公开为例外。这意味着,需要被公开的行政处罚决定是少量的,这与《行政处罚法(修订草案)》一审稿的立场完全不同。对此,除上述反对者的理由外,还有如下两项深层逻辑可供参考。

---

[1] 杨寅:《行政处罚类政府信息公开中的法律问题》,载《法学评论》2010年第2期。
[2] 朱兵强、陈指挥:《行政处罚信息公开中知情权与隐私权的平衡》,载《电子政务》2015年第4期。

一、知情权与隐私权的高低位阶

从权利哲学上来说，蕴含在公开行政处罚决定争辩之中的，其实是知情权与隐私权之间的矛盾。"政府发挥其功能的能力取决于好的信息，但获得信息可能侵犯隐私权或者另外相似的权利。"①很明显，如果所有行政处罚决定都必须对外公开，意味着知情权是大于隐私权的，因为其并未排除可以不公开的行政处罚决定。但是，这样的结论经不起推敲，否则《政府信息公开条例》第 15 条就不会规定涉及个人隐私的政府信息不得公开，②德国宪法法院就不会确立"只有与市场相关的信息才属于公开的范围，否则公众没有知情权"的基本原则。③

如何处理隐私权与知情权之间的关系？目前来看，私法与公法的理论态度截然不同。在民法学界，多数研究指出，隐私权尽管十分重要，但并非毫无边界，在一定条件下，隐私权要让位于知情权。这其中，最为常见的条件就是公共利益，如有学者认为，"个人隐私原则上受法律保护，但如果涉及社会政治利益及公共利益则要区别情况加以对待"④，当公权力范畴内的知情权（知政权）与隐私权冲突时，应采用社会公共利益优先原则，保护知情权，限制隐私权。这是因为权利本位并不等于以个人利益为本位。当社会公共利益与个人权利发生矛盾时，为了社会公共利益，一些个人权利是可以被限制或否定的。⑤

但是，公法学界的主张则恰恰相反。行政法学者普遍认为，正常情况下，隐私权是高于知情权的，"隐私权应当是一个固若金汤的城堡，知

---

① Richard J. Pierce Jr, Sidney A. Shapino & Paul R. Verkuil, *Administrative Law and Process*, New York Foundation Press, 1999, p. 400.
② 《政府信息公开条例》第 15 条："涉及商业秘密、个人隐私等公开会对第三方合法权益造成损害的政府信息，行政机关不得公开。但是，第三方同意公开或者行政机关认为不公开会对公共利益造成重大影响的，予以公开。"
③ 参见何丽杭：《食品安全行政"曝光"的法律分析——与德国案例的研究对比》，载《东方法学》2010 年第 5 期。
④ 张新宝：《隐私权研究》，载《法学研究》1990 年第 3 期。
⑤ 参见翁国民、汪成红：《论隐私权与知情权的冲突》，载《浙江大学学报（人文社会科学版）》2002 年第 2 期。

情权必须臣服于隐私权"①。即使在特殊情况下,可以允许一定程度的知情权优于隐私权,但是,满足一般民众兴趣的知情权并非要以牺牲一般人的隐私权为代价,知情权总不能建立在一个普通人(非官员和公众人士)的痛苦之上。②

同时,在立法上,上述两个立场也都有相反的文本支撑。在私法上,规定知情权优于隐私权的典型依据是《民法典》。该法第999条规定:"为公共利益实施新闻报道、舆论监督等行为的,可以合理使用民事主体的姓名、名称、肖像、个人信息等;使用不合理侵害民事主体人格权的,应当依法承担民事责任。"在公法上,规定隐私权优于知情权的典型依据是《政府信息公开条例》。该条例第15条规定:"涉及商业秘密、个人隐私等公开会对第三方合法权益造成损害的政府信息,行政机关不得公开。但是,第三方同意公开或者行政机关认为不公开会对公共利益造成重大影响的,予以公开。"

可见,要想在知情权与隐私权之间分出位阶,并不容易,具体到行政处罚决定公开上,更是如此。一方面,行政处罚决定中含有"公共利益"的要素,多数人认为,应受行政处罚行为侵害的几乎都是公共利益,因此,根据《民法典》第999条,即使行政处罚决定中涉及个人隐私,也应对外公开。另一方面,行政处罚决定中也有"个人隐私"的要素,违法行为人的姓名、住址几乎是所有处罚决定书的必备内容。根据《政府信息公开条例》第15条,此类信息不能公开,这与《民法典》的立场完全相反。

对于上述冲突,《行政处罚法》第48条最终选择的是公法立场,要求"以不公开为原则,公开为例外"。对此,本书认为,可以尝试进行如下解释:

判断行政处罚决定是否涉及公共利益,不能以该决定是否由国家公权力机关作出为标准,否则必然会得出所有处罚决定都涉及公共利益的结论,毕竟国家公权力机关就是公共利益的代表。同时,按照这一逻辑,还可以进一步得出:只要由国家公权力机关作出的行政决定,原

---

① 章剑生:《知情权及其保障——以〈政府信息公开条例〉为例》,载《中国法学》2008年第4期。

② 参见郝铁川:《交通违章记录见报:侵犯个人隐私》,载《新闻记者》2000年第3期。

则上都必须对外公开,包括行政处罚决定在内。但是,这非但与现行法律不符,也有悖常理。

因此,必须重新思考行政处罚决定是否涉及公共利益的判断标准。本书认为,判断行政处罚决定是否涉及公共利益,应从作出处罚决定所依据的法律规范意欲保护的法益类型入手。如果该法益是超个人法益,自当是公共利益,但如果只是个人法益,则无所谓公共利益之说。根据这一标准,并非所有行政处罚性法律规范所要保护的都是公共利益,也并非所有应受行政处罚行为都会侵害公共利益。实践中,同样存在大量仅仅侵害个人利益的违法行为。在行政法中,行政法益的大部分内容的确是超个人法益(公共利益),但这并不意味着行政法益中没有个人法益。① 目前来看,较为常见的侵害个人法益的违法行为主要有两种。其一,侵害第三人个人利益,如《治安管理处罚法》第43条中规定的"殴打他人或者故意伤害他人身体"行为。② 在该行为中,违法行为侵害的只是受害人的个体利益,而非公共利益。其二,侵害违法行为人自身利益,典型如地方立法中规定"骑电瓶车不戴头盔"的被处罚行为以及《治安管理处罚法》第72条中的"吸食、注射毒品"行为等。在此类行为中,同样不存在直接性的公共利益,而只是为了保护违法行为人自身的生命权和健康权。

因此,行政处罚决定涉及的并不都是公共事务,也并不是所有处罚决定都与公共利益直接相关。即使按照《民法典》第999条,行政处罚决定也并非都要对外公开。恰恰相反,只有那些涉及公共利益的行政处罚决定,才需要对外公开,这也正是《行政处罚法》第48条确定"以不公开为原则,以公开为例外"立场的基本逻辑。第48条中规定的"具有一定社会影响的行政处罚",转化为《民法典》的表述,实际上就是指"涉及公共利益的行政处罚"。在这一问题上,《行政处罚法》第48条

---

① 参见熊樟林:《行政违法真的不需要危害结果吗?》,载《行政法学研究》2017年第3期;熊樟林:《行政处罚的种类多元化及其防控——兼论我国〈行政处罚法〉第8条的修改方案》,载《政治与法律》2020年第3期;熊樟林:《论〈行政处罚法〉修改的基本立场》,载《当代法学》2019年第1期。

② 《治安管理处罚法》第43条第1款:"殴打他人的,或者故意伤害他人身体的,处五日以上十日以下拘留,并处二百元以上五百元以下罚款;情节较轻的,处五日以下拘留或者五百元以下罚款。"

并没有打破民法学界有关隐私权的基本认识——在公共利益面前,隐私权需要适度让位于知情权。

二、公开行政处罚的目的选择

新法第48条之所以选择"不公开为原则,公开为例外",而非全部公开,也与公开行政处罚决定的目的存在关联。立法者需要考量的是,公开行政处罚决定究竟想要达到什么样的法律效果?在此次修法过程中,有可能的目的有三种:其一,通过公开,监督和控制行政处罚权运行,打造阳光政府;其二,通过公开,在处罚决定之外,以名誉、荣誉、声誉等为标的,贬损违法行为人名誉,再次打击违法行为人,或者督促违法行为人及时履行义务;其三,通过公开,威慑其他潜在的违法行为人,让其产生"不想违法、不敢违法、不能违法"的恐惧和害怕心理,从而杜绝类似违法案件再发生。

从经验主义层面来看,这三种目的都具有一定的合理性,但都需要作一定的限缩解释,否则与"不公开为原则,公开为例外"的立场难以契合。

第一,控制和监督行政处罚权的目的。实践中,这一目的的比重非但不大,而且效果也几乎可以忽略不计。这是因为,《行政处罚法》已经为行政处罚决定的作出设置了大量的公开程序。这既包括行政处罚决定作出之前法律依据的公开,又包括行政处罚决定作出之中的告知、听取陈述申辩等公开交流程序。经过多年发展,这些从程序层面设置的控权制度已经得到了较高程度的认可,有力保障了行政处罚决定的公开与透明。

因此,从程序控权的角度来看,除非是在一些特定领域,否则完全没有必要在后程序上增加一项公开义务,要求行政机关公开所有的行政处罚决定,这只会徒增行政机关的工作量,引起一些不必要的麻烦。

第二,打击违法行为人的目的。公开行政处罚决定若是为了打击违法行为人,可能会遇到如下两个障碍。其一,要想打击违法行为人,就必须将违法行为人的个人隐私和个人信息全部公开,但这与《政府信息公开条例》保护个人隐私的精神相悖,行政机关将面临二选一的困难;其二,根据《行政处罚法》第 2 条,①公开行政处罚决定这一另外新增的公权力动作,完全契合行政处罚的概念内涵,是一个独立存在的处罚行为,其与被公开的行政处罚决定之间,涉嫌违反"一事不二罚"原则。在理论研究中,打击违法行为人的理论往往被称为"报应论"。根据"报应论"的一般原理,国家通过行政处罚对违法行为人施加的制裁数量,应当与其违法行为造成的危害大致等同。② 当第一次行政处罚决定作出以后,对违法行为人的打击和报复就已经结束,除非有特殊情况,否则不允许启动第二轮打击,这也是《行政处罚法》规定过罚相当原则的根本缘由。

因此,以打击违法行为人的目的要求公开行政处罚决定,在理论逻辑上本身就存在瑕疵。实践中,除非某一领域确实存在第一次处罚无法满足社会治理需求的情况,③否则就应当严格限制第二次打击。从某种程度上来说,以"不公开为原则,公开为例外"的立场,奉行的正是这一法则。

第三,威慑其他潜在违法行为人的目的。相较而言,这一目的更为深远,也似乎更加具有合理性,但是,其同样无法很好地解释如下疑问。

其一,涉嫌将违法行为人物化为社会治理的工具。公开行政处罚如果只是为了威慑他人,违法行为人实际上是被作为一个手段加以使用的,其"只是实现社会幸福的工具,只是达到某种社会效果的手段"④。很显然,这与现代法律以人为本的根本理念相悖,会助长行政父权主义,违法行为人完全没有必要为其他人的社会幸福买单。

其二,在技术方案上,将违法行为人的个人隐私和个人信息全部删除,不仅可以避免物化违法行为人,同时也可以威慑潜在的违法行为人。但是,同样没有必要要求所有的行政处罚决定都必须对外公开。

---

① 《行政处罚法》第 2 条:"行政处罚是指行政机关依法对违反行政管理秩序的公民、法人或者其他组织,以减损权益或者增加义务的方式予以惩戒的行为。"

② 有关行政处罚报应论的论述,参见熊樟林:《行政处罚的目的》,载《国家检察官学院学报》2020 年第 5 期。

③ 例如,企业不遵守环保规定,但被处罚的成本损失远远小于其获取的利润,必须启动第二次打击;又如,由于存在"黄牛"代替扣分,针对交通违法,现有处罚手段无法对某些特定人群构成实质性打击,也必须启动第二次打击等。

④ 熊樟林:《行政处罚的目的》,载《国家检察官学院学报》2020 年第 5 期。

这是因为：一方面，隐私和个人信息几乎是违法案件的全部内容，尤其是其中的个人信息。按照《民法典》第1034条的规定，个人信息包括自然人的姓名、出生日期、身份证件号码、生物识别信息、住址、电话号码、电子邮箱、健康信息、行踪信息等。个人信息的内容多、范围广，如果在行政处罚决定公开实践中要求剔除个人隐私和个人信息，非但会给公布行政机关带来大量的删减和剔除任务，同时完全抽取个人隐私和个人信息的违法案件，也会使整个制度的威慑力大打折扣。失去真实感的案件描写，往往难以获得"读者"的内心认同。另一方面，诸如嫖娼、吸毒等之类的违法行为应当受到处罚，早就人尽皆知，相应的制度威慑早已存在，公开与否并不影响社会大众的违法性认识。因此，即使是完全剔除个人隐私和个人信息的行政处罚决定，也没有必要全部对外公开。

综上所述，新《行政处罚法》第48条确立的"以不公开为原则，以公开为例外"的基本立场，是具有正当性的。行政处罚决定与《政府信息公开条例》主动公开的政府信息不同，其是对行政相对人的否定性评价，涉及个人隐私和个人信息，立法者在满足公民知情权的同时必须保护公民隐私权。"以不公开为原则，以公开为例外"的立场，非但能够很好地平衡公法与私法之间的不同规定，同时也能够很好地解释公开行政处罚决定的目的追求。

第四节 公开行政处罚决定的实质目的

在前文中，我们重点回答了行政机关为什么不需要公开所有行政处罚决定。[①] 但是，我们并未指出，为什么部分行政处罚决定，最终还是要被公开？尤其是，为什么在新近十年里，行政机关对使用公开行政处罚决定这一规制工具愈加青睐？

对此，国内行政法学界有过一些讨论，但并不系统，相关认识是否

[①] 参见熊樟林：《行政处罚决定为何不需要全部公开？——新〈行政处罚法〉第48条的正当性解释》，载《苏州大学学报（哲学社会科学版）》2021年第6期。

妥当,也有待进一步检讨。① 理论界集中关注的是公开处罚决定的行为性质②以及如何公开等技术性问题。③ 这些讨论当然是有价值的,但无法从根本上回应一些争议。譬如,对于新《行政处罚法》第48条中的不确定法律概念"具有一定社会影响"究竟如何判断？现有理论无法给出明确答案,多数认识想当然地将其推向了"公共利益"的解释轨道上。但是,"公共利益"是什么,实际上是一个更为复杂的问题。本书认为,要想从根本上回答此类问题,需要从目的层面切入,准确定位公开行政处罚决定的制度初衷,尤其需要追问的是,为什么行政机关要在现有工具箱里,添加"公开行政处罚决定"这一备受争议的规制工具？行政机关究竟是被迫的,还是主动的？为什么国内学者坚定地认为,公开最为主要的目的是"监督依法行政",④而域外理论研究却对此只字未提？⑤

一、公开行政处罚决定的目的评述

现阶段,理论研究和政策文件中呈现出的公开目的,是需要认真反思的。有些似是而非的目的,一直困扰着行政处罚决定公开的制度设计,甚至完全打乱了未来的价值选择,应当从公开处罚决定的目的体系中加以剔除。这其中,最为典型的就是"监督依法行政",认为"公开行政处罚决定的主要目的在于保障公众的知情权和监督

---

① 如王锡锌较早提出,公开行政处罚决定的目的主要包括两处:一是实现公众知情权和监督权;二是通过信息公开,发挥信息作为监督工具的作用。孔祥稳同样认为强化对行政执法活动的监督是处罚决定公开的主要目的,实现对社会的风险警示是处罚决定公开的附带功能,声誉制裁并非处罚决定公开的法定目的。依次参见王锡锌:《行政处罚决定的公开及其限度》,载《中国司法》2021年第8期;孔祥稳:《行政处罚决定公开的功能与界限》,载《中外法学》2021年第6期。
② 参见章志远:《作为行政强制执行手段的违法事实公布》,载《法学家》2012年第1期。
③ 参见孙丽岩:《论行政处罚决定公开的利益权衡——从与刑事制裁公开的对比角度》,载《政法论坛》2021年第6期。
④ 参见孔祥稳:《行政处罚决定公开的功能与界限》,载《中外法学》2021年第6期。
⑤ 在美国法上,Nathan Corte经考察认为,行政机关公开负面信息的主要目的在于3点:通知、警告或制裁,并没有提及监督依法行政。并且,需要注意的是,Nathan Corte所说的负面信息范围更加广泛,包括一些行政检查结果的公开。See Nathan Corte, *Adverse Publicity by Administrative Agencies in the Internet Era*, Brigham Young University Law Review, p. 1378 – 1380 (2011).

权,从而强化对行政执法的监督"①。该认识是现阶段出现频率最高的目的解释。并且,最为重要的是,将公开行政处罚决定作为促进依法行政的推进器,几乎是所有研究都赞同的。人们想当然地认为,公开行政处罚决定就是一种控权方案,是在传统控权方案上新增的一种创新手段。它的运作原理与政府信息公开十分相似,都是在运用公众知情权和监督权这一民主力量,对行政处罚权开展全方位监督。从整体上来看,支撑这一立场的认识的理由主要包括如下两个方面。

第一,政策与立法文本中的明确规定。与国外不同,②在我国,公开行政处罚决定非但获得了政策上的承认,同时也享有立法层面的依据。在政策上,2014 年中共中央十八届四中全会《中共中央关于全面推进依法治国若干重大问题的决定》作出了最高部署。该文件直接指出要"建立执法全过程记录制度,严格执行重大执法决定法制审核制度,推行行政执法公示制度"。这一被称为"行政执法三项制度"的高层部署,为公开行政处罚决定出具了国家战略层面的宏观背景,被写入了《法治政府建设实施纲要(2015 - 2020 年)》,成为地方各级政府必须重点落实的任务,③要求必须"依法公开权力运行流程,保证权力正确行使"④。并且,2018 年 12 月 5 日,国务院办公厅在《关于全面推行行政执法公示制度执法全过程记录制度重大执法决定法制审核制度的指导意见》中进一步明确,⑤"行政处罚的执法决定信息要在执法决定作出之日起 7 个工作日内公开"。这些文件都是公开行政处罚决定的重要政策依据。

---

① 孔祥稳:《行政处罚决定公开的功能与界限》,载《中外法学》2021 年第 6 期。
② 如在美国法上,欧内斯特·盖尔霍恩(Ernest Gellhorn)教授早在 1973 年就指出,美国行政机关公布负面信息是没有得到法律授权的。并且,时隔 38 年之后,内森·科特兹(Nathan Cortez)再次指出,在美国,绝大多数机构并没有明确的法定权力来发布负面信息,其是一种"法外行为"(extrastatutory enforcement)。See Ernest Gellhorn, *Adverse Publicity by Administrative Agencies*, Harvard Law Review, Vol. 86:8, p. 107 (1973). See Nathan Corte, *Adverse Publicity by Administrative Agencies in the Internet Era*, Brigham Young University Law Review, p.1384 (2011).
③ 参见熊樟林:《行政处罚决定为何不需要全部公开?——新〈行政处罚法〉第 48 条的正当性解释》,载《苏州大学学报(哲学社会科学版)》2021 年第 6 期。
④ 江必新、戢太雷:《习近平法治建设重大关系理论》,载《东南法学》2021 年第 2 期。
⑤ 国务院办公厅 2018 年 12 月 5 日发布,国办发〔2018〕118 号。

在这些文件中,都有"加强执法监督""确保行政机关依法履行法定职责"之类的目的表述。因此,将"监督依法行政"作为公开行政处罚决定的目的,首先在政策定位上并没有出入。

同时,在立法上,公开行政处罚决定也会被作为监督依法行政的重要手段,如 2019 年修订后的《政府信息公开条例》第 20 条第 6 项规定:"行政机关应当依照本条例第十九条的规定,主动公开本行政机关的下列政府信息:……(六)实施行政处罚、行政强制的依据、条件、程序以及本行政机关认为具有一定社会影响的行政处罚决定。"这是行政处罚决定公开首次被写入具有总则性质的法律规范之中。众所周知,《政府信息公开条例》主要是用来监督依法行政的,该法第 1 条明确写道:"提高政府工作的透明度,建设法治政府。"另外,立法上还需要注意的是,《行政处罚法》第 48 条采用的表述是"具有一定社会影响的行政处罚决定应当依法公开",立法者采用的语言是"应当"公开。对于行政机关而言,这是一种职责,意味着行政机关必须通过公开方式接受社会公众监督,没有选择权限。因此,将监督依法行政确定为公开行政处罚决定的主要目的,似乎也具有合法性依据。

第二,行政公开的原理和功能。理论界亦有人从行政公开的原理与功能上,论证了公开行政处罚决定的目的是监督依法行政,认为行政处罚决定公开与政府信息公开类似,都是运用行政公开控权机理,实现权利监督。实践中,这一目的实现主要是通过如下两种途径:①其一,处罚决定公开有利于实现行政两造之间的信息均衡,确保普通公众能够获得充足的政府信息,以便其实质性参与公共过程,实现监督效果;其二,处罚决定公开能够对行政机关造成压力,形成对行政机关的反向激励,倒逼行政活动的规范化。

本书认为,将监督依法行政作为公开行政处罚决定的主要目的,并不妥当,理由如下。

第一,《行政处罚法》第 48 条第 1 款规定:"具有一定社会影响的行政处罚决定应当依法公开。"该条多被理解为"以不公开为原则,以公开

---

① 参见孔祥稳:《行政处罚决定公开的功能与界限》,载《中外法学》2021 年第 6 期。

为例外"的基本立场。① 据此,并不是所有行政处罚决定都会对外公开,对外公开的只是其中很少一部分。这决定了公开不可能是作为一种控权工具存在的,因为公开一旦被理解为规范行政处罚权运行的基本手段,理应面向所有行政处罚行为应用,而不应只是其中一小部分,否则就会存在监督真空。并且,《行政处罚法》第48条采用的判断标准是"具有一定社会影响",这是一个十分不确定的法律概念,目前是作为一项行政裁量权交由行政处罚机关自己判断的。如果公开行政处罚决定是为了监督依法行政,行政机关可能会对"具有一定社会影响"作最小解释,从而避免《行政处罚法》第48条的限制。因此,在正常逻辑下,行政处罚决定公开的制度发展应当是小规模的、局部性的。但是,问题在于,目前我们看到的实践情况恰恰相反,公开行政处罚决定不但先后获得了《政府信息公开条例》《行政处罚法》的立法认可,而且在执法实务中不断繁荣,凭借互联网的"放大器"功能,②几乎已成为绝大多数行政机关的必备工具。事实上,除了提高依法行政水平的要求,公开行政处罚决定还具有其他更为深层且对行政活动有所回报的价值追求和目的存在。

第二,《行政处罚法》第48条中的"应当",并非只能推导出监督依法行政的结论。一方面,在《行政处罚法》第48条"具有一定社会影响的行政处罚决定应当依法公开"的表述中,我们也可以将"应当"作为"依法"的限定词,将其解释为行政机关"应当依法"公开,而不能任意公开。在这一解释中,《行政处罚法》第48条是作为一个控权条款加以使用的,要求行政机关公开行政处罚决定必须遵守法律规范。另一方面,即使退一步,以"应当"作为"公开"的限定词,将公开解释为行政机关的一项职责,监督依法行政同样也不是唯一的逻辑结论。这是因为,行政法上是权责一体的,"职责"包含了"职权"和"责任"两个方面,法律规范中一般很少分开表述。"法律授予行政机关职

---

① 依次参见孙丽岩:《论行政处罚决定公开的利益权衡——从与刑事制裁公开的对比角度》,载《政法论坛》2021年第6期;熊樟林:《行政处罚决定为何不需要全部公开?——新〈行政处罚法〉第48条的正当性解释》,载《苏州大学学报(哲学社会科学版)》2021年第6期。

② See James T. O'Reilly, *The 411 on 515: How OIRA's Expanded Information Roles in 2002 Will Impact Rulemaking and Agency Publicity Actions*, Administrative Law Review, p.838(2002).

权,实际上也赋予了行政机关义务和责任。"①因此,"公开"即使是行政机关的一项义务,也并不妨碍我们将其理解为行政机关的一项"权力"。

第三,在行政处罚权的规范与监督上,新旧《行政处罚法》都设置了全方位程序控权机制,"《行政处罚法》中程序规范占了一半以上的篇幅"②。程序性规范在《行政处罚法》中已经完成了体系性布置,已经顺延行政处罚行为的形成过程,从程序层面搭建了一个囊括事前、事中、事后三个阶段的立体型权力控制格局,从而使正当程序原则在《行政处罚法》中的制度化,不仅具有文本数量上的优势,也形成了一个极具涵摄力的程序模型,为《行政处罚法》释放程序规制效果提供了质量保证。③ 具体到公开程序上,现行法同样为行政机关科赋了大量的公开义务,既包括行政处罚决定作出之前法律依据的公开,又包括行政处罚决定作出之中的告知、听取陈述申辩等公开交流程序。④ 应当说,从制定法上来看,行政处罚决定的作出过程几乎是公开透明的,即使没有处罚结果的全社会公开,也并不意味着行政处罚决定的形成是"暗箱"操作的。公开行政处罚决定,只是在已有的程序机制上添加了一个分支,其要不要存在,可能只能决定程序监督价值实现的"多"还是"少",而不是"有"或者"无",无法起到决定性作用。

第四,实践中,即使行政机关没有通过互联网载体向全社会公开处罚决定,也会将处罚决定书送达行政相对人。对遭受制裁的违法行为人而言,这一结果仍然可以获得,并且并不妨碍其以处罚结果为中心向行政机关提出申诉和救济,监督依法行政的控权通道仍然是开放的。从根本上来说,处罚决定的公开与否,只是会差别性地影响监督行政机关的主体究竟是"受制裁的违法行为人",还是也包括其他"旁观者"。诚然,遵循建设法治政府的目标,将"旁观者"也列入监督者行列,当然是更为理想的状态。但是,这取决于以下两个前提,而它们在行政处罚

---

① 李步云、刘士平:《论行政权力与公民权利关系》,载《中国法学》2004年第1期。
② 应松年:《中国行政法发展的创新之路》,载《行政法学研究》2017年第3期。
③ 参见熊樟林:《论〈行政处罚法〉修改的基本立场》,载《当代法学》2019年第1期。
④ 参见熊樟林:《行政处罚决定为何不需要全部公开?——新〈行政处罚法〉第48条的正当性解释》,载《苏州大学学报(哲学社会科学版)》2021年第6期。

实践中是否真的存在,其实是有待商榷的。

首先,"旁观者"是否真的大量存在。这与其利益、兴趣等因素相关。在行政处罚实践中,"囿于行政违法对公共秩序的一般危害性特征,行政处罚不易引起社会公众的重视,其社会影响和社会关注度相对较小,亦不具备较高的话题度。从实践角度来看,除了部分主体特殊或性质严重的违法行为以外,实际上公众对于大多数未发生在周边的行政处罚并不关心"[①],旁观者在多数情况下是缺位的。[②] 并且,即使在一些特殊类型的公开案件中(如李某迪案),确实存在大量旁观者,他们也并不是基于监督依法行政的立场,而是出于娱乐和消遣,算不上是真正意义上的监督者。

其次,旁观者是否真的能够监督。这与公众监督的发生原理有关。由于公众多是个体性和散发性的,而政府却是组织森严的,对政府的公众监督意欲真正发挥功效,必须具有对称性,必须是有组织的且规模化的公众监督,是"同质的公共权力,而不应该是民间的个体自然权力"[③]。这一要求在政府信息公开中有可能实现,因为政府主动公开的政府信息多是面向不特定的多数人的,并且与多数人存在直接的利益关系,公众容易被组织、被动员。但是在行政处罚决定公开中,情况有所不同。与政府信息公开标的多是抽象行政行为不同,行政处罚决定公开的是一项具体行政行为,[④]旁观者与被公开的某一个处罚决定之间并没有直接利害关系。启动旁观者开展监督,只能凭借他们的兴趣和热情,不具有可靠性,更加难以被规模化和组织化。

第五,如果公开行政处罚决定的主要目的是"监督依法行政",那

---

① 孙丽岩:《论行政处罚决定公开的利益权衡——从与刑事制裁公开的对比角度》,载《政法论坛》2021年第6期。

② 通过发放问卷的形式,我们发现仅有12.38%的受调查者会经常查阅政府网站公开的行政处罚信息,40.1%的受调查者偶尔查阅,有47.52%的受调查者从未进行查阅。在查阅公开行政处罚信息的被调查者中,也有5.45%的群体认为别人被公开信息与自己无关,有26.73%的群体表示被公开的信息对自己影响不大,出于其他考虑会遵守行政法规。从以上数据可以看出,公众对所公开的信息关注度不高。注:本次问卷调查面向社会公众发放,共发放问卷500份,回收问卷410份,有效问卷404份。

③ 周国辉:《公众监督的缺陷分析及其对策》,载《唯实》2001年第5期。

④ 参见熊樟林:《行政处罚决定为何不需要全部公开?——新〈行政处罚法〉第48条的正当性解释》,载《苏州大学学报(哲学社会科学版)》2021年第6期。

么,"公开"就是一种监督武器和维权工具。在法律框架中,其应被理解为一种"权利",是一种可以用来限制行政处罚权滥用的权利。在权利主体上,既包括被处罚的行政相对人,同时又包括其他公民。并且,从权利位阶上来看,被处罚的违法相对人应当是该权利的第一顺位人,因为无论是从权利受损上来看,还是从监督动机上来看,其都应是首当其冲者。因此,换句话说,以监督依法行政为目的的行政处罚决定公开,首先应当被理解为被处罚的违法相对人的一种权利。

类似的逻辑,在审判公开中同样存在。历史上,司法审判之所以被要求公开,是因为秘密裁判为司法专横、法官擅断提供了极大的空间,①公开就是为了对抗黑暗,是为了保护当事人利益而设置的一项权利。在法学思想史上,首次明确提出"审判公开"理念的贝卡利亚,在《论犯罪与刑罚》一书中明确指出:"审判应当公开,犯罪的证据应当公开,以便使或许是社会唯一制约手段的舆论能够约束强力和欲望;这样,人民就会说,我们不是奴隶,我们受保护。"②在《世界人权宣言》《公民权利和政治权利国际公约》等国际公约中,也几乎都是将审判公开作为公民的一种权利加以对待的。③ 因此,无论是行政处罚决定公开,还是司法审判公开,只要我们将公开视为对抗国家公权力的手段和工具,其都应当被转化至"权利"视角下加以理解和设计。

但是,问题在于,对于一种"权利",权利主体既可以选择行使,又可以选择放弃,一切都应以权利人的意志自由为准据。因此,倘若当事人选择放弃这一权利,完全没有通过公开方式监督国家公权力的意愿和打算,那么,就应当不予公开。这一结论在审判公开的相关讨论中获得了充分检讨。④ 有研究者指出,即使在审判公开问题上,当事人不愿意公开,也

---

① 参见黄忠:《隐私权视野下的网上公开裁判文书之限》,载《北方法学》2012年第6期。
② [意]贝卡里亚:《论犯罪与刑罚》,黄风译,中国大百科全书出版社1993年版,第20页。
③ 参见[美]伟恩·R.拉费弗、[美]杰罗德·H.伊斯雷尔、[美]南西·J.金:《刑事诉讼法》(下册),卞建林、沙丽金等译,中国政法大学出版社2003年版,第1196页。
④ 需要注意的是,即使是在司法审判公开中,也有大量研究是持反对立场的,其中一种反对认识就是从审判公开的权利属性上展开论证的。参见张永泉:《司法审判民主化研究》,中国法制出版社2007年版,第162页;黄忠:《隐私权视野下的网上公开裁判文书之限》,载《北方法学》2012年第6期。

应当不公开,①这是基于对审判公开权利属性的一种尊重。②

但是,类似的讨论,在行政处罚决定公开中并不多见。现有研究完全没有料到,"监督依法行政"的认识会将处罚决定公开推向一种权利维度,也几乎没有人会转换视角,尝试从权利角度重新思考行政处罚决定的公开。实践中,当我们将公开作为一种权利加以对待,就不难发现已有研究的不妥。这是因为,与审判公开有所不同的是,在行政处罚决定公开中,被公开的都是违法行为,它们多是不道德的或不光彩的。如果将公开视为一种权利,将会面临的逻辑难题是,被处罚的违法行为人的选择可能完全一致,几乎不会有人愿意通过公开方式监督依法行政,尤其是在《行政处罚法》已经为权利人配置了其他多种监督手段的前提之下。此时,整个监督制度将由于缺乏激励机制而无法启动,"监督依法行政"将无从谈起。

第六,处罚文书一旦公开,会存在负面影响,如侵害个人隐私等。但是,如果公开带来的积极影响大于负面影响,仍然能够产生差额的利益和价值,就有可能会被允许。在裁判文书公开中,这一逻辑基本是成立的。公开裁判文书尽管同样存在侵害个人权利的风险,但是,公开有利于从监督司法公正的路径为当事人提供富余的权利保护效果。因此,在司法审判公开中,几乎无人否认公开是为了监督司法审判。

但是,这并不等同于行政处罚决定公开也必须要将监督行政权作为主要目的。二者之间的最大区别在于,司法审判是社会公平正义的最后一道防线,司法权一旦出现异化,将难以获得救济和纠偏。因此,必须从制度设计上防止司法腐败。这其中,审判公开是一种非常有力的监督手段。审判公开在司法监督上扮演着十分重要的角色,是保证司法公正的关键机制。无论是立法者,还是案件当事人,都有启动公开审判的真实需要。

---

① 有研究表明,截至2016年,"一半以上的文书仍未公布在裁判文书网"。参见马超、于晓虹、何海波:《大数据分析:中国司法裁判文书上网公开报告》,载《中国法律评论》2016年第4期。

② 也有研究者认为,审判公开的权利属性,可以归因至个人信息主体自决权(individual's control of information)上。See Caren Myers Morrison, *Privacy, Accountability, and the Cooperating Defendant: Towards a New Role for Internet Access to Court Records*, New York University Public Law and Legal Theory Working Papers, 2008, p.34.

但是,类似的需求在行政处罚实践中并不十分凸显。一方面,行政处罚决定的作出本身受到了多方监督。无论是在法律问题上,还是在事实问题上,我国行政机关都没有终极话语权,法院"对于行政机关的合法空间,会不时地、令人意外地加以干涉"[①]。另一方面,与司法权不同,行政处罚决定作出之后,相对人仍然可以通过行政复议和行政诉讼获得救济和纠偏,行政处罚决定并不是最终结果,违法行为人的权利与义务状态仍然是不确定的。因此,公开所能带来的制度效应并不是必不可少的,并且效果也十分有限。在公开有可能会侵害个人隐私的情况下,公开非但不会给违法行为人带来差额的利益和价值,还有可能会带来更坏的结果。因此,两害相权取其轻,如果由违法行为人自我决定,其自当不愿意公开处罚决定。但是,这恰恰和监督依法行政的目的认识是冲突的。

二、公开行政处罚决定的实质目的揭示

那么,行政机关公开行政处罚决定的真实意图究竟是什么呢?对此,欧内斯特·盖尔霍恩(Ernest Gellhorn)曾说,行政机关公布负面信息往往是为了达到多个目的,[②]很难准确将其定位至某一种目的之上,但是尽管如此,以公开的方式达到一定的制裁效果,一定是其中最为主要的目的,尤其是在互联网时代。

(一)公开行政处罚决定的权力属性

本书认为,行政处罚决定公开并不只是行政机关"自我监督"的向善举措,不能将其简单理解为公民监督行政机关依法行政的一种"权利",而应当转化至"权力"视角下,将其理解为行政机关充分运用互联网工具压缩行政成本、提高规制效果的一种创新做法。在目的体系上,尽管其中也夹杂着自我监督的初衷,但更多的是要对违法行为人施加第二次制裁和打击。理由如下。

[①] 熊樟林:《裁量基准的概念限缩与扩容》,载《东南大学学报(哲学社会科学版)》2019年第3期。

[②] See Ernest Gellhorn, *Adverse Publicity by Administrative Agencies*, Harvard Law Review, Vol. 86:8, p.68(1973).

1. 行政处罚决定公开具有制裁的逻辑。制裁的基本逻辑就是运用国家行政权对违法行为施加打击和报复。① 从形式上来看,行政处罚决定公开完全符合制裁的基本逻辑。一方面,规定处罚决定公开的立法文本,都没有明确要求公开必须匿名。无论是作为部门行政处罚法的《证券法》第 174 条,②还是作为总论性质的《行政处罚法》第 48 条,都是如此。早期的处罚决定公开几乎都是"指名道姓"的,并且即使在《个人信息保护法》已经生效的当下,也依然有类似的公开手法。③ 因此,公开行为首先就是针对一个个体开展的否定性评价。即使公开也会产生其他目的和价值,但是,行政机关的目的非常明确,就是要对违法行为人进行曝光。

另一方面,几乎所有的行政处罚决定公开都是通过互联网形式开展的,而不是简单地张贴公告。行政机关并不单单是要将处罚决定公示给违法案件中的受害人或其他利害关系人,保护特定范围内的公共利益,而且要告知天下,是为了服务于一个远超案件本身的更大范围的公共利益。

2. 行政处罚决定公开具有制裁的效果。根据新《行政处罚法》第 2 条的规定,④制裁的效果主要表现在"减损权益"或者"增加义务"两个层面上,是指被剥夺了一定的价值、利益或者被赋科了一定的负价值或者负利益。⑤ 实践中,制裁既有可能是物质上的,又有可能是精神上的,⑥行政处罚决定公开与此完全吻合。一方面,公开会造成物质利益

---

① 参见熊樟林:《行政处罚的目的》,载《国家检察官学院学报》2020 年第 5 期。
② 《证券法》第 174 条:"国务院证券监督管理机构制定的规章、规则和监督管理工作制度应当依法公开。国务院证券监督管理机构依据调查结果,对证券违法行为作出的处罚决定,应当公开。"
③ 参见上海市闵行区人民政府:《关于对江永胜等 10 名行政相对人行政处罚的情况公示》,http://xxgk.shmh.gov.cn/mhxxgkweb/html/mh_xxgk/xzcf30/2022-03-19/Detail_132761.htm。
④ 《行政处罚法》第 2 条:"行政处罚是指行政机关依法对违反行政管理秩序的公民、法人或者其他组织,以减损权益或者增加义务的方式予以惩戒的行为。"
⑤ 田中成明『法の空間:強制と合意の狭間で』(東京大学出版会,1993 年)141 頁。转引自[日]佐伯仁志:《制裁论》,丁胜明译,北京大学出版社 2018 年版,第 6 页。
⑥ 参见熊樟林:《行政处罚的概念构造——新〈行政处罚法〉第 2 条解释》,载《中外法学》2021 年第 5 期。

的损失,如税务处罚决定公开对上市公司股价的冲击,"企业对负面公开的恐惧不亚于正式制裁"①。另一方面,公开也会对精神利益构成伤害,尤其是在个人名誉和荣誉上,如公开李某迪嫖娼处罚决定对其社会声誉的损害等。并且,需要注意的是,行政处罚决定公开的主要载体是互联网,包括政府自有官方网站和自媒体的首次公示,也包括非政府媒介的二次扩大曝光。在制裁性上,这往往能够起到"事半功倍"的打击效果。一方面,互联网公开是便捷的,行政成本低,"更快更经济"(quicker and cheaper)②;另一方面,低成本却能带来惊人的效果,互联网可迅速将公示内容传遍天涯海角,是宣传的"倍增器"。③ 并且,相比纸质公开的传统方式而言,互联网公开还可以在原始公开已经停止后,仍然活跃在其他衍生载体中,可以事后检索。④ 制裁后的权益损失几乎难以消除,对违法行为人的打击是"不可逆"(irreversible impact)的⑤。可见,行政处罚决定非但具有制裁效果,而且还具有传统制裁行为完全不具有的先天优势。

(二)公开行政处罚决定的权力目的

需要进一步追问的是,究竟是什么因素促使行政机关更加青睐于采用公开达到制裁目的? 在制裁背后,行政机关的权力目的究竟是什么?

1. 突围合法性压制。早在1973年,欧内斯特·盖尔霍恩就毫不客气地指出,美国行政机关之所以对公开负面信息愈加偏爱,主要是可以利用信息公开作为一种法外方式扩大法定执法权。⑥ 这一分析一针见

---

① Andrea A. Curcio, *Painful Publicity—An Alternative Punitive Damage Sanction*, DePaul Law Review, p. 370(1996).

② Ernest Gellhorn, *Adverse Publicity by Administrative Agencies*, Harvard Law Review, Vol. 86:8, p. 110(1973).

③ See James T. O'Reilly, *The 411 on 515: How OIRA'S Expanded Information Roles in 2002 Will Impact Rulemaking and Agency Pubilicity Actions*, Administrative Law Review, p. 838(2002).

④ See Andrea A. Curcio, *Painful Publicity—An Alternative Punitive Damage Sanction*, DePaul Law Review, p. 366 – 367(1996).

⑤ See Ernest Gellhorn, *Adverse Publicity by Administrative Agencies*, Harvard Law Review, Vol. 86:8, p. 96(1973).

⑥ See Ernest Gellhorn, *Adverse Publicity by Administrative Agencies*, Harvard Law Review, Vol. 86:8, p. 84 – 92(1973).

血。无论是在比较法上,还是在国内实践中,公开行政处罚决定都可以用以缓解行政组织法上严格规则主义立场和行政执法手段扩容需求之间的内生矛盾。制度设计者就是要抢在立法认可公开行政处罚决定的制裁身份之前,打一个时间差,将公开作为一种法外行为,暂时性满足行政机关的规制需求。在本书中,我们可以将这一意图称为"突围合法性压制"。这主要是如下两个方面决定的。

(1)行政机关面临合法性压制。就立法层面而言,我国行政法治体系已经较为健全。在行政权的控制上,既有来自行政组织法的实体限制,又有来自部门行政法上的程序限制,我国行政机关面临的合法性压制具体表现为以下几个方面。

第一,在现有执法手段的合法性控制上,立法者要求行政机关必须遵守严格规则主义立场,将公权力行为限制在依法行政框架之内。因此,立法上已经承认的类型化行政行为,几乎都被布控了严格的规则群。一方面,其他权力各方(司法权和立法权)都要求行政机关必须遵守法律保留、法律优先等限制性规则;另一方面,行政机关还会自我发动各类限制性措施,追求程序公正,在程序义务的设定上,行政机关往往会异常苛刻。毋庸置疑,严苛的合法性控制确实有利于最大限度防止权力滥用,但是,当法律滞后于经济、社会发展,或出现空白或产生阻碍,而立法机关不能及时跟进制定或修改法律之时,"法律保留、法律优先很有可能约束行政机关进行效益最大化的制度建构或特定事项处理"[1]。因此,不管我们是否承认,在制定法授权的规制行为的适用上,行政机关其实并不轻松。当发生特殊情况时,行政机关会努力寻求司法上的支持。[2] 从某种程度上来说,公开行政处罚决定,不过是其中的典型例证之一而已。

第二,在新型规制工具的创新上,行政机关面临很大压力。在我国,行政机关可以采用的规制工具看似丰富,实际上类型有限,多是在行政许可、行政处罚、行政强制、行政收费等传统手段上来回游走。这

---

[1] 沈岿:《论行政法上的效能原则》,载《清华法学》2019年第4期。
[2] 参见淄博干式真空泵有限公司诉山东省知识产权局行政处罚案,山东省高级人民法院(2015)鲁行终字第63号行政判决书;李某林诉西安市人民政府行政复议案,陕西省西安市中级人民法院(2006)西行终字第50号行政判决书。

些经典规制手段在传统社会中确实能够奏效,但在新的互联网时代却捉襟见肘。随着物质生活的不断丰富,以制约财产权为核心的传统制裁体系,有时难以达到应有的威慑功效。因此,国家和社会都要求行政机关创新执法手段,社会治理创新也是地方政府的重要工作。

但是,问题在于,现有立法文本所设计的合法性框架却并不允许创新。以行政机关在行政处罚、行政许可、行政强制的设定权为例,《行政处罚法》《行政许可法》《行政强制法》都设置了严格的法律保留障碍。《行政许可法》《行政强制法》完全否认了行政机关的创设权。① 《行政处罚法》看似预留了罚款、警告和通报批评的创设空间,但未对各部委和地方政府予以新型制裁方式的创设权。② 应当说,在现有法律框架之内,行政机关几乎没有创新制裁工具的自由。③ 而公开行政处罚决定则是在依法行政的基础满足行政机关创新需要的选择之一。

(2) 公开行政处罚决定自由裁量。相比而言,公开行政处罚决定几乎是不受控制的。首先,在"监督依法行政"的目的认识之下,公开行政处罚决定从一开始就是被作为一项监督"权利"加以对待的,尤其是在 2019 年《政府信息公开条例》修订将其纳入调整以后,④情况更是如此。当前,人们习惯将其与政府信息公开混同在一起,设想为一种新型控权工具。这导致行政处罚决定公开备受推崇,享有自由的决定空间。并

---

① 根据《行政许可法》第 14~15 条的规定,行政许可的设定权限不包括部门规章,只下放到省、自治区、直辖市人民政府规章,而且仅限于设定时效为 1 年的临时性行政许可。我国大部分地方政府没有设定行政许可的权限,甚至有研究者统计表明,"在官方公布的数据中,临时性行政许可几乎难觅踪影"(参见钱瑞瑞:《临时性行政许可研究——以省级政府规章为视角》,华东政法大学 2015 年硕士学位论文,第 7 页)。类似地,在《行政强制法》第 10 条和第 13 条中,行政强制执行的设定权限最低下放到法律,行政强制措施的设定权限最低下放到地方性法规,规章同样无权涉及,我国所有地方政府也没有设定行政强制的权力。

② 《行政处罚法》第 9 条:"行政处罚的种类:(一)警告、通报批评;(二)罚款、没收违法所得、没收非法财物;(三)暂扣许可证件、降低资质等级、吊销许可证件;(四)限制开展生产经营活动、责令停产停业、责令关闭、限制从业;(五)行政拘留;(六)法律、行政法规规定的其他行政处罚。"

③ 参见熊樟林:《非行政处罚类裁量基准制度的反思与重建》,载《法学评论》2019 年第 6 期;熊樟林:《裁量基准的概念限缩与扩容》,载《东南大学学报(哲学社会科学版)》2019 年第 3 期。

④ 《政府信息公开条例》第 20 条第 6 项:"行政机关应当依照本条例第十九条的规定,主动公开本行政机关的下列政府信息:……(六)实施行政处罚、行政强制的依据、条件、程序以及本行政机关认为具有一定社会影响的行政处罚决定。"

且,实践中,除了被公开的违法行为人之外,几乎不会有人认为要为其设置限制规范。

其次,在制定法上,也鲜有为公开行政处罚决定设定限制的立法文本。一方面,作为"监督依法行政"的《政府信息公开条例》未虑及这一问题;另一方面,作为规范所有行政制裁行为的《行政处罚法》也未予以关注。1996年《行政处罚法》未预见到公开处罚决定的出现与兴盛,2021年《行政处罚法》第48条,也仅是对《政府信息公开条例》的延续,两者立场基本一致。新法既没有考虑像其他立法一样,①将公开行政处罚决定纳入处罚种类中调整,同时又几乎没有为公开处罚决定设置实质性限制规则。因此,在我国,虽然不能简单地说公开行政处罚决定是一种"法外行为",但其自由裁量空间是很大的。目前,公开行政处罚决定既不需要获得法律法规授权,又不需要遵守程序性规定。现代监管机构经常发现,"负面公开比使用更传统的监管工具方便得多"②。

2. 搭载互联网便利。内森·科特(Nathan Corte)指出,在美国,公开负面信息之所以迅速发展,还与行政机关"现在可用的平台有关","大多数行政机关意识到网络平台是一种有效的沟通方式"③,行政机关在搭载互联网便利上,越来越得心应手,行政处罚决定公开就是其中的成功案例。行政处罚决定公开手段的频繁使用,与互联网近年来的快速发展密不可分。相比传统载体而言,互联网至少能够给公开行政处罚决定提供如下便利。

第一,成本低廉。"互联网的一个好处,是它非常便宜"④,能大大降低执法成本。一方面,在信息载体上,几乎所有的行政机关都有自己的互联网平台,包括官方网站、微博、微信公众号等。将行政处罚决定书作为一个新的栏目添加至这些平台中,虽然也会消耗行政成本,但几乎可以忽略不计。并且,更为重要的是,互联网信息是免费传播的,可

---

① 参见熊樟林编:《中外行政处罚法汇编》,北京大学出版社2021年版,第22页。
② Nathan Corte, *Adverse Publicity by Administrative Agencies in the Internet Era*, Brigham Young University Law Review, p. 1392(2011)。
③ Nathan Corte, *Adverse Publicity by Administrative Agencies in the Internet Era*, Brigham Young University Law Review, p. 1392(2011)。
④ Andrea A. Curcio, *Painful Publicity—An Alternative Punitive Damage Sanction*, DePaul Law Review, p. 366(1996)。

供任何人不限次数地复制、转载。这意味着,实际承载公开行政处罚决定的信息平台,远远不止行政机关一家,还包括其他公民、法人的互联网传播工具,如微信群、朋友圈、微博等。在这些传播途径中,非但从行政机关手上获取信息是免费的,而且反过来,帮助行政机关传播信息的人,也不会索取任何报酬。另一方面,互联网公开没有专业门槛,技术成本很低。这主要表现为:首先,由于行政处罚决定是事先严格按照《行政处罚法》作出的,公开只是将已经制作好的文书成品简单上传至互联网上,整个过程不需要专业技术支持,行政执法人员可以操作,无须额外的人力成本;其次,在智能手机已经普及的今天,互联网信息的复制、截图、转发几乎人人都可以掌握,并且不受时间和地点限制,信息传播也是毫无障碍的。这些都是传统规制方式难以做到的。

第二,持续生效。互联网是负面宣传的放大器,持续生效、始终存在。一方面,相比纸质公开的传统方式而言,互联网信息几乎不可删除,[1]可以在行政机关的原始公开已经停止后,仍然活跃在其他衍生载体中,并且都可以事后检索。[2] 这在很大程度上避免传统规制手段的即时性短板,让违法行为人持续保持敬畏。另一方面,通过互联网公开行政处罚决定,对违法行为人的权利打击几乎不可复原。[3] 并且,互联网多数情况下是允许公开评论的,可以达到较为强大、持续的威慑效果。

三、作为"权力"的公开行政处罚决定的制度安排

如前所述,公开行政处罚决定的目的,并不主要是监督依法行政。公开不是作为一种"权利"交由行政相对人享有的,而是作为"权力"授予行政机关制裁违法行为的。实践中,只有将公开作为制裁手段加以

---

[1] 如何删除互联网中的个人信息,近年来已经被上升到了权利层面加以讨论。参见阮晨欣:《大数据时代账号注销权的保护实践——以〈个人信息保护法〉"删除"处理为视角》,载《东南法学》2021 年第 2 期。

[2] See Andrea A. Curcio, *Painful Publicity—An Alternative Punitive Damage Sanction*, DePaul Law Review, p. 366 – 367 (1996).

[3] See James T. O' Reilly, *The 411 on 515: How OIRA'S Expanded Information Roles in 2002 Will Impact Rulemaking and Agency Pubilicity Actions*, Administrative Law Review, p. 838 (2002).

理解,才能解释为什么在互联网时代,它越来越受青睐。与此同时,在制度安排上,我们同样需要以权力行为为中心,重塑公开行政处罚决定的制度形态。

(一)权力行为:公开行政处罚决定的制度定位

不同的目的选择,会有不同的制度定位。受"行政执法三项制度"的影响,无论是立法者,还是公开行政处罚决定的操办者,都在将公开作为一种控权工具加以对待的同时,又对其抱有防止权力滥用的戒备心理,要求为其配备控权方案,典型如有研究者指出,"处罚决定公开前应当删除被处罚人的个人隐私"①。从逻辑上来说,这是存在一定价值冲突的。公开如果是为了更好地依法行政,就不应该设置过多的控权规则,因为它从根本上来说就不是一种权力行为,而是相对人监督行政机关的权利。但是反过来,如果公开主要是为了制裁违法行为,为其布控全方位控权规范,则是尊重和保障人权的应有之义。作为制裁违法行为的手段,公开本身就是一种行政行为,并且还是限制和剥夺公民权益的侵益性行为,应与其他行政行为一样被收入合法性框架之内。

因此,在展开所有制度讨论之前,我们必须要准确定位公开行政处罚决定的主要目的。如前所述,本书坚持认为,公开行政处罚决定主要是为了对违法行为人施加制裁,是一种权力行为。在这一制度定位之下,我们至少需要确定如下两个基本立场。

1. 以"权力行为"为制度设计的逻辑起点。关于公开行政处罚决定的所有制度设计,都必须基于"权力行为"的逻辑起点而展开。实践中,这有利于及时纠正如下两个极端错误。

第一,过度"美化"公开行政处罚决定,错误地将其理解为行政机关作茧自缚的手段。这一认识的最大弊端在于,其会掩盖公开行政处罚决定的权力性,导致立法者在制度设计上态度宽松,不给公开工作设置"防火墙"。并且,它还会在各类政治政策的推进下,迅速布控到所有行政执法活动中,成为意义不大的制度工具。

第二,过度"污化"公开行政处罚决定,警惕甚至打压公开行政处罚决定的"权力性",不愿承认公开行政处罚决定的规制效果,也不愿及时

---

① 孔祥稳:《行政处罚决定公开的功能与界限》,载《中外法学》2021年第6期。

满足行政机关对公开行政处罚决定的迫切需求。这一认识导致的典型错误表现在两个方面：一方面，在立法过程中，决策者不愿意承认公开行政处罚决定的权力性，人为忽略其制裁效果，不愿意将其纳入法定制裁行为序列，[①]致使其成为一种"法外行为"。另一方面，在制度设计上，过度污化也会产生削减甚至消灭公开行政处罚决定制裁效果的退缩认识，典型如要求公开行政处罚决定必须匿名等。

本书认为，以"权力行为"为逻辑起点，可以很好地避免这两类错误。作为一种权力行为，公开行政处罚决定的主要目的是满足行政执法需要，以是否具有规制需求为启动前提，它既不能因为政策的鼓动就在全领域推行，同时又不能为了保护个人信息，就抛开公开行政处罚决定的强制性，过度阉割其制裁效果，完全不顾这一制度的权力本质。

2. 以"权力行为"为制度设计的终极任务。在"权力行为"认识之下，制度设计的终极任务应是如何控制好公开行政处罚决定的权力行使。这一终极任务不应被任何其他目的混淆，尤其是不能将公开行政处罚决定作为一种控权手段布控到所有行政之中。在已有的理论研究中，这或许已被零星提及，但未被认真对待。在监督依法行政的目的之下，人们并不认为公开行政处罚决定需要像其他行政行为一样被全面控制，因为它常常是被作为一种控权手段加以对待的。因此，我们不难发现，尽管新《行政处罚法》第48条将公开行政处罚决定写入了立法，但是，立法者并没有为其设定行为准则，而只是写了一条补救规则，要求"公开的行政处罚决定被依法变更、撤销、确认违法或者确认无效的，行政机关应当在三日内撤回行政处罚决定信息并公开说明理由"[②]。

有所不同的是，当我们转换一个视角，将公开行政处罚决定作为一种权力行为加以对待时，它就不是一种控权工具，而是作为一种控权对象存在，是一个需要被全方位防控的具有强制力的行政行为。此时，所

---

① 需要说明的是，在此次《行政处罚法》修订过程中，公开行政处罚决定虽然被写进了第48条，但并不是作为一种法定的行政处罚种类加以规范的，在新《行政处罚法》第9条规定的处罚种类中，并没有公开行政处罚决定。

② 《行政处罚法》第48条："具有一定社会影响的行政处罚决定应当依法公开。公开的行政处罚决定被依法变更、撤销、确认违法或者确认无效的，行政机关应当在三日内撤回行政处罚决定信息并公开说明理由。"

有的制度设计任务恰恰相反,都应该以公开权力可能会被滥用为出发点,从而为其设定控权规则。这应是一个永不偏离的制度目标。在美国法上,人们对此也持相同认识。无论是50年前的欧内斯特·盖尔霍恩,还是10年前的内森·科特,都不曾在这一认识上发生分歧。早在1973年,欧内斯特·盖尔霍恩就为行政机关公布负面信息设计了全套控权规则,认为需要从内部和外部两个方向开展制度设计。① 直至今日,这些限制规则仍然能够获得理论界的高度认同。2011年,内森·科特将同一议题置于互联网背景之下作了更为深度的解读,但得出的结论并无不同。如何控制公开行政处罚决定的权力空间,依然是目前行政法上最为迫切的任务。②

(二)公开行政处罚决定的制度设计要点

在上述制度定位之下,现有公开行政处罚决定的制度设计需要全方位检讨。从整体上来说,我们需要重点思考如下三个方面的问题。

1.公开行政处罚决定的启动规则。"公开应该是最后的制裁,而不应作为第一选择。"③既然公开行政处罚决定是一种权力行为,主要目的在于为违法行为人施加制裁,那么,它就不需要在所有行政执法领域开展,而只能以是否具有必要性为启动准则。一方面,这与权力行为本身具有侵益性而需加以限制相关;另一方面,也与现有执法手段在大部分行政执法领域已能足够威慑而无须再以公开作为补充制裁相关。以"必要性准则"为根据,现有公开行政处罚决定的启动规则,需要作以下几个方面的改造。

(1)在整体制度设计上,公开行政处罚决定应该被纳入合法性框架之内加以推进,而不能放在政策中模糊处理。公开行政处罚决定不能全领域、无差别推行,否则会严重偏离公开行政处罚决定的行为属性。公开作为一种惩罚手段,不应该面向所有行政机关和所有违法行为人。

---

① See Ernest Gellhorn, *Adverse Publicity by Administrative Agencies*, Harvard Law Review, Vol. 86:8, p.105-126(1973).

② See Nathan Corte, *Adverse Publicity by Administrative Agencies in the Internet Era*, Brigham Young University Law Review, p.1427-1453(2011).

③ Ernest Gellhorn, *Adverse Publicity by Administrative Agencies*, Harvard Law Review, Vol. 86:8, p.112(1973).

（2）在制定法的解释上，《政府信息公开条例》第 20 条第 6 项[①]、《行政处罚法》第 48 条中的不确定法律概念"具有一定社会影响"，应朝着最小化解释的方向，不断加以限缩。"具有一定社会影响"是目前制定法为行政处罚决定公开确立的唯一启动规则，解释方向难以把握，裁量空间无法控制。本书认为，在这一问题上，至少需要澄清如下三个误区。

第一，"具有一定社会影响"不能简单等同于"公共利益"。在理论界，学者们倾向于将"具有一定社会影响"解释为"公共利益"，因此得出的结论是，凡是侵害公共利益的应受行政处罚行为都应当被公开。这一解释存在不足。首先，这一解释仍然是站在"权利"视角下观察行政处罚决定公开行为的，认为公开就是要通过监督依法行政的途径保护公共利益。因此，凡是涉及公共利益的执法行为，都应该受到监督。实际上并非如此，公开主要是为了继续打击和制裁，与公共利益有一定的关联，但并不必然相关。其次，应受行政处罚行为侵害的公共利益，与公开行政处罚决定所要保护的公共利益，存在极大的范围差，二者之间无法简单等同。比如甲由于燃放鞭炮侵害了附近 3 公里居民权益，其所侵害的公共利益应仅限于附近 3 公里。但是，一旦其违法行为通过互联网公开，则是面向全球的，所有人都可见。因此，公共利益有大小之分，范围过小的公共利益是否需要通过没有疆域的互联网形式加以公开，不无疑问。最后，应受行政处罚行为侵害的多是超个人法益，大部分违法行为会损及公共利益，但是，仍然存在很多行为侵害的是个人法益。[②] 因此，实践中可能会出现，有些违法行为并未影响"公共利益"，但社会影响却十分恶劣，完全符合"具有一定社会影响"的标准，如甲通过各类手段持续骚扰乙，影响恶劣，且公安处罚后仍不停止。对此，按照"具有一定社会影响"就是"公共利益"的解释，就不需要公开，但是这一结论有违常识。可见，"具有一定社会影响"与"公共利益"并

---

① 《政府信息公开条例》第 20 条第 6 项："行政机关应当依照本条例第十九条的规定，主动公开本行政机关的下列政府信息：……（六）实施行政处罚、行政强制的依据、条件、程序以及本行政机关认为具有一定社会影响的行政处罚决定。"

② 参见熊樟林：《行政违法真的不需要危害结果吗？》，载《行政法学研究》2017 年第 3 期。

不能简单等同。实践中,既存在侵害"公共利益"但不"具有一定社会影响"的行为,又存在"具有一定社会影响"但却没有侵害"公共利益"的行为。

第二,"具有一定社会影响"不取决于违法行为人的"社会身份"。判断一项行为究竟是否"具有一定社会影响",与多项因素存在关联,包括主观过错程度、危害结果大小等。实践中,行政机关当然需要结合不同因素综合判断,但是,需要始终掌握一条主线,即所有被纳入考虑的评价因素都只能围绕"违法行为"本身而展开,如食品药品、环境卫生、证券税务等违法行为,不宜对其他非行为要素加以考量。类似错误在执法实践中曾有发生,尤其是在明星违法案件中。在明星违法案件中,多数人基于明星是公众人物,在社会中拥有大量崇拜者,因此便得出其违法行为必然"具有一定社会影响"的结论。在此类认识中,被纳入考虑的主要因素不是违法行为本身,而是明星"公众人物"的社会身份。诚然,单一评价"公众人物"这一社会身份,确实能够得出具有社会影响的肯定结论。但是,这一判断已经远远偏离了"违法行为"这一核心要素,存在两个不可避免的逻辑缺陷。首先,如果真的要以"公众人物"为评价要素,我们将会得出只要公众人物违法,其所有违法行为都应对外公开的绝对结论。很显然,这一结论是经不住推敲的,因为多数违法行为是"过失"造成的,完全没有公开予以惩戒的必要,如开车未看到禁止右转信号灯的右转行为等。其次,以"公众人物"的社会身份而不是行为因素为评价标准,有可能涉嫌违反《宪法》上的平等原则。平等原则的基本要义是"同等情况同等对待,不同情况差别对待"。如果"公众人物"的违法行为和其他违法行为并没有本质区别,其应得到同等制裁,不能施加额外惩罚,否则对"公众人物"就是不公平的。明星违法与其他人违法,违法行为本身并无本质差异。如果他人违法行为的处罚决定未公开,则明星的违法行为也不应被公开。如果要给行政机关的公开行为找到一个理由,只能从其他所有违法行为都已公开或者违法行为性质恶劣(如屡教不改等)等角度入手,而不是"公众人物"的社会身份。

第三,"具有一定社会影响"不能等同于行政处罚决定公开后的影响。被公开的行政处罚决定究竟是否具有社会影响,不能以公开以后带来的广泛关注为评价依据，这是一种颠倒评价顺序的错误认识。实际上，我们需要判断的是"应受行政处罚行为"本身是否具有一定社会影响，而不是"公开行政处罚决定"。实践中，类似的错误常有发生。以明星嫖娼被公开案为例，嫖娼行为本身不为公众所知，社会影响有限。真正让类似案件产生社会影响的，并不是嫖娼行为本身，而是公开嫖娼被拘留的行政处罚决定。案件被公开以后，嫖娼行为才获得全社会关注，产生强烈社会影响。因此，我们需要反思的是，行政机关在该案公开中究竟是要达到什么目的？如果是为了维护一定的道德标准，实际上没有必要公开。诚如研究者所言，"禁止的目的如果是防止性交易对公共道德的破坏，大量曝光只会适得其反，也起不到阻遏作用"[1]。

2. 公开行政处罚决定的技术规则。究竟如何公开行政处罚决定，是一门艺术，不同目的之下，公开的技术规则完全不同，相应的制度安排也大相径庭。这其中，有如下两个问题需要重点讨论。

(1) 公开是否需要匿名？这一问题在《个人信息保护法》出台之前，几乎没有被检讨过，大部分行政机关也没有作匿名化处理，包括在一些涉黄案件中，当事人的姓名、住址是全网可见的。并且，即使在《个人信息保护法》出台以后，实践中仍然存在不匿名的做法。从立法上来看，作为公开行政处罚决定的总则性规范——《行政处罚法》第 48 条和《政府信息公开条例》第 20 条第 6 项，都没有要求行政机关必须匿名。《个人信息保护法》虽然看起来似乎会涉及这一问题，但实际上并不调整匿名信息。该法第 4 条第 1 款明确了"个人信息"的定义，规定个人信息是以电子或者其他方式记录的与已识别或者可识别的自然人有关的各种信息，不包括匿名化处理后的信息。另外，在部门行政处罚法上，诸如《证券法》第 174 条之类的规定，[2]对这一问题也只字未提。

目前来看，行政机关的匿名义务只能从一些间接规定中推导，如《政府信息公开条例》第 15 条规定："涉及商业秘密、个人隐私等公开会

---

[1] 郑戈：《以法律实施道德的可能性及其局限——比较法视野下卖淫嫖娼的法律规制》，载《中国法律评论》2017 年第 1 期。

[2] 《证券法》第 174 条："国务院证券监督管理机构制定的规章、规则和监督管理工作制度应当依法公开。国务院证券监督管理机构根据调查结果，对证券违法行为作出的处罚决定，应当公开。"

对第三方合法权益造成损害的政府信息,行政机关不得公开。但是,第三方同意公开或者行政机关认为不公开会对公共利益造成重大影响的,予以公开。"《民法典》第 1039 条规定:"国家机关、承担行政职能的法定机构及其工作人员对于履行职责过程中知悉的自然人的隐私和个人信息,应当予以保密,不得泄露或者向他人非法提供。"但是,这些间接规定的态度并不是绝对的,而是在原则中设定了多个例外,如《政府信息公开条例》第 15 条中预留了一个豁免规则,规定"行政机关认为不公开会对公共利益造成重大影响的,予以公开";《民法典》第 1036 条第 3 项也作了预设,规定"处理个人信息,有下列情形之一的,行为人不承担民事责任:……(三)为维护公共利益或者该自然人合法权益,合理实施的其他行为"。

可见,立法上实际上并没有明确规定这一问题。也正因如此,目前来看,实践中的做法不一,为了响应隐私权保护,匿名处理呈现出抬头趋势,尤其是在涉及自然人的公开案件中。

从根本上来说,回应这一问题,仍然需要追踪到公开行政处罚决定的主要目的上。如果公开不是为了制裁和报复,而是为了监督依法行政,那么就有可能不需要公开违法行为人的个人信息。[①] 但是相反,公开若是为了进一步制裁违法行为,就必须要呈现个人信息。如前所述,本书认为,公开行政处罚决定的主要目的是实施二次制裁,一个处罚案件在经过"最小化原则"的启动规则过滤以后,如果仍然需要公开,就没有必要匿名,否则根本无法实现应有的制裁目的。并且,即使退一步来说,公开行政处罚决定的主要目的是监督依法行政,在缺乏制定法的强制义务时,我们实际上也无法推导出必须匿名的结论。这是因为,缺乏关键信息的处罚文书,会失去真实性,而"失去真实感的案件描写,往往难以获得'读者'的内心认同"[②]。诚如学者在批评裁判文书匿名问题上所说:"一份公开的裁判文书,如果隐去了包括当事人姓名在内的所有信息,则公众以何为据了解并确信这一案件的真实性、这一裁判的确

---

① 参见孔祥稳:《行政处罚决定公开的功能与界限》,载《中外法学》2021 年第 6 期。
② 熊樟林:《行政处罚决定为何不需要全部公开?——新〈行政处罚法〉第 48 条的正当性解释》,载《苏州大学学报(哲学社会科学版)》2021 年第 6 期。

定性？"①在信息失真的情况之下，如何能够实现监督依法行政呢？这样的公开只会流于形式，行政机关会耗费大量的行政成本。

（2）公开的频次。即使我们能够确定，某一类行为需要通过公开实施再制裁，是不是等同于就要全部对外公开？这一问题在平等原则的规范下，答案应当是肯定的。但是，从公开技术上来说，并不一定。需要注意的是，公开行政处罚决定作为一种制裁手段，必须要防止过度通知带来的信息过量问题。在比较法上，其往往被称为"通知饱和"（notice saturation）。"通知饱和"是有制度风险的，早在1973年，欧内斯特·盖尔霍恩就曾指出，由于"通知饱和"，消费者对美国国家公路交通安全管理局（NHTSA）的警告漠不关心，因为"几乎所有汽车品牌和型号"都经常被警告。② 同时，内森·科特在2021年再次重申，通知饱和的风险必须引起重视。③

从制裁逻辑上来说，公开行政处罚决定之所以能够产生威慑，是因为公开会给违法行为人的人身和财产造成损失。但是，这一损失是间接性的，而不是公开行为直接造成的冲击，它必须建立在一定的转化装置之上才能够发生。这其中，被公开的信息本身是否具有"时尚性"，是一项关键性要素。但是，信息本身并不能决定自己是否"时尚"，而是由违法行为人对被曝光信息的羞耻感以及其他受众对曝光信息的陌生感和憎恶感共同决定的。以上这些是决定公开行政处罚决定能否转化为制裁的基本前提。

但是，问题在于，人们对信息的羞耻感、陌生感和憎恶感并不是长期存在、固定不变的。当某一类违法行为被持续公开，人们习以为常，对违法行为司空见惯，对大量的公开行政处罚决定产生信息疲劳时，公开的威慑作用就会逐渐削弱。这是公开行政处罚决定作为一项制裁手段，在具备成本低、效率高的制度优势的同时，几乎难以避免的制度劣势。因此，行政机关对公开行政处罚决定的使用必须保持一定的谦抑

---

① 李友根：《裁判文书公开与当事人隐私权保护》，载《法学》2010年第5期。
② See Ernest Gellhorn, *Adverse Publicity by Administrative Agencies*, Harvard Law Review, Vol. 86:8, p.104 (1973).
③ See Nathan Corte, *Adverse Publicity by Administrative Agencies in the Internet Era*, Brigham Young University Law Review, p.1399 (2011).

性,必须要将其控制在合理的数量范围之内,始终维持住人们对某一信息的羞耻、敏感与兴趣。

3.公开行政处罚决定的限制规则。作为一种权力行为,公开行政处罚决定当然需要与其他行政行为一样,获得全方位限制。只有这样,才能避免公开行政处罚决定沦为一种扩张行政执法权需求的制度漏洞。这是在监督依法行政目的下,根本无法获得充分检讨的,因为它时常被认为是一种监督"权利"。在制度设计上,公开行政处罚决定的限权规则是一项庞大且细致的工程,需要从多个方面加以展开。其中,需特别关注如下两个问题。

(1)控权规则的布控重点。由于公开行政处罚决定行为借用了互联网平台,是一个全新的规制工具,我们不能像规制传统行政行为一样,试图从组织法、行为法、救济法三个层面,均匀地布置控权规则。恰恰相反,公开行政处罚决定的控权焦点,可能需要适当前移至公开之前的程序规范上,主要从组织法和行为法层面为其设定规范。

第一,以设定程序规范为主。在实体规则与程序规则的偏重上,应当重点设计程序性限制规则。这是因为,实体法能够为公开行政处罚决定行为提供的规则方案十分有限,除了下文将要讨论的授权规则之外,其他可供应用的实体规则难以启动。这其中,一个根本性的障碍在于,理论界与实务界对公开行政处罚决定的性质认定,仍然存在较大争议。截至目前,认为公开就是制裁的理论认识并未占据主流。相应地,立法者的态度也未明确。

但是,问题在于,实体规则的布控,恰恰需要以行为性质得以界定为前提,否则难以与现有立法体系相容。在我国,尽管"行政法的规范体系,由不同层次的行政法规范与多重制度系统交织而成"[1],但是,总体上呈现出条线式格局,是根据行政行为的分类,逐一进行立法的,部门化立法现象突出,如针对行政处罚行为的《行政处罚法》、针对行政强制行为的《行政强制法》、针对行政许可行为的《行政许可法》等。因此,一项行为若想获得特定法律的调控,首先要对号入座。譬

---

[1] 周佑勇:《中国行政基本法典的精神气质》,载《政法论坛》2022年第3期。

如,只有准确地将行为性质界定为行政处罚以后,才能适用《行政处罚法》等。

目前,布控处罚决定公开实体性规则的困难就在这一问题上。由于公开行政处罚决定的性质界定不清,《行政处罚法》拒绝将其写入处罚种类,彰显法律保留、法律优先精神的实体规则,根本无法运用在公开行政处罚决定之上。从对比较法的观察来看,这一问题在短期内可能无法解决。美国法上也存在类似的问题。在1948年的"赫斯特电台诉联邦通讯委员会"案中,美国哥伦比亚特区联邦巡回上诉法院认为,公开负面信息的行为并非"制裁行为"。[1] 这一判决确立的基本立场,直到今日并未改变。[2]

但是,与布控实体规则的严谨性要求不同,程序规则相对来说更为形式化,逻辑性和体系性相对更低。一个行为即使性质存在争议,也并不妨碍我们为其设定程序规范,"行政程序法相对行政实体法而言具有技术性特点"[3],最易于统一而大同。从全球行政程序立法情况来看,行政程序法之所以能够在各国落地生根,成为行政法典的"先头部队",就是因为程序规范是具有普遍性的,不会因为行政行为的性质差异而存在本质差别。诸如"公开""说明理由""告知"等程序规则,实际上已经成为一种普遍性的程序价值,被灌注到了绝大多数行政行为之中。因此,即使我们对公开行政处罚决定的行为性质存在纷争,也并不妨碍我们为其设定程序规范。[4]

第二,以司法审查为辅。多项研究表明,不能把公开行政处罚决定的控权规则完全寄托在司法审查上,司法审查应当只能作为一种辅助方案,并且是次优选择。这主要是因为,不同于传统行政行为,公开行政处罚决定给违法行为人带来的权益损害是长期存在的,并且在互联网的加持之下,不可逆转。司法审查当然可以纠正错误的公开行为,也能够为违法行为人伸张正义,但是,"司法审查不能消除行政机关公开

---

[1] See *Hearst Radio v. FCC*,167 F. 2d 225,226(D. C. Cir. 1948).
[2] 参见朱春华:《美国法上的"负面信息披露"》,载《比较法研究》2016年第3期。
[3] 熊樟林:《地方行政程序规定的体例构造》,载《法商研究》2016年第4期。
[4] 限于篇幅,有关公开行政处罚决定程序规则的具体内容,将另外撰文讨论。

错误带来的广泛影响"①，不能让一个人回到过去。在互联网时代，信息一经发出，损害结果就已经形成，等到司法审查的纠正结果出现以后，人们可能早就对此漠不关心了。因此，司法审查尽管很重要，但其在公开行政处罚决定的制度建构中，可能并不是最优选择。

（2）职权法定原则的控制。在行政组织法上，"法无授权不可为"是基本常识，"行政职权必须合法产生，行政主体行政职权或由法律、法规设定，或由有权机关依法授予，否则权力来源就没有法律依据，而没有法律依据的行政权从根本上来说是一种非法的权力"②。这是对权力来源的要求，是职权法定原则最为朴素的表达。一般来说，职权法定原则包含两个层面的操作要求：其一，行政职权来源法定，主要是指行政权力必须通过立法方式加以设定，"只有通过立法设定和赋予的职权才是合法的职权，立法以外的其他途径不能产生行政职权"③。其二，行政职权范围法定，主要是指行政职权的适用对象和范围也必须由立法加以确定，否则就会超越职权。

因此，作为权力行为的公开行政处罚决定，首先需要确定的控权规则应是通过立法为行政机关授权。在比较法上，情况同样如此。美国哥伦比亚特区联邦巡回上诉法院曾批评说：长期以来，美国国会十分清楚联邦贸易委员会发布负面信息是缺少明确授权的，但一直持默认的态度。④

在我国，需要特别讨论的是，《行政处罚法》第 48 条可能并不能被理解为一个普遍授权条款。我们需要承认，"《行政处罚法》是一部规范国家机关，主要是行政机关行使行政处罚权的基本法律"⑤，"居于统领地位，是一种总则性规范"⑥，可以面向所有行政处罚行为授权。从形式

---

① Ernest Gellhorn, *Adverse Publicity by Administrative Agencies*, Harvard Law Review, Vol. 86:8, p.106(1973).
② 周佑勇：《行政法基本原则研究》，武汉大学出版社 2005 年版，第 167 页。
③ 杨小君：《契约对行政职权法定原则的影响及其正当规则》，载《中国法学》2007 年第 5 期。
④ See *FTC v. Cinderella Career & Finishing Schools*, Inc., 404 F.2d 1308, 1309 (D.C. Cir.1968).
⑤ 参见应松年：《规范行政处罚的基本法律》，载《政法论坛》1996 年第 2 期。
⑥ 熊樟林：《论〈行政处罚法〉修改的基本立场》，载《当代法学》2019 年第 1 期。

上来看,《行政处罚法》第 48 条完全满足普遍授权的形式要件。但是,从立法机关所作的目的解释上来看,结论完全相反。在《关于〈中华人民共和国行政处罚法(修订草案)〉的说明》中,时任全国人大常委会法制工作委员会副主任许安标指出,公开是被作为一种监督手段加以认识的,是为了"推进严格规范公正文明执法,巩固行政执法公示制度、行政执法全过程记录制度、重大执法决定法制审核制度'三项制度'改革成果,进一步完善行政处罚程序"①。在这一目的解释中我们不难发现,立法者是将公开作为一种监督依法行政的手段加以布置的。因此,严格来说,《行政处罚法》第 48 条并不能作为我国行政机关公开行政处罚决定的授权依据。这一问题上未来只能在部门立法中加以补充。

在我国,公开行政处罚决定长期在政执法三项制度政策背景下向前推进,人们因此一直围绕"监督依法行政"的主要目的审视这一行为,并以此构建了十分宽松的制度立场,公开行为被"权利化",对公开行为的限制被忽视。从比较法以及已有实践来看,现有认识需要从根本上加以纠正,确立以"权力行为"为中心的目的体系,明确公开行政处罚决定的制裁本质,并在此基础之上,创建公开行政处罚决定的制度体系。作为权力行为的行政处罚决定公开,应该在启动规则上保持谦抑性,在技术规则上坚定制裁性,在限制规则上坚守合法性。

---

① 许安标:《关于〈中华人民共和国行政处罚法(修订草案)〉的说明》,载中国人大网, http://www.npc.gov.cn/npc/c30834/202101/5936c4478a8b4d79a0edcdc589151a9b.shtml。